智慧旅游时代导游业务教程

主　编　李志强

副主编　吴　迪　李佩佳

　　　　李雅霖　唐映雪

合肥工业大学出版社

图书在版编目(CIP)数据

智慧旅游时代导游业务教程/李志强主编．—合肥:合肥工业大学出版社,2024.7
ISBN 978 - 7 - 5650 - 6663 - 4

Ⅰ.①智… Ⅱ.①李… Ⅲ.①导游—业务—教材 Ⅳ.①F590.633 - 39

中国国家版本馆 CIP 数据核字(2023)第 247521 号

智慧旅游时代导游业务教程

李志强　主编　　　　　　　　　　责任编辑　王　丹

出　版	合肥工业大学出版社	版　次	2024 年 7 月第 1 版	
地　址	合肥市屯溪路 193 号	印　次	2024 年 7 月第 1 次印刷	
邮　编	230009	开　本	787 毫米×1092 毫米　1/16	
电　话	基础与职业教育出版中心:0551 - 62903120	印　张	12.75	
	营销与储运管理中心:0551 - 62903198	字　数	257 千字	
网　址	press.hfut.edu.cn	印　刷	安徽联众印刷有限公司	
E-mail	hfutpress@163.com	发　行	全国新华书店	

ISBN 978 - 7 - 5650 - 6663 - 4　　　　　　　　　定价：42.00 元

如果有影响阅读的印装质量问题,请联系出版社营销与储运管理中心调换。

前　言

导游是旅游服务的提供者和旅游形象的展示者，是传播中华优秀传统文化、弘扬社会主义先进文化、促进社会主义精神文明建设的重要窗口。随着旅游信息化和数字化的快速发展，我们已经进入了智慧旅游时代，这使得导游服务的内容、方式及手段发生了改变。为了更好地服务游客，增强游客的愉悦感和幸福感，提升旅游服务质量，我们有必要重新构建导游业务知识体系。为更好地帮助读者掌握智慧旅游时代导游业务的理论与实践知识，合肥工业大学出版社特组织我们编写了本教材。全书具有以下特征：

第一，内容实用。针对导游业务实践性较强这一特点，本书力图体现"实际性、实践性、实用性"等特征。在编写过程中，本书以培养为旅游业发展服务的高技能、实用型导游人才为出发点，以导游工作过程中所需要的职业能力为目标，以导游服务所需要的核心素养为标准，将专业知识和职业技能学习设计成相应的教学目标。正文部分设置"导入案例、基础知识、案例分析、知识链接、模拟实训、复习思考题"等环节，便于师生使用。

第二，资源丰富。本书在正文部分加入了诸多的图、表和二维码，读者通过扫描二维码既可了解导游服务相关拓展或前沿知识，也可核实、验证导游业务案例分析与复习思考题的答案，符合数字化时代读者学习的特点。

第三，体例创新。本书以智慧旅游时代导游所需的核心专业知识和技能为主线，设置了智慧旅游时代导游服务概述、导游综合素质要求、导游服务程序、新业态导游服务、导游讲解服务技巧、导游旅行服务技能、导游问题应变与处理七章内容，并在每章开头设置了导言、学习目标、思政元素、教学重点、教学难点、教学方法、教学建议等内容。

本书由江西科技师范大学李志强教授拟定提纲并担任主编。四川工业科技学院教师吴迪、景德镇艺术职业大学教师李佩佳、江西环境工程职业学院教师李雅霖、重庆应用技术职业学院教师唐映雪承担了本书的编写工作。其中，第一章和第二章由吴迪编写，第三章和第五章由李佩佳编写，第四章由唐映雪编写，第六章和第七章由李雅霖编写，前言及参考文献部分由李佩佳编写。本书由李志强、吴迪、唐映雪统稿，最后由李志强定稿。

本书主要适用于旅游管理专业本、专科学生，也可以作为导游人员的基础培训教材及其他层次旅游类专业学生的教学用书。本书在编写过程中，得到了合肥工业大学出版社的支持和指导，也得到了庞文娟及曾美玲等优秀导游的大力帮助。另外，本书在编写过程中，参考和借鉴了旅游界诸多同行和专家的研究成果，无法一一列名，也未能一一注明出处，在此一并表示感谢。尽管我们在编写过程中做出了极大的努力，但由于学识水平和时间有限，本书可能仍存在许多不足之处，还期盼旅游教育界和旅游行业专家、学者、教师和学习者在使用本教材时，能提出宝贵意见和建议，我们将认真对待并吸纳合理意见和建议，以便修订时完善。

教材编写组

2023 年 12 月

目　　录

第一章　智慧旅游时代导游服务概述

导　言

我们正在进入智慧旅游时代，这个时代的旅游者需求将产生重大变化，与此相应的导游服务将迎来重要变革。在智慧旅游时代，导游服务依然具有知识价值、安全价值、情感价值等，同时导游也需要不断地增强信息服务技能，更好地提升服务质量来满足旅游者多元化的需求。本章将主要介绍智慧旅游时代简介、导游服务的相关概念、导游服务理论与导游服务质量现状等内容。通过本章的学习，同学们应该掌握智慧旅游和导游服务的概念、导游服务特点等理论知识，了解导游服务相关理论并加以运用。

在智慧旅游时代，我们要善于利用各种信息技术手段提高工作效率，为旅游者提供更加便捷、优质的旅游服务。同时我们还要不断学习新知识，拓宽视野，提升自己的综合素质，坚定行业认同，树立职业自信。

学习目标

知识目标： 识记智慧旅游概念及特征，说出智慧旅游时代旅游者需求及旅游业态的变化，陈述导游服务相关理论，描述智慧旅游时代导游服务的特点、作用及价值。

能力目标： 能根据导游服务相关理论解决实际带团过程中出现的问题，能正确分析导游服务质量评价表，能根据评价结果提出相应的整改意见。

素质目标： 具备较高的职业素养，热爱旅游行业，坚定行业认同，养成良好的学习习惯。

思政元素

行业认同感、职业自信、质量意识、信息素养。

📑 教学重点

智慧旅游的概念及特征分析。

🔗 教学难点

智慧旅游时代导游服务价值的认知；导游服务质量评价。

✏️ 教学方法

基于翻转课堂，结合讲授法、案例分析法及小组讨论法等开展教学。

教 学 建 议

本次任务教学建议如下：

内容	方式	参考学时
导入案例	课下完成	0.5
基础知识	课上课下结合	2
知识链接	课上课下结合	0.5
模拟实训	课下完成	1
复习思考题	课下完成	0.5
总学时		4.5

⚙️ 导入案例

一部手机游云南

传统的导游服务是导游接受旅行社的委派，落实接待计划，为旅游者提供"食、宿、行、游、购、娱"等全方位的服务。但随着智慧旅游时代的到来，智慧服务将贯穿旅游者整个行程，从出游前的行程规划、攻略查询、产品预定，到行程中的位置定位服务，再到游后的社交媒体分享、点评分享等，智慧服务使旅游变得更加简单。

"一部手机游云南"是由云南省人民政府与腾讯公司联合打造的全域旅游智慧平台，由"一个中心、两个平台"构成，"一个中心"指旅游大数据中心，为政府决策提供依据，"两个平台"指旅游者服务平台和政府监管服务平台。"一部手机游云南"于2018年10月1日正式上线运行，实现了"一机在手，全程无忧"的目标。此平台不仅是全国最大的景区实时直播平台，还是全国景区地理信息最全、导游导览提供服务最多的平台，也是旅游投诉处理最快的平台。

"一部手机游云南"旨在利用物联网、云计算、大数据、人工智能等技术，为用户打造智慧化旅游体验，进而打造智慧、健康、便利的省级全域旅游生态，推动旅游产业升级，并为旅游者提供无处不在的服务。旅游者到云南旅游，通过 App、公众号和小程序，就可享受"食、宿、行、游、购、娱"各环节"一键订单""一码通行""一键投诉"，享受覆盖旅游之前、当中、其后的全过程、全方位、全景式服务。出游前，旅游者可在手机上远程观看景点 24 小时实时直播；到达景区后，旅游者可在手机上扫码购票、刷脸入园；游玩时，旅游者则能通过 AI 识景长知识。除此之外，"一部手机游云南"平台还可以帮助旅游者规划行程、查找厕所、智能订车位和无卡乘坐本地公共交通；旅途中，如果旅游者的合法权益受损，或者遇到困难和危险，可以一键投诉与求助，实时查看反馈结果。"一部手机游云南"已经成为云南旅游产业转型升级的新引擎、云南数字经济发展的重要标志，以及中国智慧旅游的重要标杆。

在智慧旅游快速发展的今天，旅游者出游的方式不再是单一的跟团，他们可以利用高科技手段实现自由行。这一趋向使人们对导游的要求变得更高了。导游不仅要多才多艺、能说会道、能唱会跳，还要具备强健的体魄、勇敢的精神、较高的文化修养，以及不断吸收新知识和新信息的能力，注重知识储备的深度和广度，这样才能满足旅游者不断变化的需求，吸引旅游者购买旅游产品。

请思考：

1. "一部手机游云南"的智慧性体现在哪些方面？

2. "一部手机游云南"对导游服务将产生哪些影响？

基础知识

第一节　智慧旅游简介

一、智慧旅游与智慧旅游时代

"智慧旅游"（Smart Tourism）于 2010 年首次出现在江苏镇江，随即得力于政府的倡导、业界的高度认可而迅猛发展。智慧旅游是旅游业态中的新生事物，是依托旅游信息化、数字化发展而来的，智慧旅游是互联网、物联网、云计算及大数据等新一代信息技术在旅游行业中的运用。

（一）智慧旅游的概念

"智慧旅游"是指以旅游者为中心，应用互联网、物联网、云计算、移动通信、地理信息系统等"智慧技术"工具，全面满足旅游者"食、宿、行、游、购、娱"的基础服务需要，同时以为旅游者、旅行社、景区、酒店、政府主管部门及其他旅游参与方创造更大的价值为根本任务的一种旅游运行新模式，具体包含智慧旅游服务、智慧旅游管理、智慧旅游营销等基本内容。

1. 智慧旅游服务

智慧旅游服务包括导游服务、导航服务、导购服务和导览服务等。智慧导游服务是指导游从旅游者需求出发，通过信息化手段，为旅游者在旅游信息获取、旅游计划制订、旅游产品预订支付、享受旅游和回顾评价等过程中提供的服务。导航服务是指根据旅游者的类别、需求、个人偏好等信息，为旅游者提供行程规划、车辆定位、防盗等服务。导览服务是指旅游者通过信息化平台，使用语音导览功能，平台将景点的历史来源、区域等相关信息以语音的方式呈现给旅游者，旅游者在景点可以边走边听，甚至可以实现语音切换，反复收听。导购服务是指旅游者在网页上对自己感兴趣的产品点击"预订"按钮，即可进入预订模块，预订自己所需的客房、票务等项目。

2. 智慧旅游管理

智慧旅游管理是指旅游管理者通过互联网、物联网、云计算及其他人工智能技术，实时掌握旅游资源、旅游者及旅游企业等相关信息。智慧旅游管理依托信息技术，主动获取旅游者信息，形成旅游者数据积累和分析体系，全面了解旅游者的需求变化、意见和建议，实现科学决策和科学管理，从而实现过程管理和实时管理，引导旅游业健康持续发展。

3. 智慧旅游营销

智慧旅游营销是指旅游企业经营者通过互联网、物联网、云计算及其他人工智能等技术，充分掌握旅游市场的供需状态，以及旅游者所感兴趣的热点话题，并以此制定相应的旅游产品；同时，利用互联网、物联网、云计算及其他人工智能技术，充分发挥与旅游需求者面对面及与旅游者互动的优势，把旅游相关信息灌输给旅游者，从而使旅游营销更具针对性和效率性；还可以通过量化分析，对营销渠道进行判断，筛选出效果明显并可以长期合作的营销渠道。

（二）智慧旅游时代的特征分析

1. 旅游资源数字化

旅游资源数字化指以智慧旅游为主题，结合旅游业发展方向及智慧旅游城市、景区等旅游目的地建设，建立旅游公共信息平台、旅游电子商务平台，通过传感器及通信技术，实现城市及景区全方位监测。如旅游景区"天眼"系统全面启动，通过"天眼"，旅游管理部门可以实时监测景区的人流、车流，为旅游者提供及时、准确的导游服务；在景区、景点全面覆盖 5G 网络、Wi-Fi 设备点，供旅游者免费使用。

2. 旅游交通智能化

交通部门对智能交通控制系统及设备进行升级，应用 GPS、LBS 等导航地图技术，对各大景点路段进行智能化监控，对车辆行驶信息进行追踪，为车辆提供导航服务，提供自驾安全保障。此外，有些地方还完善了智能公交系统，推出"掌上公交"应用App，旅游者通过客户端查询公交车的运行情况，获取市内公交到达各景区的路线、实时位置等信息，为旅游者出行提供便利。

3. 旅游酒店智慧化

智慧化的服务不仅仅体现在旅游出行的途中，也存在于酒店住宿中。目前，国内很多知名的五星级酒店集养生、休闲、度假、娱乐于一体，具备智能化一站式服务系统，其房门、灯光、温控等全程使用手机一键操控，具有中央空调系统智能调节、高速光纤宽带、极速无线覆盖、智能沐浴温控系统、5S出水系统等功能。除此之外，这些酒店还利用智能科技与物联网技术，实现无前台化、网络自助选房、在线支付、自助入住、无卡开门、自助消费、机器人服务等全新的智能化服务模式，为旅游者提供不一样的体验。

4. 旅游管理智慧化

旅游管理智慧化指为了完善管理体系，实现旅游管理规范化，旅游活动各方设立旅游公共服务管理部门专门负责智慧旅游工作的管理、组织与实施。以现代信息技术为支撑，积极推动智慧旅游各项目的顺利开展，整合旅游行政管理、旅游电子商务、旅游公共服务等资源，政府、旅行社合作开发线上导游服务平台，提高旅游管理部门旅游统计工作能力，全面提升旅游统计数据质量。旅游企业与景区定期开展员工

知识链接 1-1
纽约 Yotel 酒店
智慧化

培训活动，培养数据智能化人才，对景点娱乐项目、票务部门进行规范管理，防止行业间恶意竞争，促进旅游行业平稳有序发展。

5. 旅游信息智慧化

旅游信息智慧化是指充分利用信息技术，对旅游产业链进行深层次的重构，即对旅游产业链的组成要素进行重新分配、组合、加工、传播、销售，以促进传统旅游业向现代旅游业的转化，加快旅游业的发展。通过建立旅游公共信息平台、旅游综合素质中心、智慧旅游公共信息服务质量管理系统，让旅游者体验旅游智慧化。各大景点在互联网上设立门户网站，及时发布有效信息，方便旅游者了解景点实时动态。旅游企业推出各种微信公众号、旅游 App，加快推动旅游线上服务、网络营销、网上预订等的发展。

6. 景区体验个性化

景区体验个性化是指通过运用先进的 3D 虚拟旅游展示、智能旅游终端等技术手段，提供吃、喝、玩、乐及风景名胜等实时、互动旅游资讯，并积极引导、支持旅游景区、旅游酒店、旅游网站开展线上、线下一体化合作，推出各类应季旅游、主题旅

游和自助旅游产品,为旅游者提供个性化旅程。

二、智慧旅游时代旅游者需求与旅游业态的变化

(一)智慧旅游时代旅游者需求的变化

1. 旅游者向导需求的变化

传统的旅游向导是为旅游者提供道路指引服务的,旅游者不熟悉旅游目的地的线路,需要一个十分熟悉地形的人为其带路。但随着互联网、GPS定位系统的发展,人们出游的线路规划越来越方便。旅游者可以使用车载导航搜索旅游目的地,导航系统便会根据设定的起始点和目的地,自动规划一条线路,当用户没有按规划路线行驶,或者走错路口的时候,车载导航系统会根据现在的位置,重新规划一条新的到达目的地的路线,使行车更安全、更高效。

2. 旅游者讲解需求的变化

导游讲解是导游在带领旅游者游览景区过程中阐述景区形象特点、描述景区的人文特色,并对旅游者感兴趣的旅游元素和内涵进行深度挖掘和表达的一种活动。随着智慧旅游概念的提出及导游自动讲解系统的开发,旅游者对导游讲解水平的要求变得更高了,要求导游自身具有足够的知识储备,讲解也要声情并茂、绘声绘色,不能只是传统的死记硬背。

(二)智慧旅游时代旅游业态的变化

旅游和信息化的结合必将带来旅游业的第二次革命。它将物联网、云计算、下一代通信网络、高性能信息处理、智能数据挖掘等技术应用在旅游体验、产业发展、行政管理等方面,融合了通信与信息技术,以旅游者互动体验为中心,以一体化的行业信息管理为保障。智慧旅游对旅游业态的影响主要表现在以下几个方面。

知识链接 1-2
两种常见的导游
自动讲解系统

1. 传统旅游服务模式创新

传统旅游服务模式是导游全面安排旅游者的食、宿、行、游、购、娱等活动。随着智慧旅游时代的到来,旅游服务模式也有所改变,旅游者可以根据自己的需求,通过信息技术获取信息,快速做出旅游决策。传统旅游时代与智慧旅游时代旅游服务模式的区别见表1-1所列。

表1-1　传统旅游时代与智慧旅游时代旅游服务模式的区别

名称	旅行方式	服务方式	旅游产品
传统旅游时代	组团游为主	导游提供全面、全方位服务	大众化、标准化的旅游产品
智慧旅游时代	自助游为主	旅游者通过网络平台获取信息	个性化、体验化的旅游产品

例如，张娟想利用假期去四川各大景点参观游览，在传统旅游服务中，她只有选择跟团游，所有的旅游景点、旅游线路、旅游时间都是固定的，存在诸多的限制。在智慧旅游时代，她就可以利用一站式的旅游服务平台，完成机票、酒店、门票的预订，能根据需求和偏好规划路线，实现个性化旅游。

2. 传统旅游管理模式创新

传统的旅游管理相对滞后，一般是在事件发生之后再做出相关的管理决定。而智慧旅游时代会把这种事后管理变为过程管理，实时掌握相关数据和情况，在事件发生过程中及时做出决策。传统旅游时代与智慧旅游时代旅游管理模式的区别见表1-2所列。

知识链接 1-3
常见旅游平台

例如，导游在带团过程中偏离了设定线路，这有可能出现潜在的安全隐患，也可能因临时变更行程导致旅游者投诉。在传统旅游管理模式中，只有事后处理旅游者的投诉。在智慧旅游时代，如果给导游配置具有定位功能的设备，并和管理系统中报备的行程自动比对，这样在发现旅游线路有重大偏离时，就可以对导游作出实时的提醒，避免旅游者投诉的发生。

表1-2　传统旅游时代与智慧旅游时代旅游管理模式的区别

名　称	管理方式	管理手段	管理技术
传统旅游时代	事后管理、经验管理	单一的行业管理	粗放式管理
智慧旅游时代	过程管理、实时管理	社会全行业管理	精细化管理

3. 传统旅游营销模式创新

传统旅游营销模式是一种让旅游者被动接受的营销模式，旅游企业通过电视、报刊及户外广告等载体，让旅游广告出现在旅游者面前，旅游目的地也依赖旅行社向旅游者进行推销。智慧旅游时代的旅游营销则在传统营销的基础上，通过渠道创新、方法创新和技术创新，全面提升旅游营销的效果，更好地达到推广旅游资源、销售旅游产品的目的。传统旅游时代与智慧旅游时代旅游营销模式的区别见表1-3所列。

例如，安徽黄山想要做营销推广，吸引旅游者前来旅游，传统旅游时代的营销方式比较单一，不具有针对性，只能利用电视、报刊等传统手段发布广告，以及利用旅行社进行宣传等。在智慧旅游时代，可以借助互联网和新媒体渠道，向有旅游意向的人群投放广告，实现有针对性的精准营销。这不仅提高了宣传的效率，而且降低了营销成本。

表 1-3　传统旅游时代与智慧旅游时代旅游营销模式的区别

名称	营销方法	营销渠道	营销技术
传统旅游时代	依赖旅行社	电视、广告、报纸	旅游者被动接受
智慧旅游时代	扩展直客	网络平台	旅游者主动寻求

第二节　导游服务概述与价值

一、导游服务概述

(一) 导游服务的概念

导游服务是导游代表被委派的旅行社，接待或陪同旅游者旅行、游览，并按照组团合同或约定的内容和标准向其提供旅游接待服务，包括迎送服务、交通服务、住宿服务、用餐服务、游览服务、购物服务、文化娱乐服务等。

(二) 导游服务的性质

1. 政治性

说起导游服务的性质，首先就是它的政治属性。我国的导游服务是一项为祖国的社会主义建设和国内外民间交往服务的工作，是旅游外交的重要组成部分。它以语言沟通和文化传播为主要服务形式，以增进与各国家、地区的相互了解和友谊为主要工作目的，以"热情友好、服务周到"为服务座右铭。在智慧旅游时代，这一性质不但没有减弱，反而得到了进一步加强。

2. 社会性

旅游活动是人类社会经济发展到一定阶段的产物，并随着社会经济的发展而发展。它是一种社会现象，在促进社会物质文明和精神文明建设中起着十分重要的作用。导游服务的社会性体现在以下两个方面：一是在旅游活动中，导游处于旅游接待工作的中心位置，接待着四海宾朋、八方游客，推动着社会的交往。二是随着智能手机的发展，微信、微博、抖音等社交平台的出现，人们面对面沟通交流越来越少，但是在旅游活动中，人们却喜欢面对面交流，分享景区游览攻略、旅途趣事等。因此，旅游活动增加了人们的交往，提高了社会互动性。

3. 文化性

导游服务的文化性主要体现在以下两个方面：一是导游服务是传播文化的重要

渠道。导游的讲解翻译、与旅游者的日常交流，一言一行都在影响着旅游者，都在促进一个国家（或地域）及国家间和区域间的传统文化和现代文明的传播与交流。二是导游服务是审美和求知的媒介。旅游者要通过旅游去认知过去不曾接触或了解过的事物，以期得到求知欲望的满足，导游讲解服务能循循善诱地指导旅游者以最佳方式，或最合适的角度去欣赏某一名胜古迹、历史故事、神话传说，能妙趣横生地向旅游者介绍当地的习俗民情、民间趣谈、风味特产等，使旅游者得到自然美和艺术美的享受。在智慧旅游时代，导游传播文化的途径更加多种多样，除了实地带团讲解之外，还可以利用自媒体网络平台，加快旅游信息的传播，大大提高了导游服务的文化性。

4. 服务性

导游服务不同于一般、简单的技能服务，它是一种复杂、高智力、高技能的服务。它围绕旅游者展开，通过讲解、翻译、安排生活、组织活动等形式实现，工作内容涉及旅途中的交通、住宿、饮食、娱乐、购物、票证、货币和其他各方面的生活需求等。导游除了需要具备丰富的专业知识外，还应具有一定的社会活动能力、应变能力及独立处理问题的工作能力。导游服务可以提高旅途生活质量，促进文化交流，满足旅游者心理需求。在智慧旅游时代，导游可以充分发挥旅游服务平台的作用，满足旅游者的个性化需求，让旅游者有不一样的旅游体验。

5. 经济性

导游服务是导游通过向旅游者提供劳务而创造特殊使用价值的劳动，能够创造出经济价值，说明了导游服务具有经济性。导游服务的经济性主要表现在以下几个方面：一是直接和间接创收。导游直接为旅游者提供导游讲解服务、旅行向导服务及生活服务等，收取服务费。导游服务质量高，旅游者满意，可以促使旅游者充当旅游目的地和旅游企业的义务宣传员，这样不仅可以提高旅游目的地和旅游企业的形象和声誉，而且有助于扩大其旅游产品的销售，实现间接创收。二是促进经济交流。在来华旅游者中，不乏经济界及企业界等方面的人员，他们中有的人希望借旅游之机相互交流信息，有的则想通过参观访问，了解开展合作或投资的可能性，也有的可能有捐赠意向。导游在了解到这类情况后，应不失时机地向旅行社和有关部门报告，对促进我国经济发展做出自己的贡献。在智慧旅游时代，随着自驾车拥有量的快速提高及OTA运营平台的普及，旅游者可以通过互联网自行解决交通、住宿等问题，这使得自驾游变得普遍，旅游者也不再满足普通的景点观光，而是需要一些高端、新颖、体验性的旅游项目，这也大大刺激了旅游消费，促进了旅游经济的发展。

（三）导游服务的特点

导游服务是一种高智力、高技能的工作，是旅游服务中最具代表性的服务，有着与其他服务不同的特点。随着时代的发展，导游服务的特点也随之发生变化，目前归纳起来有下面几点。

1. 独立性强

传统的导游服务中，导游在接受旅行社委派的任务后，需要独立完成自己所承担的服务工作，独立地执行旅游接待计划。导游要根据旅游接待计划安排和落实各项活动的内容和接待任务，做好旅游者参观过程中的导游讲解工作和计划内的食宿、购物、文化娱乐等活动的安排，独立协调好各方面的关系，为旅游者提供满意的服务。但随着智慧旅游时代的到来，旅游者有了智能化设备，如手机和平板，他们可以通过智能化设备在线使用智慧旅游 App 软件，可以根据软件中推荐的线路一边参观一边收听讲解，也可以依据喜好自行设计旅游线路。软件也可依据定位功能及时变更景点讲解内容，既方便快捷又完整。

2. 脑体高度结合

传统的导游服务是一项注重体能性的工作。导游面对的是各种各样的旅游者，其需求复杂多样，各不相同，在服务的过程中也会遇到食、宿、行、游、购、娱等各方面的突发事件，这些都需要导游从容应对。智慧旅游时代的导游服务则是偏重技能性的工作，导游讲解不能是单单的死记硬背，这就要求导游应具备丰富而广博的知识，古今中外、天文地理、政治、经济、历史、文化、教育、医疗卫生、法律、宗教、民俗等均需了解，音乐、舞蹈、美术、建筑、心理学、美学等也需涉猎。导游的知识越丰富，知识面越广，在进行景观讲解和解答旅游者提出的问题时，越能够从容应对，越容易满足旅游者的各种精神需求。因此，导游服务是一项脑体高度结合的工作。

3. 复杂多变

导游服务是按照一定的程序进行的，但是在实际服务过程中却需要面对许多不确定因素。导游服务的对象是来自不同国家和地区的旅游者，他们有着不同的职业、性别、年龄、宗教信仰和受教育的情况，他们的兴趣爱好、性格习惯更是千差万别，导游不仅要按照接待计划安排和落实旅游者在旅游过程中的食、宿、行、游、购、娱等基本活动，还有责任满足或帮助旅游者解决其随时提出的个别要求，以及解决或处理旅游过程中随时出现的其他问题和情况。智慧旅游时代使人们对导游的要求变得更高，导游不仅要做好传统导游服务，还要掌握旅游电子商务、智慧酒店、智慧景区等知识，因此，导游服务是一种复杂多变的活动。

4. 关联度高

导游在提供服务时，需要得到旅游接待服务中其他相关部门和单位的支持与配合，如旅行社计调部门、旅游住宿部门、旅游交通部门、旅游娱乐部门等。它们提供的服务对旅游活动来说不仅必不可少，而且环环相扣，这就要求导游像一根线把它们串联起来，如安排不当，将会影响整个旅游活动的顺利进行。在智慧旅游时代，这种关联不但没有降低，反而加强了，涉及的部门变得更多了。

5. 跨文化性

导游服务是传播文化的重要渠道，起到沟通和传播文明、为人类创造精神财富的作用。旅游者来自不同的国家和地区、不同的民族，有着不同的文化背景，导游必须在与各种文化差异中，甚至在各民族、各地区文化的碰撞中工作，应尽可能多地了解不同文化之间的差异，圆满完成文化传播的任务。在智慧旅游时代，导游可以利用各种社交软件及 VR、AI 技术，让各国、各地区的旅游者在社交媒体上体验虚拟旅游，实现文化的传播。

二、导游服务的作用与价值

（一）导游服务的作用

1. 纽带作用

导游服务是旅游接待服务的核心和纽带，在旅游服务各环节之间起着沟通上下、联结内外、协调左右关系的作用。沟通上下指导游是国家方针政策的宣传者和具体执行者，他们代表旅行社执行并完成旅游计划，同时，旅游者的意见、要求、建议、投诉、其他旅游服务部门在接待中出现的问题及他们的建议和要求，一般也通过导游向旅行社转递，直至上达国家最高旅游管理部门。连接内外指导游既代表接待方旅行社的利益，又肩负着维护旅游者合法权益的责任；导游既有责任向旅游者介绍本国、本地区的文化，同时又要多与旅游者接触，进行调查研究，了解其他国家和地区的文化，了解旅游者。协调左右指导游是旅行社与饭店、餐馆、游览点、交通部门、商店、娱乐场所等企业之间的第一联络员，他们在各旅游企业之间起着重要的协调作用。在智慧旅游时代，导游可以充分利用互联网技术加强与旅行社、旅游者及其他旅游服务部门的联系，在旅游各环节之间发挥举足轻重的作用，使整个旅游行程顺利进行。

2. 标志作用

导游服务质量的优劣是旅游服务质量高低最敏感的标志。导游与旅游者朝夕相处，因此旅游者对导游的服务感受是最直接也是最深切的。一般来说，如果导游服务质量高，令旅游者感到满意，旅游者会认为该旅游产品物有所值，在旅游结束后，就会以其亲身体验向亲朋好友进行义务宣传，但如果不满意则会通过各种社交媒体进行点评，这给旅游企业造成的损失是无法弥补的，正所谓好事不出门，坏事传千里。当然，有时优质的导游服务还可以弥补其他旅游服务质量的某些不足，因此，旅游者旅游活动的成败更多取决于导游服务质量，导游服务质量的好坏不仅关系到整个旅游服务质量的高低，而且关系着国家或地区旅游业的声誉。

3. 信息反馈作用

在消费过程中，旅游者会根据自己的需要对旅游产品的型号、规格、质量、标准等做出这样或那样的反馈。而导游在向旅游者提供导游服务过程中，由于处在接待旅游者的第一线，同旅游者交往和接触的时间最长，对旅游者关于旅游产品方面的意见和需求最了解，导游可充分利用这种有利条件，结合现代智慧旅游手段，如景区网站、旅游者朋友圈、微博旅游攻略等旅游者发布的信息，再根据自己的接待实践，综合旅游者的意见，反馈到旅行社有关部门，促使旅游产品的设计、包装和质量得到不断改进和完善，从而更好地满足旅游者的需要。

4. 扩散作用

优质的导游服务能对旅游目的地的旅游产品和旅行社形象起到扩散或传播作用。旅游资源的特色也需要导游讲解得好，俗话说"景色美不美，全靠导游一张嘴"。导游服务质量的高低，均会对旅游产品的销售起到扩散作用。不同的是，质量高时起到正面作用，质量低时则起到反面作用。在自媒体发达的时代，旅游者的旅游体验扩散就更加明显了。旅游者可以通过微博、抖音、QQ、微信朋友圈、旅游网络平台的官方网页等发布信息，分享自己的旅游经验，并通过这些平台和载体与网友互动。这种信息传播是一种裂变式的传播，由一人传给多人，再由多人传给更多人，使信息更快、更大地进行纵向传播。基于此，导游要利用好这一特点，为自己争取免费的宣传。

（二）导游服务的价值

1. 知识价值

在导游服务中，导游讲解是灵魂，优秀的导游讲解能让旅游者充分了解景区的历史文化背景、民族特色、民俗风情、地方特产等知识，向旅游者提供最新的信息和最好的服务，满足旅游者求知、求新、求美、求乐的旅游需求，使旅游者在参观中有所收获，使景区在旅游者心目中的形象得到美的提炼。在智慧旅游时代，导游获取知识的途径更加多元化，但整合专业知识的作用依然具有显著的价值。

2. 情感价值

导游在带团过程中不仅需要让旅游者顺利地完成旅游活动，还要做旅游者旅程中温暖的守护者，因而导游服务还具有情感价值。在整个旅程中，导游应关注不同旅游者的需求，提供及时的帮助和支持，既要在团队中担任引领者，也要做旅游者的知心朋友，用导游的热情主动、专业素养和人性化服务感染团队中的旅游者，让旅游者获得情感上的满足，感受到如家般的温馨。在智慧旅游时代，导游可以在接团前、带团中、送团后等环节向旅游者提供情感价值。如在接团前，导游可以事先建一个微信群，分享本次旅程的注意事项和景点视频，吸引旅游者；在带团中，可以帮助旅游者摄影、摄像、录制微视频等，留住旅游者的最美瞬间；在送团后，可通过智能手机给每位旅游者送上温馨祝福，表达美好祝愿，让整个导游服务体现温暖和温情。

3. 安全价值

导游在带团过程中，安全永远要在第一位，要把"安全第一，预防为主"的思想贯穿到旅行的各个环节中。作为导游，首先应该具备安全意识，掌握一些安全常识，在旅行过程中要时刻提醒旅游者注意安全，不能做违反规则的事，避免给自己或他人造成危害。在智慧旅游时代，导游可以通过智能手机等移动设备向旅游者推送一些安全知识供其学习，甚至可以推送一些安全事故的视频，让他们了解到一些安全隐患，事先做好查缺补漏的工作，降低旅行中的风险。

第三节　导游服务质量

一、服务管理相关理论

（一）服务质量理论

有关服务概念的研究是从经济学领域开始的，最早可追溯到亚当·斯密（Adam Smith）的时代。路易斯（Lewis，1983）和博姆（Booms，1983）认为，服务质量是一种衡量企业服务水平能否满足顾客期望程度的工具。格罗鲁斯（Gronroos，1982）提出顾客感知服务质量的概念，认为服务质量是一个主范畴，它取决于顾客对服务质量的期望同其实际感知的服务水平的对比。根据学者的研究成果，服务质量理论内容可以从以下几个方面来表述：一是服务质量是顾客感知的服务质量。服务质量不能由管理者来决定，它必须建立在顾客的需求、向往和期望的基础之上。二是服务质量具有极强的主观性和差异性。相同服务提供者在不同时间，以及不同服务提供者所提供的服务是不同的。三是服务质量是在服务提供者与服务接受者的互动过程中形成的。服务的生产和消费是无法分割的。

在导游服务过程中，旅游者在接受导游为其提供的服务时，会通过对比服务感知与服务期望来评判服务质量的优劣，而旅游者的期望又受到口碑、个人需求和过去经历的影响。当服务感知超出期望时，旅游者会表示高兴和惊讶，而没有达到期望时，服务注定是不可接受或失败的。所以，导游在提供服务时，旅游者的感知服务质量要超越预期的服务质量，只有这样的服务才是成功的。

（二）服务接触理论

肖斯塔克（Shostack G L，1985）在研究企业服务质量管理的问题时正式提出了服务接触的概念，他把顾客直接与服务交互的时间称为服务接触。诺曼（Norman，1984）认为顾客心中的服务质量是由与服务提供者间交互的真实瞬间来决定的。基于以上，服务接触是指在服务传递的过程中以人际互动为核心的各种交互，其中包括有形和无形的交互。服务接触理论是服务管理理论的核心内容之一，客户和服务提供者双方在服务组织所设计的环境中扮演不同角色，作为以盈利为目标的管理者为维持边际利润和保持竞争力，会尽可能提高服务传递效率。

导游是一线接待人员，直接与旅游者接触，而导游服务质量的高低决定了旅游者对整个旅游行程质量及对旅游企业的评价。导游在与旅游者接触的过程中，应该根据具体情景及突发事件及时做出调整，尽量满足旅游者的需求。这样才会缩小旅游者的服务感知与服务预期之间的差距，提高旅游者的满意度，才会有二次消费的机会。

（三）消费心理理论

消费心理是指消费者发生的一切心理活动，以及由此产生的消费行为，包括消费者观察商品、搜集商品信息、选择商品品牌、决策购买方式、使用商品形成心理感受和心理体验、向生产经营单位提供信息反馈等心理行为。导游可以利用线上电商平台、线下调查问卷充分了解旅游者的消费心理需求，在分析调研结果的基础上，对标旅游者的需求提供个性化服务，满足旅游者的体验性、娱乐性、知识性、享受性等个性化的需求，从而提高整个旅游行程的质量。

（四）客户关系管理理论

客户关系管理的理论基础来源于西方的市场营销理论，客户关系管理（Customer Relationship Management，简称 CRM）起源于美国。Gartner Group 公司认为"CRM是为了增进收入、盈利和提高客户满意度而设计的企业范围的商业战略"。它的战略目标是增加盈利和销售收入，提升客户满意度。客户关系管理的核心思想和内涵主要包括以下几个方面：一是企业营销理念应由"生产观念、产品观念"转向"营销观念"，企业真正经营的是"客户"而不是"产品"。在设计合适的方案之前，应树立起以客户为中心的经营理念。二是客户是企业生存和发展的基础，是企业最重要的资源。企业的经营模式要从"以产品为中心"转向"以客户为中心"。三是企业与客户之间发生的关系，不仅包括单纯的销售过程所发生的业务关系，而且包括企业营销及售后服务过程中发生的各种关系，比如在市场推广过程中，与潜在客户、目标客户接触中发生的多对多的关系。

在旅游服务过程中，导游首先就是要维护好与旅游者的关系，旅游者与导游关系的好坏直接影响旅游者的满意度，而旅游者的满意度就是旅行社进行宣传的标杆，旅游者满意度高会极大地提高二次消费的可能，甚至会带动亲朋好友一起消费。在智慧旅游时代，旅游者在旅行结束后一般会通过微信、抖音、微博、QQ 等平台分享自己的旅游体验，而潜在旅游者会通过这些网络平台获取旅游目的地景点、酒店、餐厅的反馈信息，从而决定是否去旅游。因此，导游维护好与每一位顾客的关系至关重要。

二、导游服务质量评价与提升

导游服务质量是指导游执行旅游合同、国家和行业标准的程度及旅游者对其服务满意程度的总和。导游服务质量与旅行社产品的组合性相联系，涉及交通、住宿、餐饮、参观游览、购物、娱乐等多个方面。导游处于旅游接待的第一线，服务质量的高低直接关系旅行社的生存和发展，也影响着旅游者的消费行为，如何客观、科学地评价导游服务质量，对提高旅游者满意度、提升旅行社的竞争力具有十分重要的意义。在旅游行程结束后，应对导游服务能力、服务表现、入出境服务进行评价，并将旅游者满意度评价和聘用导游单位考核评价相结合，通过导游服务质量评价表或其他有效的信息获取途径，采用适当的统计方法，客观反映导游服务质量。

（一）导游服务质量的评价

导游服务的直接对象就是旅游者，一名优秀的导游可以让旅游者度过一段轻松愉快的旅程，提高旅游者满意度，有时甚至可以弥补旅游接待设施的不足而给旅游者带来的不快感受，为旅行社塑造良好的形象，反之则会影响旅游者的旅游体验，严重的会导致旅游者投诉，甚至会损害旅行社的声誉和利益。旅游团在景点参观游览，导游伴随始终，朝夕相处，为旅游者提供讲解服务和旅行生活服务。因此，旅游者能客观地对导游的服务进行评价。导游服务质量评价表见表 1-4 所列。经教材编写组分析、整理发现，OTA 平台上的旅游者对导游服务质量的评价，主要关注团体旅游者、自由行旅游者及定制旅游旅游者对导游服务评星打分及留言评价，通过对其的分析整理得出，旅游者对导游服务质量评价存在以下几个方面的问题。

表 1-4 导游服务质量评价表

导游姓名：

评价项目		非常好	好	一般	差	非常差
服务能力	思想素质					
	技术技能					
	业务知识					
	职业形象					

（续表）

评价项目		非常好	好	一般	差	非常差
服务表现	准备工作处理					
	接送行服务					
	交通服务					
	住宿服务					
	用餐服务					
	游览服务					
	购物服务					
	文化娱乐服务					
	后续工作处理					
	入出境服务					
突发事件和常见问题处理	旅游合同的变更或解除					
	丢失证件或物品					
	丢失行李或行李损坏					
	旅游者走失					
	自然灾害					
	旅游者伤病、病危或死亡					
	旅游者食物中毒					
	传染病疫情					
	社会骚乱等群体性事件					
	接待纠纷					
总体评价						

意见和建议：

评价人：

□旅游者　□聘用导游　　单位：　　　　姓名：　　　　联系电话：　　　　填写时间：

注：未涉及项目可不评价

1. 导游的服务能力欠缺

目前，多数一线导游比较欠缺导游服务能力，未从根本上认识到导游服务质量在旅游服务中所起到的关键作用。所以，在带团过程中，常见敷衍旅游者的行为，个别导游更是认为，只要带领旅游者游览景点，为其进行讲解，旅游者其他需求与其无关，这些被动意识对导游服务质量是有直接影响的。

2. 导游的服务表现较差

有的导游态度冷漠，服务怠慢，不认真履行职责，在导游服务过程中完全是应付差事，讲解不认真，安排食宿不尽心，遇到问题躲着走，甚至在游览过程中，为了自身的利益做出坑蒙拐骗、侵害旅游者权益的事情，采用压缩、删改景点，增加购物点的办法为自身谋利。这些问题大大降低了导游服务质量，导致旅游者对整个导游行业评价较低。

3. 导游突发事件的处理有待加强

导游在带团过程中难免会遇到各种突发事件，比如漏接、错接旅游团及误机（车、船）等。这就要求导游必须具备灵活处理问题的能力。但是，目前一些导游在这方面存在欠缺，尤其是新手导游，带团较少，实践经验不足，遇到突发问题时难以做出及时、正确的处理，这就导致整个旅游行程差强人意，旅游者满意度不高。

（二）导游服务质量的提升

1. 加强导游职业培训，提升导游综合素质

在培训中要坚持业务培训、考核和职业道德教育并重，使培养出的旅游人才既具备丰富的专业知识、扎实的操作技能，又有较高的道德素质和修养，使之真正成为一名优秀的导游。导游的培训学习是决定导游服务质量的关键因素，应贯穿于导游队伍建设的始终。有关部门应与旅行社、学校等单位合作，为导游提供全面的培训机会，在多个方面进行严格、高水平的培训。

2. 规范旅行社经营行为，建立合理薪酬制度

目前，规范导游薪酬制度和激励机制越来越成为提升导游服务质量的关键。旅行社应建立报酬奖励体系，导游的基本工资、带团工资要保证，并在此基础上根据服务质量建立不同的绩效指标体系，比如根据旅游者的满意度、导游业务考核、职业贡献等上调不同导游的绩效工资，从而激发导游服务的积极性，提升导游服务质量。

3. 完善服务监控体系，提供良好服务环境

旅行社组团的旅游消费活动主要通过导游的沟通来实现，导游的业务活动大部分情况下是独立进行的，对导游服务过程的监督和质量监控是导游服务管理的难点，也应该是重点。要想保证导游服务质量，必须建立完善的、切实可行的质量监控体系。一方面，要利用旅游协会加强对导游的管理，以应对现在导游松散的职业状态。另一方面，国家应加快旅游立法，弥补现有体系的空白，尽快建立科学完善的旅游法律法规体系，保障导游的合法权益，使得导游有一个良好的工作条件和环境。

除此之外，导游也应主动了解旅游者和聘用单位的评价反馈，认真对待服务中存

在的质量问题，以及旅游者的投诉、意见、建议，分析原因并及时整改，不断总结、交流带团经验，积极参加继续教育、培训学习，提高自己的业务知识和操作技能，通过学习考核和实操锻炼获得更高的职业等级。

模拟实训

导游服务质量评价调研

实训目的：

通过本实训让学生了解导游服务质量到底存在哪些问题，能够根据问题提出相应的解决措施，并在实际带团过程中加以运用。

实训要求：

1. 以分组考察、撰写调查报告的形式进行。

2. 实地考察人员及对象均需实地拍摄照片。

实训地点：

校外。

实训任务：

1. 以小组为单位开展对导游人员及导游服务工作认知度和服务质量的调研与讨论。每个小组要选取 30 人左右为调研对象。

2. 调研对象可以是同学、老师、亲属、行人等。进行调研前要提交调研方案，调研结束后经小组讨论形成文字报告，并选派代表进行班内交流讨论。

3. 调查报告主要内容包括调查对象、调查人员、调查时间、调查内容（性别、年龄、职业、出游方式、导游服务的满意度等）、调查中遇到的困难并提出改进建议。

实训考核：

教师根据每个小组的调查报告进行点评、打分。

复习思考题 ▮▮▶

一、填空题

1. 智慧旅游服务包括导游服务、导航服务、_____、导览服务四个方面的内容。

2. 智慧旅游包括智慧旅游服务、智慧旅游管理、_____三个方面的内容。

3. 智慧旅游时代的特征有旅游资源数字化、旅游交通智能化、旅游酒店智慧化、旅游管理智慧化、_____、景区体验个性化。

4. 导游服务的性质有政治性、社会性、_____、服务性和经济性。

5. 导游服务具有_____、情感价值、安全价值三个方面的价值。

二、选择题

1.（多选）导游服务的特点有(　　)。

A. 独立性强　　　　　　　　　　B. 脑体结合度高

C. 复杂多变　　　　　　　　　　D. 关联度高

E. 跨文化性

2.（多选）在智慧旅游时代，旅游业态的变化包括(　　)。

A. 改变传统旅游服务模式　　　　B. 改变传统旅游管理模式

C. 改变传统旅游营销模式　　　　D. 改变传统旅游专业模式

E. 改变传统旅游产品模式

3.（多选）导游服务的作用有(　　)。

A. 纽带作用　　　　　　　　　　B. 标志作用

C. 信息反馈作用　　　　　　　　D. 扩散作用

E. 便捷作用

4.（多选）旅游者对导游服务质量的评价主要包含(　　)。

A. 服务能力　　　　　　　　　　B. 服务表现

C. 突发事件和常见问题处理　　　D. 服务态度

E. 导游讲解

5.（多选）导游服务的纽带作用主要体现在(　　)。

A. 沟通上下　　　　　　　　　　B. 连结内外

C. 促进经济技术的交流　　　　　D. 协调左右

E. 相互扩散

三、简答题

1. 在智慧旅游时代，导游有哪些作用？

2. 在智慧旅游时代，如何提升导游服务质量？

参考答案

第二章 智慧旅游时代导游综合素质要求

导 言

导游是旅游业的灵魂，导游的作用在于提升旅游品质、销售旅游产品、宣传旅游目的地等。而导游服务质量的高低在很大程度上取决于导游的综合素质，因此提高导游的综合素质对导游，甚至整个旅游行业来说至关重要。作为一名合格的导游，综合素质主要表现为良好的思想素质、广博的文化知识和专业知识，以及优质的导游服务等。本章主要围绕智慧旅游时代导游的思想素质要求、导游的知识要求、导游的服务能力等几个方面展开学习。

在本章的学习中，通过课程思政，引导学生树立正确的职业观念，提高他们的职业素养，为未来的职业生涯打下坚实的基础；培养学生热爱祖国的精神，增强他们的社会责任感和集体荣誉感；引导学生树立文明观念，提高文明素养；引导学生形成正确的契约观念，培养他们的契约意识和诚信意识。

学习目标

知识目标：识记导游的思想素质要求，陈述导游应具备的相关知识，说出导游应具备的服务能力。

能力目标：能将导游具备的相关知识运用到实际带团过程中，能灵活处理导游带团过程中的突发事件。

素质目标：具备较高的思想素质，热爱旅游行业，坚定行业认同，具有良好的服务意识、沟通意识，养成良好的学习习惯。

思政元素

热爱祖国、诚实守信、爱岗敬业、文明礼貌、契约精神。

教学重点

导游的思想素质要求、导游的知识要求等内容。

教学难点

导游的服务能力和导游的应急处理能力。

教学方法

基于翻转课堂，结合讲授法、案例分析法、情景法及小组讨论法等开展教学。

教 学 建 议

本次任务教学建议如下：

内容	方式	参考学时
导入案例	课下完成	0.5
基础知识	课上课下结合	2
案例分析	课上课下结合	0.5
知识链接	课上课下结合	0.5
模拟实训	课下完成	1
复习思考题	课下完成	0.5
总学时		5

导入案例

导游的综合素养

小王是某旅行社新招聘的导游，正值青春妙龄，长得亭亭玉立，因为家境殷实，所以服饰装扮一直紧随时代潮流。某日，小王接了一个旅游团，旅游团的成员多为30多岁的女性。当小王以良好的形象出现在团友面前时，这些女团友便会感觉自己黯然失色。虽然小王讲解生动、服务周到，但是她们总是尽量避免与其接触。

小王把所在城市游览点的导游词背得滚瓜烂熟，对自己的工作充满信心。一天，她带领客人们去游览岳王庙。在正殿，小王讲解道："天花板上绘的是松鹤图，共有372只仙鹤，在苍松翠柏之间飞翔，寓意岳飞精忠报国精神万古长青。"一名客人听了后，就问小王："为什么是372只仙鹤，而不是371只或373只？这有什么讲究吗？"小王倒是很爽快，回答说："这个我不清楚，应该没什么讲究吧！"

来到碑廊区，小王指着墙上"尽忠报国"四个字说："这是明代书法家洪珠所写。"团中一位年轻人不解地问小王："为什么前面正殿墙上写的'精忠报国'，而这却写成'尽忠报国'呢？"小王考虑了一会儿，支支吾吾道："这两个字没什么区别，反正它们都是赞扬岳飞的。"那位年轻客人还想说些什么，小王却喊道："走了，走了，我们去看看岳飞墓。"

到了墓区，小王指着墓道旁边的石人讲解道："这三对石人代表了岳飞生前的仪卫。"客人们没有听懂，要求小王解释一下"仪卫"是什么，小王犯难地说："仪卫嘛，就是为岳飞守坟的人。"一位客人反问道："放几个石人在这儿守坟有什么用呢？"小王说："这个，我不知道。"

当他们游览完岳王庙准备回去时，有位客人听到旁边有旅游者谈论起某景点，于是产生疑虑，后来经过打听才知道，那是一个旅游团必去的重要景点，而小王没有带整个旅游团去，这样小王及旅行社的信誉在客人们心中大打折扣。没过几天，旅行社经理找小王谈话，说整个旅游团的客人都在平台上留言投诉你。小王觉得自己很委屈，认为自己的讲解信手拈来，不应该受到投诉。

请思考：

1. 该案例中导游小王存在哪些不妥之处？

2. 如果你是小王，你会怎么办？

3. 一名合格的导游应该掌握哪些知识？

基础知识

第一节　导游的思想素质要求

良好的思想素质是社会主义中国对其成员的共同要求，也是导游必须具备的基本素质。导游在向旅游者提供导游服务时，要自觉维护国家的利益和民族的尊严，热爱祖国，践行社会主义核心价值观；恪守职业道德，爱岗敬业，坚持"游客为本，服务至诚"的旅游行业价值观要求；秉承契约精神，按合同的约定提供导游服务，维护旅游者和旅行社的合法权益。

一、爱国爱企

"爱国"是世界各国伦理道德的核心，也是成为一名合格导游的首要条件。导游肩负着向旅游者展现祖国大好河山、民俗风情的重任，他们在日常工作中经常接触长城、故宫、孔庙等国家级历史文化遗产，更应该满怀崇高的爱国主义热情，用自己对祖国的无限深情感染每一位旅游者，做一名合格的"民间大使"。导游作为一种职业，不仅维持从业者的基本生活，更是从业者实现自我价值的平台。热爱企业是对职员的基本要求，员工只有了解企业、热爱企业，才有可能在工作中实现自己的最大价值。导游只有做到爱国爱企，立足岗位做贡献，维护企业的利益，用诚实的劳动来换取荣誉与财富，才能实现自我提升与进步。在社交媒体快速发展的今天，导游任何不当的行为和言论都可能在网上快速发酵，给自己和旅行社造成不良的影响。作为一名导游更应该注意自己的言行举止，坚守国家利益高于一切的底线，要与损害国家利益的行为做坚决的斗争。

二、遵纪守法

遵纪守法是导游正确处理个人与集体、个人与社会、个人与国家的一种行为准则。导游必须遵守国家的法律法规，自觉地执行行业和所在旅行社的各项规章制度，严守国家机密和商业秘密，维护国家和旅行社的利益；遵守旅行社行业的纪律，执行导游服务规范与标准，严格按导游操作规程办事，即做好准备、接待、善后处理三大程序的各项工作；刻苦钻研业务，不断拓展自己的知识领域，增强自己的服务技能，为旅游者提供高质量的导游服务，在导游服务岗位上做出显著成绩。在智慧旅游时代，信息传播速度极快，导游上传到网络平台的文字、图片、视频等也必须符合国家的各项法律规范。

三、诚信为本

古人云"人无信不立，业无信不兴"，诚信是社会主义核心价值观在公民层面的基本要求，是职业人最重要的品质素养，也是公民道德建设的重点。"游客为本，服务至诚"作为旅游行业核心价值观，指向性明确、认同感强，是凝聚行业力量的助推剂，也是推动行业未来发展的切入点。导游必须践行社会主义核心价值观，做到以旅游者为中心，做好诚信服务，让旅游者体验到导游服务的至诚之处。《文化和旅游市场信用管理规定》中规定导游因侵害旅游者合法权益，造成旅游者滞留或者严重社会不良影响的，或受到文化和旅游主管部门吊销导游证行政处罚的应当将其认定为严重失信主体。导游因被吊销导游证而被认定为严重失信主体的，自处罚之日起 3 年内不得重新申请导游证。

四、爱岗敬业

爱岗敬业是一个人拥有良好职业道德素养的重要表现，有着十分重要的社会价值。敬业绝不只是完成工作，还要用心完成自己的工作。社会主义事业的发展离不开我们每一个人的努力，爱岗敬业是推动中国特色社会主义事业不断向前发展的一种根本性力量，也是推动中华民族伟大复兴中国梦实现的强大动力。作为一名导游必须具有牢靠的专业思想，热爱本职工作。如果一个人热爱自己所从事的事业，就会把对事业的追求作为自己奋斗的目标，在自己的岗位上做出显著的成绩。目前，电子导游证作为导游执业证，以电子数据形式保存了导游的个人信息，旅游者通过扫描二维码可以了解导游的身份信息、执业信息、社会评价信息等，所以导游要更加做好自己的工作，给旅游者留下好印象。

五、文明礼貌

导游必须懂文明、讲礼貌。懂文明是指导游必须带头遵守《中国公民国内旅游文明行为公约》《中国公民出境旅游文明行为指南》，并指导旅游者如何文明旅游。讲礼貌是指导游必须遵守基本的礼节礼貌，树立新时代导游的良好形象。当然，导游的文明礼貌也表现在穿着上，而导游的工作性质和特点也要求导游一定要穿着得体，离开了得体的穿着就谈不

知识链接 2-1
导游应该宣传的文明旅游"10 句话"

上导游的文明礼貌。目前，我国的导游还没有统一的着装，然而每一位导游都应该认真把握自己的着装，把着装看成关乎"德诚于中，礼形于外"的大事情。在智慧旅游时代，导游讲文明、懂礼貌更加重要，一些不当的言行一旦被别人记录下来传到网上，将会产生十分恶劣的影响。

案例分析 2-1

让旅游者转变态度的导游

张娟是山东一名知名导游，她曾经讲过这样一个案例。有一次她接了一个老年团，因为上一站景点有政府补贴，团餐比较好且花费也比较少，老人们对团餐比较满意。到了山东，由于没有了政府补贴，团餐就相对简单，老人们对团餐开始不满意，在一位老人的带动下，旅游者们拒绝旅行社安排的团餐，纷纷表示要自己出去用餐，旅游者和导游之间的

案例解析

关系也开始变得紧张起来。用餐之后的第一站是孔庙，站在孔庙的龙柱前，张娟精神饱满地开始讲解："我们看到的这些龙柱非常美，是世界石雕艺术史上的珍品、极品、佳品和绝品，金碧辉煌、栩栩如生。这些龙珠是徽州工匠历时四年，在明弘治十三年用同一块石头打造而成的……"生动的讲解不但征服了这些老人，连旁边的

散客也被吸引了过来。游览结束之后，一名散客坚持要给张娟讲解费用，而带头罢餐的老人也非常不好意思地向张娟道歉。旅行结束后，旅游者们也纷纷在旅游产品订购平台上留言夸赞张娟导游服务好，讲解水平高。

思考：案例中的导游是如何让旅游者转变态度的？

第二节　导游的知识要求

一、政策法规知识

（一）旅游法律法规

1. 导游带团前的法律知识

导游在带团前，必须取得导游证。《导游人员管理条例》规定国家实行全国统一的导游人员资格考试制度。具有高级中学、中等专业学校或者以上学历，身体健康，具有适应导游需要的基本知识和语言表达能力的中华人民共和国公民，可以参加导游人员资格考试；经考试合格的，由国务院旅游行政部门或者国务院旅游行政部门委托省、自治区、直辖市人民政府旅游行政部门颁发导游人员资格证书。

在中华人民共和国境内从事导游活动，必须取得导游证。取得导游人员资格证书的，经与旅行社订立劳动合同或者在相关旅游行业组织注册，方可持所订立的劳动合同或者登记证明材料，向省、自治区、直辖市人民政府旅游行政部门申请领取导游证。导游证的有效期限为 3 年，导游证持有者需要在有效期满后继续从事导游活动的，应当在有效期限届满 3 个月前，向省、自治区、直辖市人民政府旅游行政部门申请办理换发导游证手续。

2. 导游带团中的法律知识

（1）导游进行导游活动时应当佩戴导游证

导游进行导游活动时，应当携带电子导游证，佩戴导游证，并开启导游执业相关应用软件。《导游人员管理条例》规定导游佩戴导游证是导游执行导游任务时的一项法定义务。佩戴导游证，一是给旅游者提供规范服务的需要，二是便于旅游行政管理部门的监督检查。导游人员进行导游活动时未佩戴导游证的，由旅游行政部门责令改正，拒不改正的，处 500 元以下罚款。电子导游证以电子数据形式保存于导游个人的移动电话等移动终端设备中，旅游者通过扫描电子导游证上的二维码可以获知导游的身份信息、执业信息、社会评价、奖惩信息等。

（2）导游进行导游活动必须经旅行社委派

导游进行导游活动，必须经旅行社委派。导游不得私自承揽或者以其他任何方式直接承揽导游业务，只有接受旅行社委派从事导游活动的人，其合法从业权才能受到法律的保护，私自承揽导游业务进行导游活动的行为将受到法律的追究。如导游违反相关规定，私自承揽业务的，由旅游主管部门责令改正，没收违法所得，处 1000 元以上 1 万元以下的罚款，并暂扣或者吊销导游证。

（3）导游进行导游活动时应当自觉维护国家利益和民族尊严

导游进行导游活动时，应当自觉维护国家利益和民族尊严，不得有损害国家利益和民族尊严的言行。导游进行导游活动时，有损害国家利益和民族尊严的言行的；由旅游行政部门责令改正；情节严重的，由省、自治区、直辖市人民政府旅游主管部门吊销导游证并予以公告；对该导游所在的旅行社给予警告直至责令停业整顿。

（4）导游在进行导游活动时不得擅自更改服务内容

导游应当严格执行旅游行程安排，不得擅自变更旅游行程或者中止服务活动。在旅游行程中，导游有擅自增加或者减少旅游项目、擅自变更接待计划、擅自中止导游活动情形之一的，由旅游主管部门责令改正，暂扣导游证 3 至 6 个月；情节严重的，由省、自治区、直辖市人民政府旅游主管部门吊销导游证并予以公告。

3. 导游带团后的法律知识

（1）导游带团结束后应该掌握相关的法律知识

导游带团结束后，应该掌握《中华人民共和国消费者权益保护法》《旅游投诉处理办法》等相关知识。旅游者在购买旅游产品及接受旅游服务时享有人身、财产安全不受损害的权利。旅游者因购买、使用旅游产品受到人身、财产损害的，享有依法获得赔偿的权利；旅游经营者在提供商品或服务时，造成消费者或者其他受害人人身伤害的，应当赔偿医疗费、护理费、交通费等为治疗和康复支出的合理费用，以及因误工减少的收入，造成残疾的，还应当赔偿残疾生活辅助用具费和残疾赔偿金。造成死亡的，还应当赔偿丧葬费和死亡赔偿金。

（2）导游带团结束后应该正确处理旅游者投诉

旅游投诉是指旅游者认为旅游经营者损害其合法权益，请求旅游行政管理部门、旅游质量监督管理机构或者旅游执法机构，对双方发生的民事争议进行处理的行为。一旦旅游者向导游提出投诉，其不满的态度和复杂的心情是可以想象的，因此导游要采取积极的态度，努力找出投诉的核心问题，找到解决投诉的方法。

（二）旅游标准化知识

根据 2017 年修订的《中华人民共和国标准化法》，标准是指农业、工业、服务业以及社会事业等领域需要统一的技术要求，旅游业也包含其中。标准包括国家标准、行业标准、地方标准和团体标准、企业标准。国家标准分为强制性标准、推荐性标准。其中，强制性国家标准由国务院有关行政主管部门和国务院标准化行政主管部门依据法定程序分段并依据法定职责分工共同制定，由国务院或者国务院授权部门批准发布；推荐性国家标准由国务院标准化行政主管部门制定；行业标准由国务院有关行政主管部门制定；地方标准由省级人民政府标准化行政主管部门制定或者由设区的市级人民政府标准化行政主管部门经批准后制定；团体标准由学会、协会、商会、联合会、产业技术联盟等社会团体协调相关市场主体共同制定；企业标准由企业自行制定或者与其他企业联合制定。

1. 旅游国家标准

强制性国家标准代号为 GB，推荐性国家标准代号为 GB/T，国家标准化指导性技术文件代号为 GB/Z。GB 即国标的汉语拼音缩写，T 是推荐的意思，Z 是指导的意思。国家标准的编号由国家标准的代号、国家标准发布的顺序号和国家标准发布的年号（发布年份）构成。

旅游标准化是旅游行业各项工作的技术支撑，是旅游科学管理的重要手段，有利于增加旅游竞争力。近年来，我国旅游标准化取得了许多重大成绩。对于导游而言，必须充分利用这些标准开展工作。在全国标准信息公共服务平台中关于旅游的国家标准有 53 条，其中导游需要掌握的主要国家标准有《导游服务规范》（GB/T 15971—2023）、《旅游业基础术语》（GB/T 16766—2017）、《旅游景区服务指南》（GB/26355—

知识链接 2-2
部分旅游国家标准

2010）等。例如，《导游服务规范》（GB/T 15971—2023）中 GB/T 表示国家推荐性标准，15971 表示第 15971 个国家标准，2023 表示 2023 年发布。本标准规定了导游服务的要求和导游过程中若干问题的处理原则，适用于取得中华人民共和国导游证的人员在接待旅游者过程中提供的服务。

2. 旅游行业标准

行业标准是对国家标准的补充，是在全国范围的某一行业内统一的标准。行业标准在相应国家标准实施后，应自行废止。截至 2023 年底，国务院标准化行政主管部门已批准发布了 75 个行业的标准代号，其中 LB 为旅游行业标准。过去行业标准也有强制性标准与推荐性标准之分，修订的《中华人民共和国标准化法》已经去除了强制性行业标准。在行业

知识链接 2-3
部分旅游行业标准

标准服务信息平台中关于旅游的行业标准有 562 条，其中导游需要掌握的行业标准有《导游领队引导文明旅游规范》（LB/T 039—2015）、《红色旅游经典景区服务规范》（LB/T 055—2017）、《旅游电子商务旅游产品和服务基本规范》（LB/T 057—2016）。

例如，《导游领队引导文明旅游规范》（LB/T 039—2015）中039表示是第39个旅游行业标准，2015表示2015年发布。本标准规定了旅行社组织、接待旅游者过程中，导游、出境领队引导旅游者文明旅游的基本要求、具体内容和相应规范，适用于旅行社组织、接待的旅游者，包括中国公民境内旅游、出境旅游，以及境外国家或地区到中国境内旅游的旅游者。

3. 旅游地方标准

地方标准是指在国家的某个地区公开发布的标准。地方标准由省、自治区、直辖市人民政府标准化行政主管部门报国务院标准化行政主管部门备案，由国务院标准化行政主管部门通报国务院有关行政主管部门。地方标准在本行政区域内适用。在相应的国家标准或行业标准实施后，地方标准应自行废止。地方标准代号为DB＋省、自治区、直辖市的行政区划代码，如江西的代码为36，故江西推荐性地方标准代号

知识链接2-4
部分旅游地方标准

为DB36/T。在地方标准服务信息平台中关于旅游的地方标准有800多条，其中导游需要掌握的地方标准有《三清山旅游景区讲解服务规范》（DB3611/T 002—2023）、《瑞金红色旅游景区设施设置与服务规范》（DB36/T 513—2019）、《江西省乡村旅游点质量等级划分与评定》（DB36/T 601—2017）等。例如，《三清山旅游景区讲解服务规范》（DB3611/T 002—2023）中DB3611/T表示江西上饶市地方标准代号，002表示是江西省上饶市第002个地方标准，2023表示2023年发布。本标准规定了三清山旅游景区讲解员的基本要求、讲解服务准备、讲解过程中服务要求、管理要求、投诉处理、服务评价与改进，本标准适用于三清山旅游景区接待旅游者的讲解服务。

（三）旅游时事政治知识

时事政治通常是指近期发生在国内或者国际上具有较大影响力的事件。时政具有发生速度快、影响力大等特点，主要表现为政党、社会集团、社会势力在处理国家生活和国际关系方面的方针、政策和活动。它是由政治关系在社会生活中的重要性决定的。

旅游时事政治是指发生在旅游行业的重要事件，作为一名导游必须了解最新的旅游时事政治，走在旅游行业发展的前沿，为旅游者提供更好的旅游服务。比如，当下较热的旅游话题：各地文旅局充分利用短视频、直播的方式推介当地旅游，充分发挥"明星及网络大V"的带头作用，宣传家乡，提升热度，吸引各地旅游者前来打卡；大学生特种兵式旅游，用高效率的方式快速打卡各地的旅游景点；广西"小砂糖橘"勇闯哈尔滨；年轻人热衷寺庙旅游；City Walk等。导游掌握好旅游时政知识，能更好地了解旅游行业最新的发展动态，走在行业的前沿，同时也能提升知识，增长见识，从而更好地做好导游服务工作。

二、导游基础知识

（一）智慧旅游知识

智慧旅游从旅游者的需求出发，通过信息技术提升旅游体验和旅游品质。旅游者在旅游信息获取、旅游计划决策、旅游产品预订与支付、享受旅游和回顾评价旅游的整个过程中都能感受到智慧旅游带来的全新服务体验。例如，给旅游者提供线上线下自助式旅游信息查询、门票购买、酒店预订、旅游商品购买等服务，实现自助下单、支付。在机场、火车站、汽车站、游客集散中心设立智慧旅游服务体验中心，利用VR、AR 等技术给旅游者提供沉浸式体验。导游需要掌握相应的智慧旅游知识，才可以让旅游者获得更好的旅游体验。

（二）历史文化知识

历史文化知识包括历史、地理、宗教、民族、风俗民情、风物特产、文学艺术、古建筑、园林等方面的知识。这些知识是导游讲解的素材，也是导游服务的"原料"，还是导游的看家本领。导游要努力学习，力争使自己"上知天文、下晓地理"，对本地及邻近地区的旅游景点、风土人情、历史典故、民间传说等了如指掌，并对国内外的主要名胜亦应有所了解，还要善于将本地的风景名胜与历史典故、文学名著、名人逸事等有机地联系在一起。总之，要综合理解史地文化知识并融会贯通、灵活运用，这是成为一名合格导游的必备条件，对导游来讲具有特别重要的意义。一名称职的导游，应该说也是一名文化大使，要具备一定的文化素质，对我国的优秀传统文化更应该有深刻的理解。

（三）饮食文化知识

饮食文化往往包含各种礼仪和文化，如食材的选择、菜单的制定、烹饪的方法、餐具的选择、食客的座次、食用的顺序等。除此以外，有些地区的饮食文化，不仅规定了平日与节日饮食的材料，还规定了饮食的频率、饮食的时间等，这些内容都属于饮食文化中的重要一环。"食"是旅游六要素中重要的一环，旅游者对整个旅游活动评价的好坏也离不开饮食。因此，导游在带团时应该掌握和熟悉当地的饮食文化传统，尤其是在带境外旅游团时，讲解当地的饮食文化知识尤为必要。

（四）建筑文化知识

我国古代劳动人民在人类文明发展的漫长历史进程中，创造了光辉灿烂的建筑艺术。中国古代建筑以其独特的取材、巧妙的结构和别具风格的造型艺术在世界建筑史上占有重要地位，被称为"凝固的诗，立体的画"。中国的建筑艺术在原始社会开始萌芽，到封建社会已经取得了很高的成就，并形成了一个风格独特的建筑体系。一名优秀的导游必须了解相关的建筑文化知识，在讲解建筑文化景点时才会游刃有余，信手拈来，面对旅游者的提问才能从容不迫。

三、导游业务知识

（一）旅游交通知识

1. 航空知识

航空客运作为一种安全快捷的现代化交通方式，在人们的出行中占有重要的地位。目前我国大部分的出境游都以飞机作为主要的交通工具，导游掌握一些航空知识是十分必要的。

知识链接 2-5
中国古建筑发展
简史

（1）航班、班次

民航的运输飞行主要有 3 种形式，即班期飞行、加班飞行和包机飞行。其中，班期飞行是按照班期时刻表和规定的航线，定机型、定日期、定时刻的飞行；加班飞行是根据临时需要在班期飞行以外增加的飞行；包机飞行则是按照包机单位的要求，在现有航线上或以外进行的专用飞行。航班可以分为定期航班和不定期航班，定期航班是指飞机定期自始发站起飞，按照规定的航线经过经停站至终点站，或直接到达终点站的飞行。在国际航线上飞行的航班称为国际航班，在国内航线上飞行的航班称为国内航班。航班也可以分为去程航班与回程航班。班次是指在单位时间内（通常用一个星期计算）飞行的航班数（包括去程航班与回程航班）。班次是根据运量需求与运能来确定的。

（2）航班号

每个航班都按照一定的规律编有不同的号码，以便于区别和管理，这种号码称为航班号。我国航班号的编排由各个航空公司的二字英文代码和四位阿拉伯数字组成，航空公司代码由国家民航局规定公布。后面的四位数字第一位代表航空公司的基地所在地区，第二位表示航班的基地外终点所在地区（1 为华北，2 为西北，3 为华南，4 为西南，5 为华东，6 为东北，8 为厦门，9 为新疆），第三与第四位表示该航班的具体编号。例如 CA1225，表示中国国际航空公司由北京至西安的去程航班。

知识链接 2-6
中国各航空公司
的代码及标志

（3）机票

① 购票

乘坐飞机旅行，旅客应根据有关规定购票。购买机票须出示有效证件，例如，中国公民须出示本人的居民身份证，外国人要出示护照。机票只限票上所列姓名的旅客

本人使用，不得转让和涂改，否则机票无效，票款不退。

在智慧旅游时代，航空公司提供的都是"电子客票"，也叫"无纸化客票"。选择电子客票，旅客的购买记录保留在航空公司的订座系统内，旅客不会收到纸质客票。购买电子客票比纸质客票更方便，比邮寄纸质客票风险更小，在旅行前或旅行期间不会丢失或被盗。然而，为了证明旅客的订座和票价，旅客应保留一张电脑生成的行程单。除此以外，旅客应写下确认号码作为订座证明。旅客可通过航空公司网站办理电子客票的订购等操作。

② 儿童票

已满两周岁未满 12 周岁的儿童按成人正常票价的 50% 付费（有些国际航线儿童票价是成人票价的 67%），提供座位；未满两周岁的婴儿，按成人正常票价的 10% 付费，不提供座位。每位成人旅客携带婴儿超过一名时，超过的人数应购买儿童票。

③ 座位再证实

旅客持有订妥座位的联程或来回程客票，如在该联程或回程地点停留 72 小时以上，国内机票须在该联程或回程地点飞机离站前两天中午 12 点以前、国际航班须在 72 小时前办理座位再证实手续。否则，原定座位不予保留。

④ 退票

由于承运人及旅客本人的原因，旅客未能按客票列明的航程旅行，可以申请退票，并可按规定办理退票，退票只限在原购票地点或经航空公司同意的地点办理。旅客要求退票，按照不同时段缴纳不等的退票费。因航班取消、提前、延误航程变更或承运人不能提供原定座位，旅客退票免收退票费。

⑤ 客票遗失

旅客遗失客票，应以书面形式迅速向航空公司或其销售代理人申请挂失。在旅客申请挂失前，客票如已被冒用或冒退，航空公司不承担责任。

（4）登机

① 乘机

旅客应在航空公司规定的时限内到达机场，凭客票和有效身份证件办理登机手续。航班离站前 30 分钟停止办理登机手续，大型机场是 45 分钟，有些机场可能是 1 个小时或更长。

② 安全检查

乘机前，旅客及其行李必须经过安全检查。无成人陪伴儿童、病残旅客、孕妇等特殊旅客，只有在符合航空公司规定的条件下经航空公司预先同意并做出安排后方予载运。传染病患者、精神病患者或健康情况可能危及自身或影响其他旅客安全的旅客，航空公司不予承运。根据国家有关规定不能乘机的旅客，航空公司有权拒绝旅客乘机，已购客票按自愿退票处理。

③ 误机

旅客误机后，误机后的机票可以退票处理也可以改签处理。如要求退票，退票时航空公司可以收取适当的误机费。如要求改签，航空公司会予以积极安排，不收误机费。若是购买了打折力度很大或廉价机票，一般不会退改签，只能作废。

（5）行李

行李分为托运行李、自理行李（即非托运行李）和随身携带物品。

① 不准作为行李运输的物品

国家规定的禁运物品、限制运输物品、危险物品，以及具有异味或容易污损飞机的其他物品，不能作为行李或夹入行李内托运。除此之外，下列物品也不得夹入行李内托运，主要包括：一是小而贵重的物品，如现金、证券、汇票、信用卡、珠宝、相机等；二是急用物品，如药品、钥匙、护照、旅行支票、商务文件等；三是不可取代的物品，如手稿、祖传物等；四是易碎品，如眼镜、玻璃容器、液体等。上述物品应随身携带，或放在可置于座位下面的随身携带的行李中。航空公司对托运行李内夹带上述物品的遗失或损坏按一般托运行李承担赔偿责任。

② 随身携带物品

随身携带物品指经航空公司同意由旅客自行携带乘机的零星小件物品。随身携带物品的体积不超过 20 厘米×40 厘米×55 厘米，质量不超过 5 千克。旅客不得携带管制刀具乘机。管制刀具以外的利器或钝器应随托运行李托运，不能随身携带。

③ 托运行李

旅客必须凭有效客票托运行李，一般在航班离站当日办理乘机手续时托运行李。不属于行李的物品应按货物托运，不能作为行李托运。托运行李必须包装完善、锁扣完好、捆扎牢固，能承受一定的压力，能够在正常的操作条件下安全装卸和运输，并应符合下列条件，否则，航空公司可以拒绝收运：旅行箱、旅行袋和手提包等必须加锁；两件以上的包件，不能捆为一件；行李上不能附插其他物品；竹篮、网兜、草绳、草袋等不能作为行李的外包装物；行李上应写明旅客的姓名、详细地址、电话号码。

④ 免费行李额

每位旅客的免费行李额（包括托运和自理行李）：国内航班持成人或儿童票的头等舱旅客为 40 千克，公务舱旅客为 30 千克，经济舱旅客为 20 千克，持婴儿票的旅客无免费行李额。各航空公司对国际航班免费行李额的规定不甚相同。构成国际运输的国内航段，每位旅客的免费行李额按适用的国际航线免费行李额计算。

2. 铁路客运知识

（1）铁路列车的种类

铁路列车可以分为国际旅游列车和国内旅客列车，另外，按照车次前所冠英文字母的不同又有各种分类，具体分类见表 2-1 所列。

表 2-1　旅客列车分类

序号	字母	名称
1	D	动车组列车
2	G	高速列车
3	Z	准高速列车
4	K	快速列车
5	S	广深高速旅客快车
6	T	特种豪华列车
7	L	临时旅客列车

（2）车票

不同价位的车票舒适程度不同。比如，火车有硬座票、卧铺票、软卧票等；高铁有商务座、特等座、一等座、二等座 4 个类别。下面以高铁为例，分析不同等级车票的特点，详见表 2-2 所列。

表 2-2　高铁票的等级及特点

序号	等级	特点
1	商务座	除了特等座的福利，还有独立卫生间和微波炉
2	特等座	私密性强，安静座椅柔软宽大，可以随意调节
3	一等座	一等座空间比二等座大，一排 4 个座位，相对宽敞
4	二等座	二等座就是一般的座位，一排 5 个座位，较拥挤

（3）改签

旅客不能按票面指定的日期、车次乘车时，应当在票面指定的日期、车次开车前办理提前或推迟乘车签证手续，特殊情况经站长同意可在开车后 2 小时内办理。持动车组列车车票的旅客改乘当日其他动车组列车时，不受开车后 2 小时内的限制。团体旅客不应晚于开车前 48 小时办理。旅客在出发站办理改签时，改签后的车次票价高于原票价时，核收票价差额；改签后的车次票价低于原票价时，退还票价差额。旅客办理中转签证或在列车上办理补签、变更席（铺）位时，签证或变更后的车次、席（铺）位票价高于原票价的，核收票价差额；签证或变更后的车次、席（铺）位票价低于原票价的，票价差额部分不予退还。因承运人责任使旅客不能按票面记载的日期、车次、座别、铺别乘车时，站、车应重新妥善安排。重新安排的列车、座席、铺位高于原票等级时，超过部分票价不予补收；低于原票等级时，应退还票价差额，不收退票费。

（4）车票丢失

旅客丢失车票应另行购票。在列车上应自丢失站起（不能判明的从列车始发站起）补收票价，核收手续费。旅客补票后又找到原票时，列车长应编制客运记录交给旅客，作为在到站出站前向到站要求退还后补票价的依据。退票核收退票费。

3. 公路客运知识

（1）客车的分类

客车按照乘坐的舒适程度及车内设置座位的数量有着不同的分类方式，而每个种类的特点也有所不同。客车分类及特点见表2-3所列。

表2-3　客车分类及特点

序号	分类标准	分类	说明
1	乘坐舒适程度	普通客车	车辆无特殊的舒适装置、车内设有分隔货舱的客车，座椅较硬，没有温度调节装置，舒适性差
		中级客车	不含分隔货舱的客车，座位排列较宽松，有较软的、高靠背座椅，舒适性较好
		高级客车	车窗宽大、视野开阔、密封性好，有高级软座椅、空调设备，舒适性好
2	设置座位数量	小型客车	横排只能装置3个座位、座位总数为15个以下（含15个）的客车
		中型客车	横排最多只能装置4个座位、座位总数为16个至30个的客车
		大型客车	横排（不包括过道）装置4个及以上座位、座位总数为31个以上（含31个）的客车

（2）国道编号

国道是国家干线公路的简称，在国家公路网中具有全国性经济意义。国道的编号根据国道的地理走向分为3类：第一类是以北京为中心的放射线国道，编号为1××，这类国道共有12条，如北京到沈阳的干线公路，编号101。第二类是南北走向的国道（纵线国道），编号为2××，如鹤岗到大连的干线公路，编号为201国道。最长的纵线国道由锡林浩特到雷州半岛南部的海安，编号为207。这类国道主要以三级和四级公路为主。第三类是东西走向的国道（横线国道），编号为3××，如绥芬河到满洲里的301国道、杭州到沈家门的329国道等。

4. 水路客运知识

（1）一般常识

我国的水路客运分为沿海航运和内河航运两大类，按照运营形式又可分为水路游览运输和水路旅客运输两种形式。水路交通的最大特点就是运载力大、价格低廉。航行在沿海和江湖上的客轮大小不等，船上的设备差异很大。大型客轮的舱室一般分五等：一等舱（软卧1～2人）、二等舱（软卧2～4人）、三等舱（4～8人）、四等舱（硬卧8～24人）和五等舱（硬卧），还有散席（包括座席）。豪华客轮设有特等舱（由软卧卧室、休息室、卫生间等组成）。

（2）船票

船票分为普通船票和加快船票，还可分为成人票、儿童票和残疾军人优待票。旅客在乘船前丢失船票，需另行购票，上船后旅客丢失船票，如能提出足够的证明确认后无须补票；无法证明时，按有关规定处理。

（3）行李

乘坐沿海和长江客轮，持全价票的旅客可随身携带免费行李30千克，持半价票者和免票儿童为15千克，每件行李的体积不得超过0.2立方米，长度不超过1.5米；乘坐其他内河客轮，免费携带的行李分别为20千克和10千克。下列物品不准携带上船：法令限制运输的物品；有臭味、恶腥味的物品；能损坏、污染船舶和妨碍其他旅客的物品；爆炸品、易燃品、自燃品、腐蚀物品、有毒物品、杀伤性物品以及放射性物质。

（二）卫生健康知识

1. 晕车（机、船）

晕车（机、船）是脑部在环境中收到错误的讯息所致。为了使身体平衡，我们的感觉器官不断地收集外界的讯息，并输送到内耳，犹如电脑一般，内耳会组织这些讯息，进而输送至大脑。当平衡系统发现内耳所接收到的讯息与眼睛所接收到的有出入时，我们便会发生晕车、晕机或晕船。晕车、晕机和晕船在医学上统称为运动病。晕车（机、船）现象及预防措施见表2-4所列。

表2-4 晕车（机、船）现象及预防措施

健康情况	现象	预防措施
晕车 （机、船）	头晕、冒汗、肤色苍白、恶心，最后可能呕吐	旅行前应有足够的睡眠，睡眠足、精神好有助于提高对运动刺激的抗衡能力
		乘坐交通工具前半小时口服晕车药或用止痛膏贴于肚脐上
		乘坐交通工具前不宜过饥或过饱，只吃七八分饱，尤其不能吃高蛋白和高脂肪食品
		在乘坐交通工具时不要紧张，要注意保持精神放松，不要总想着会晕，最好找个人跟你聊天，分散注意力
		旅途中尽量不要看窗外快速移动的景物，尽量坐比较平稳且与行驶方向一致的座位，头部适当固定，避免过度摆动
		交通工具内适当通风，保持空气流通和新鲜

2. 腹泻

人们在旅行时发生腹泻会带来很大麻烦，因此，旅游者应注意饮食卫生，养成良好的个人卫生习惯，时刻牢记"病从口入"。当腹泻病症发生时应适当地服用诺氟沙星、小檗碱一类的药物，实在找不到药物的情况下，可以将大蒜拍碎服下。如不慎染上急性腹泻，应立刻采取治疗措施。切记作为导游，无论大病小病都不应向旅游者提供任何药物，如有需要可带旅游者到医院进行治疗。

知识链接 2-7
晕船的预防

3. 中暑

中暑是夏季旅游时常见的突发病症，尤其在湿热无风的山区中开展登山活动时，由于身体无法靠汗液蒸发来控制体温，人就会中暑。中暑的主要症状为头痛、眩晕、烦躁不安、脉搏强而有力，呼吸有杂音，体温可能上升至 40℃ 以上，皮肤干燥泛红。如果不及时救治，中暑的人可能很快会失去意识，导致意外发生。旅行中为了预防中暑，可准备一些防暑药物，如藿香正气水、十滴水、清凉油、人丹等，还应准备一些清凉饮料、太阳镜、遮阳帽等防暑装备。一旦有人中暑，应尽快将其移至阴凉通风处，将其衣服用冷水浸湿，裹住身体，并保持潮湿，或不停扇风散热并用冷毛巾擦拭患者，直到其体温降到 38℃ 以下。通过以上救治措施，中暑者的体温如已下降，则改用干衣物覆盖并使其充分休息，否则需要重复以上措施，并尽快送医院救治。

4. 心脏病猝发

旅游者在旅游过程中，如果出现胸闷晕倒、脸色发青发紫、大汗等症状，外加其有高血压史，一般不难判断为心脏病猝发。处理时不可随意搬动患者，或者摇抱患者的上半身，切忌急着将患者抬或背着去医院，而应让其就地平躺，头略高，由患者亲属或其他旅游者找出患者的备用药物，让患者服用；同时，应至附近医院找医生前来救治，待病情稍稳定后再送往医院。

5. 外伤出血

在旅游中如被刀等利器割伤，可用干净水冲洗，然后用清洁的布或手巾等包裹住伤口。轻微出血可采用压迫止血法，一小时过后每隔 10 分钟左右要松开一下，以保障血液循环。如仍出血不止，可用布条或带子扎紧止血，一般扎在出血部位的上方，每半小时放松一下，直至血止住。

知识链接 2-8
对呼吸停止的
抢救——人工呼吸

（三）入出境知识

1. 入出境应持有效证件

中外旅游者出境与入境均须在指定的口岸向边防检查站（公安、海关、检疫三方组成）交验有效证件，不同类型的人使用的有效证件名称也不同。与我国出入境旅游

有关的有效证件主要有下列几种。

（1）护照

护照是一国主管机关发给本国公民出国或在国外居留的证件，证明其国籍和身份，如图 2-1 所示。护照一般分为外交护照、公务护照和普通护照 3 种，护照类型及其区别见表 2-5 所列。

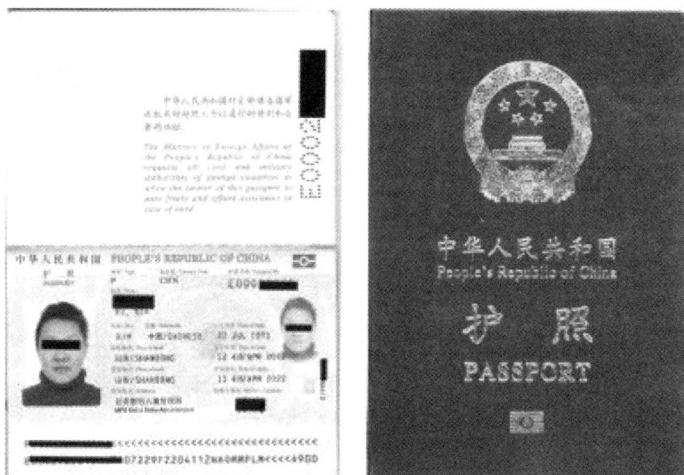

图 2-1 中华人民共和国护照（普通护照）

表 2-5 护照类型及其区别

护照类型	说 明
外交护照	发给政府高级官员、国会议员、外交和领事官员、负有特殊外交使命人员、政府代表团成员等具有外交身份的人员使用的护照
公务护照	发给国家公务人员的护照，如政府一般官员、驻外使领馆工作人员、因公派往国外执行文化和经济等任务的人员
普通护照	由中华人民共和国公安部出入境管理机构或者公安部委托的县级以上地方人民政府的出入境管理机构，以及中华人民共和国驻外使馆、领馆和外交部委托的其他驻外机构签发

在我国，外交护照和公务护照都由外事部门颁发，普通护照由公安部门颁发。16 周岁以下人员护照有效期为 5 年，16 周岁以上人员护照有效期为 10 年。在国外，华侨可在护照有效期满前向我国驻外使领馆及外交部授权的驻外机关提出延期申请。

（2）签证

签证是一国主管机关在外国公民所持的护照或其他旅游

知识链接 2-9
电子护照

证件上签注、盖印，表示准其出入本国国境或者过境的手续。各国公民在国际往来，不仅必须持有本国政府颁发的合法护照，同时均须事先获得前往国家或地区的有效签证，这样才能离开本国国境，进入前往国家或地区。签证一般做在护照上，和护照同时使用。当前，随着国际间贸易往来和各国旅游业的不断发展，许多国家或地区之间签订了互免签证的协议。

持旅游签证来中国的外国人不得在中国从事与其身份不符的活动，如就业、宗教宣传、非法采访等，违者将受到处罚。中国政府保护在中国境内的外国人的合法权益。外国人在中国境内必须遵守中国法律，尊重中国的风俗习惯。

知识链接 2 - 10
常见的签证种类

（3）港澳居民来往内地通行证

港澳居民回内地探亲、旅游，可凭"港澳居民来往内地通行证"出入境，样本如图 2-2 所示。新证件为卡式证件（设置机读码），出入境边防检查机关用机器查验证件，持卡人可免填出入境登记卡。成年人持新证有效期为 10 年，在有效期内可多次使用。

申请新证的港澳居民必须符合 5 项条件：首次申请通行证；旧通行证已到期；旧通行证有效期两个月内届满；旧通行证使用次数剩 15 次以内；旧通行证已遗失。

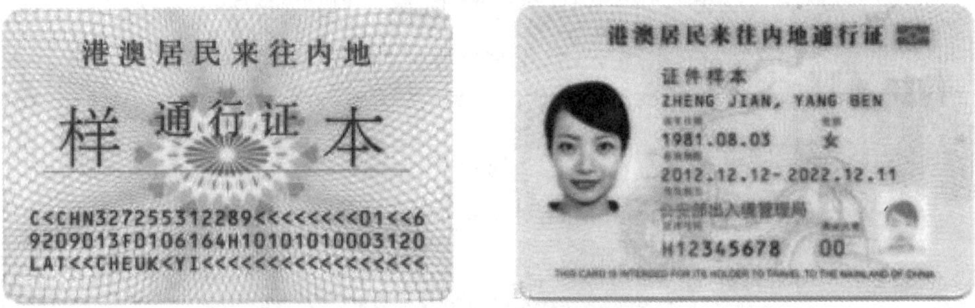

图 2-2　港澳居民来往内地通行证

（4）台湾居民来往大陆通行证

台湾居民来往大陆通行证简称"台胞证"，是台湾居民来往大陆地区观光、商务、探视的身份证明书。每次入境需在"台胞证"上签注。

（5）中华人民共和国外国人旅行证

外国人在中国境内可凭本人的有效护照和旅游签证前往对外国人开放的地区旅行。外国旅游者不得进入不对外国人开放的地区，违者将依法受到处罚。外国人因公务需前往不对外国人开放的地区，须事先向所在地公安机关出入境管理部门申请中华人民共和国外国人旅行证，申请中华人民共和国外国人旅行证时应出示本人护照及有效签证，提供接待部门出具的说明必须前往理由的公函，填写《外国人旅行申请表》，获准后方能前往。外国人旅行证与本人护照同时使用。

（6）中华人民共和国旅行证

中华人民共和国旅行证为替代护照使用的旅行身份证件，前往世界各国有效；本证持有人为中华人民共和国公民。本证的签发、换发、补发和加注由中华人民共和国的外交代表机关、领事机关和外交部授权的其他驻外机构办理。

2. 入出境手续

办理入出境手续的部门一般设在口岸和旅客入出境地点，如机场、车站、码头等。入出口岸的外国人可持有效证件在指定的对外开放的口岸入出境，华侨和台湾居民可持有效证件在指定的口岸入出境，香港居民持证经深圳、澳门居民持证经珠海通行。

（1）边防检查

边防检查主要是要求入出境者填写入出境登记卡片、交验护照、检查签证等。卡片的内容包括姓名、性别、出生年月、国籍、民族、婚否、护照种类和号码、签证种类和号码、有效期限、入境口岸、日期、逗留期限等。护照、签证查验完毕加盖验讫章。

（2）海关检查

海关检查一般仅询问是否有需申报的物品，或填写旅客携带物品入出境申报单。必要时海关有权开箱检查所携带物品。各国对入出境物品的管理有各自不同的具体规定。一般烟、酒等物品按限额放行。文物、武器、毒品、动植物等为违禁品，非经特许不得入出国境。根据《中华人民共和国海关法》和《中华人民共和国海关对进出境旅客行李物品监管办法》的规定，入出境旅客行李物品必须通过设有海关的地点入境或出境，接受海关监管。海关通道分为"红色通道"和"绿色通道"两种。

① 红色通道（亦称"应税通道"）

海外旅客入境，一般须经"红色通道"，事先要填写《旅客行李申报单》向海关申报，经海关查验后放行。申报单上所列物品，海关加"△"号的，必须复带出境。申报单不得涂改和遗失，出境时要再交海关办理手续；申报单应据实填写，若有申报不实或隐匿不报者，一经查出，海关将依法处理。

② 绿色通道（亦称"免税通道"）

持有中国主管部门给予的外交或礼遇签证及护照的外籍人员、海关给予免验礼遇的人员，以及没有携带需要申报物品的旅客，可选择"绿色通道"入境，但需向海关出示本人证件和按规定填写申报单证。

（3）入境卫生检疫

入境卫生检疫主要是检验有关疾病的预防接种证书（俗称"黄皮书"）。为防止国际间某些传染病的流行，各国都有到本国旅行需进行某种预防接种的规定，有些国家有时免验，但对于发生疫情的地区则检查特别严格，对未接种的旅客会采取隔离、强制接种等措施。根据疫情的分布，不同地区、不同时期对预防接种的要求不同，办理接种手续前应作了解。

（4）安全检查

安全检查主要是对登机（车、船）的旅客采取检查，禁止携带武器、凶器、爆炸物、剧毒物等。检查方式包括安全门、用磁性探测器近身检查、检查手提包、搜身等。我国也实行国际上通用的安全检查方法。现在，登机旅客普遍须接受安全检查，而且检查手续日趋严格。

（四）其他业务知识

1. 货币知识

（1）外汇

外汇是指以外币表示的可以用作国际清偿的支付手段和资产。在中国境内，禁止外汇流通、使用、质押，禁止私自买卖外汇，禁止以任何形式进行套汇、炒汇、逃汇。旅游者可到中国银行及各兑换点将外汇兑换成人民币，但要保存好银行出具的外汇兑换证明（俗称水单，其有效期为半年）。离境时，人民币如未用完，可持水单将其兑换回外汇，最后经海关核验申报单后可将未用完的外币和票证携出。外汇分类见表2-6所列。

表2-6 外汇分类

名称	分类	细 分
外汇	外国货币	纸币、铸币
	外币有价证券	政府公债券、国库券、公司债券、股票、股息等
	外币支付凭证	票据、银行存款凭证、邮政储蓄凭证

外币的兑换可以到外汇指定银行的营业网点进行。外汇指定银行是经国家批准可以经营外汇业务的各类商业银行，如中国银行、中国工商银行、中国农业银行和中国建设银行等。在外汇指定银行和法定外币兑换点之外的地方进行外币兑换属于违法行为。如果个人需要少量的外汇用于境外支付使用，可以在银行购买外汇。根据相关规定，境内个人卖出外汇或购买外汇（即结售汇）实行年度总额管理，年度总额为每人每年等值5万美元。个人在一年当中购买等值5万美元以内的外汇，凭本人有效身份证件在银行直接办理；超过限额的，除出示个人有效身份证件外，还需提供需要支付使用的相关证明材料，然后在外汇指定银行办理。目前，在我国可兑换的外币主要包括英镑、港币、美元、瑞士法郎、新加坡元、瑞典克朗、丹麦克朗、挪威克朗、日元、加拿大元、澳大利亚元、欧元、澳门元、菲律宾比索、泰国铢、新西兰元、韩国元和新台币等。

（2）旅行支票

旅行支票是银行或旅行支票公司为方便旅游者，在旅游者交存一定金额货币后签发的一种面额固定的、没有指定付款人和付款地点的定额票据。购买旅行支票后，旅游者可随身携带，在预先约定的银行或旅行社的分支机构或代理机构凭票取款，这比带现金旅行安全便利。购买旅行支票时，旅游者要当场签字，作为预留印鉴；支取款项时必须当着付款单位的面在支票上签字；付款单位将两个签字核对无误后方可付款，以防假冒。

（3）信用卡

信用卡是指银行或信用卡公司为提供消费信用而发给客户在指定地点支取现金、购买货物或支付劳务费用的信用凭证，实际上是一种分期付款的消费者信贷。信用卡上印有持卡者姓名、持卡者账号及每笔赊购的限额、签字有效期和防伪标记等内容。信用卡种类见表 2-7 所列。

表 2-7　信用卡的分类

名称	分类标准	分类
信用卡	持卡人的资信程度	普通卡、金卡和白金卡
	发卡机构的性质	旅游卡、信用卡
	使用地区	世界通用卡、地区通用卡

为了避免风险，发卡机构规定其发行的信用卡的使用期限一般为 1~3 年，并规定一次取现或消费的最高限额。在我国，四大国有商业银行发行的信用卡有中国银行的人民币长城信用卡、中国工商银行的人民币牡丹卡、中国农业银行的人民币金穗卡、中国建设银行的人民币龙卡。我国目前受理的外国信用卡主要有 7 种：万事达卡、维萨卡、运通卡、大莱卡、JCB 卡、百万卡和发达卡。我国公民出境旅游使用信用卡，既安全又方便。

2. 保险知识

（1）旅游保险

旅游保险是保险业中的一项业务，旅游者可以通过办理保险部分地实现风险转移。办理保险本身虽不能消除风险，但保险能为遭受风险损失的旅游者提供经济补偿。旅游保险是指投保人（旅游者或旅游经营者）根据合同的约定，向保险人（保险公司）缴纳一定数额的保险费，保险人对被保险人因合同中约定的在旅游活动中可能发生的事故所造成的财产损失承担赔偿保险金责任，或当被保险人在旅游活动中患病、伤残、死亡时承担赔偿保险金责任的商业保险行为。在智慧旅游时代，旅游保险有利于增加旅游者的安全感，也有利于旅行社抵御风险，保障旅行社的正常运营。

（2）旅游保险的种类

旅游保险并不是一种险种，它是与旅行游览活动密切相关的各种保险项目的统称。根据不同的标准，旅游保险可分为国内旅游保险和涉外旅游保险、旅游人身保险和旅游财产保险、强制保险和自愿保险。旅游保险及说明见表2-8所列。

表2-8 旅游保险及说明

名称	说 明
旅行社责任险	适用旅游者人身伤亡赔偿责任
	适用旅游者因治疗支出的交通、医药费的赔偿责任
	适用旅游者死亡处理和遗体遣返费用赔偿责任
	适用旅游者必要的施救费用
	适用旅游者行李物品的丢失、损坏或被盗所引起的赔偿责任
	适用由于旅行社责任争议引起的诉讼费用
	适用旅行社与保险公司约定的其他赔偿责任
旅客意外伤害保险	适用旅游者在乘坐交通工具出行时发生的风险
旅游人身意外伤害保险	适用探险游、生态游、惊险游等
住宿旅客人身保险	适用住宿旅游者保险
	适用住宿旅游者见义勇为行为
	适用旅游者随身物品遭意外损毁或盗抢

（3）旅游保险的索赔与理赔

在旅游活动过程中发生了属于保险责任范围内的事故，造成被保险人人身伤亡或财产损失时，被保险人或受益人有权依照旅游保险合同的规定向保险人要求赔偿经济损失并给付相应赔偿金，这种行为就是索赔。索赔人必须具备一定的资格，且索赔有一定的有效期。

理赔是指保险人受理索赔申请人的索赔申请，对保险责任范围内发生的旅游安全事故进行调查，核定后处理有关保险赔偿责任的程序和工作。理赔工作是旅游保险的重要组成部分，直接关系到索赔申请人的利益和保险职能的发挥。一般而言，保险公司的理赔工作是被动的，只有在索赔申请人正式向其提出索赔要求时才会发生。

案例分析2-2

缺乏业务知识的导游

某外国旅游团持集体签证在中国旅游。在旅游过程中，旅游者约翰向全陪导游小张提出希望团队旅游结束后能留在中国继续参观并办点私事。小张告诉他，在中国旅游的境外旅游团必须整团出入中国国境，所以回绝了约翰的要求。在

案例解析

旅游团队离开中国的前一天，约翰再次向小张提出了他的要求并讲明了理由，小张以时间紧迫为由给予拒绝。约翰认为小张侵犯了他的合法权益，回国后，通过其领队向小张的旅行社提出了投诉。

　　思考：1. 导游小张存在哪些问题？

　　　　　2. 出现这种情况应如何处理？

第三节　导游的服务能力

一、信息技术运用能力

（一）人工智能的运用能力

1. 旅游信息的推送

导游要学会通过算法抓取和分析互联网上所有关于旅游目的地的信息，并对这些信息进行排名；对旅游者进行个性化分析，根据旅游者的个人偏好将最适合的景点信息介绍给相应的旅游者。旅游者查阅导游的信息推送除了能了解海量景点资源之外，还能获得最新的旅游信息和个性化推荐。

2. 自助导览功能

景区自助导览将定位、景点、公共服务设施、线路、语音讲解等融为一体，为旅游者呈现全方位的景区自助服务。自助导览在时间上解放了景区讲解员和旅游者，让旅游者可以按照自己的时间与计划行事。旅游者通过手机即可获取一对一的深度导游服务，以技术消除人为服务的不稳定性，让旅游者获得具有品质保证的导览讲解服务。

3. 智能语音助手

华为的小艺、小米的小爱等是目前使用范围比较广的智能语音助手，尤其是华为手机的语音助手小艺能回答各种琐碎的问题，比如推荐参观、谈论天气、周边景点介绍等。

4. 旅游信息挖掘

搜索、机器学习和知识理解等技术的应用成就了一批垂直搜索旅游信息服务企业。垂直搜索网站通过便捷、先进的智能搜索技术对互联网上的旅游信息进行整合，为旅游者提供国内外机票、酒店、度假及旅游信息的深度搜索，提供实时、全面的旅游产品查询和信息比较服务，帮助旅游者找到高性价比的产品和优质的信息。

（二）社交网络平台的运用能力

社交网络平台包括社交网站、用户评论网站、评论社区网站、协作式写作网点、因特网论坛和区域性社交媒体等类型，通过引入通信技术（如移动设备和网络技术）、社交互动，以及文字、图片、视频和音频等结构性文件而成为一种新兴的社交方式。

1. 社交网络平台宣传能力

社交网络平台是指允许人们撰写、分享、评价、讨论、相互沟通的网站。常见的社交网络平台有微博、微信等。随着社交网络平台的影响日益扩大，它们在很大程度上影响了旅游者对旅游目的地的选择。在旅游决策的过程中，网络是旅游者重要的信息来源，由于旅游产品和服务的无形性和高风险性，旅游者在购买产品前难以对其进行评估，因此，其他用户的推荐和评价对潜在购买者十分重要。而导游在社交媒体发布信息更容易引起共鸣，导游作为旅游活动的组织者，对游览过程中的各种情况了如指掌，其发布的微博和微信输出的信息能更精准地为旅游决策提供参考。导游的真实身份在社交媒体上可以拉近旅游企业与顾客的距离，从而开展一对一的对话，如交通攻略、美食攻略、拍照技巧、打包行李方法、签证手续、最新旅游动态新闻、旅游促销信息、旅游过程中的细节与注意事项、各类旅游者在出行中遇到的问题，以及旅途中的独特体验，这些从旅游者视角发布的信息更容易引起旅游者的兴趣和共鸣，起到深度引导的作用。导游要利用好社交网络平台，使更多的潜在旅游者成为真实消费者。

2. 社交网络平台营销能力

社交媒体给予了消费者越来越大的话语权和主导权，随着互联网对旅游者信息获取的深入和旅游决策介入程度的加深，以及旅游者需求的不断个性化，旅游的营销活动也随之产生变革，以便更好地掌握和满足消费者的需求。在社交媒体时代，导游也可以把社交网络平台发展成为建立口碑和进行营销的核心阵地。导游是旅游信息的深度发布者，可以对旅游过程中的各类服务细节加以整理归类，巧用话题功能激发旅游者之间分享旅游经历，融旅游企业品牌价值、营销推广信息于导游的微博、微信中，增加客户对品牌的偏好，实现导游与粉丝、旅游者之间的广泛沟通与交流。导游应充分利用分类、Tags 等技术，跟踪网站用户的浏览行为和点击行为，根据浏览者偏好、分享内容习性及访问历史，将旅游者依不同喜好划分为不同的社群，实施精准营销。

二、安全管控能力

随着旅游业的快速发展，凸显的旅游安全问题成为悬在旅行社头上的一把利刃。因此，在旅游活动中，导游要把"安全第一，预防为主"的思想贯穿服务的各个环节中，事先做好各种查漏补缺工作，降低风险。导游作为安全员，安全管控能力主要体现在下面几个方面。

（一）行程前的安全管控

1. 出发前提醒工作

在智慧旅游时代，导游可以通过微信群提醒旅游者在出发前准备好相应的物品。比如，身份证、护照等有效证件；地图、外套、雨伞、充电宝等应急物品；也可以备些零食未雨绸缪；此外，还要配备一些外伤药及丝巾，丝巾既防风又可在必要时作绷带使用。导游还应提醒司机出发前要对车辆进行一次全面的检查、维护和保养，确保车况良好，包括有无漏油漏水情况、测量胎压、检查机油状况（抽出机油尺，观察机油的颜色是否正常、机油高度是否合适）、检查备胎是否完好，确保旅行过程中的行车安全。

2. 对旅游目的地安全状况进行评估

导游应该对旅游目的地的旅游安全状况进行评估，向旅游者发布前往目的地的旅游安全预警信息。旅游目的地的旅游安全状况分别用红色、橙色、黄色和蓝色标示，对应向旅游者发布红色、橙色、黄色、蓝色旅游预警信息。旅游安全预警信息应该通过网站、手机应用 App 等第一时间以醒目形式发布，系统后台应该设置专门的预警通知按钮，如遇突发情况及时发送给旅游者。

（二）行程中的安全管控

1. 突发情况的安全管控

在旅游过程中，如果出现突发性的安全隐患，如某路段发生泥石流、某景区出现可能危及安全的拥堵等，系统可以自动通过短信方式向旅游者发送预警提示。短信的发送范围是基于云计算平台数据，针对系统中记录的当时会在本地旅游的旅游者。涉及旅游者安全的信息发布应该具有主动推送、默认接收的特性。另外，如果某旅游团在某区域出现安全问题，系统可以对旅游团所在位置进行快速定位，并根据具体情况提示其他旅游团注意避开相关区域等。

2. 景区游览中的安全管控

在缆车、索道、栈道和主题公园的娱乐设备上加载感知芯片，记录设备安全相关参数。这些参数通过某种算法产生一个预警值，一旦超过这个预警值，系统就会向控制中心发送预警信息，控制中心根据预警要求，立即终止相关设备的运行，并根据实际情况决定是否实施安全应急预案。当前，很多景区安装有越界预警系统，当有旅游者越过危险界线时，中心大屏将会自动弹窗，显示越界地段的监控视频及广播等页面，后台值班人员可进行语音通话，并向附近的巡检员发送文字信息，及时帮助旅游者，避免突发事件发生。

三、情绪调控能力

（一）真诚倾听

情绪是人的一种本能反应，旅游者在突发事件发生后产生内心波动属于非常正常和合理的事情，导游不要只会责备，一定要认可旅游者对事件产生的反应并给予安抚、理解和包容。这就需要导游能全身心地聆听旅游者的表达。倾听不仅指听取口语表达的内容，还包括观察非语言的行为，如动作、表情、语音、语调等，及时给予语言和非语言反馈，以保证双方良好的沟通气氛，为解决问题建立信任基础。

（二）共情沟通

共情是指体验别人内心世界的能力，也称为同理心。共情要求导游要深入旅游者内心去体验他的情感、态度、认知。共情具体表现在以下几点：一是能换位思考，导游能从旅游者的角度为对方的行为寻找合理性，最大限度地理解对方。二是要表达尊重，这就要求导游要接纳对方的信念和所做出的选择或决定，而不是评论或试图替其做决定；三是要善意理解对方的观点及行为，而不是简单采取排斥的态度，应以尊重并且恭敬的态度表达自己与对方不同的观点。例如，在自由活动的时候，旅游者买到了假冒伪劣产品，如果导游说出"你居然买回来了假货"等话，就会使旅游者反感。如果能够站在对方的立场上感同身受地去沟通，效果就大不一样了，比如，"哦，您花了那么多钱，拿到的却是假货，心里非常生气，是吧？我理解您"或"出门旅游您遇到了这样的经济风险，心里很不舒服，我知道您现在的心理感受，我会尽快帮您解决"。

（三）替代补偿

如果发生了突发事件给旅游者带来了困扰和损失，或者损害了旅游者的合法权益，导游应及时向上级汇报情况，并对旅游者进行补偿。

1. 精神补偿

导游应该实事求是地说明事情的基本情况并且力求得到旅游者的理解，诚恳地向旅游者道歉，使得旅游者在精神上得到尊重与理解，从而抵消负面情绪。在无助的情况下，导游也可以引导旅游者将不满情绪发泄出来，使他们的心理达到某种新的平衡。

2. 物质补偿

用物质赔偿精神损害，已成为当前许多国家的一项通行法律制度。精神损害赔偿虽然可以用物质赔偿，但由于这种损害具有无形、抽象的特点，所以无法用货币来衡量，只要能够合情合理又基本合法，能达到当事人双方息事宁人的目的，赔偿数额达到适当标准就可以。因此，在实践中，应坚持"以抚慰为主，经济补偿为辅"的原则，防止"只抚不赔"和"只赔不抚"两个极端。比如，导游可根据实际情况，提高旅游者的食、宿、行等方面的标准，也可根据突发事件给旅游者带来后果的严重程度给予不同的经济补偿。

3. 转移注意

既然事情的发生已经无可避免，为了阻断不良情绪的蔓延，导游应积极地转移旅游者的注意力，及时使旅游者从不满情绪中走出来，投入新的情感状态。比如，旅途中，路遇大雨或汽车抛锚不得不暂时停车，导游就应该马上站出来，用新奇、有趣的活动和真挚的感情去转移旅游者的注意力，从而使其暂时忘掉不悦。

四、应急处理能力

（一）交通事故应急处理能力

交通事故是旅行活动中常发生的事故，最常见的是汽车事故。为了有效地避免交通事故的发生，导游应具备安全意识，提前做好相关准备，配合司机做好预防工作。

1. 信息技术运用能力

在智慧旅游时代，人们采用了智能交通系统。它是一个基于现代电子信息技术面向交通运输的服务系统，它的突出特点是以信息的收集、处理、发布、交换、分析、利用为主线，为交通参与者提供多样性的服务。通过该系统，车辆可以在道路上智能行驶，交通流量也可以被调整至最佳状态。导游可以借助该系统实时掌握道路、车辆的情况，合理地安排行程。

2. 沟通协调能力

在接待旅游者前，导游要与司机沟通交流，提醒司机检查车辆，若发现事故隐患车辆要及时更换；在行车过程中不要催促司机为赶日程而违规超速行驶，遇到不好的天气、道路拥挤等情况要主动提醒司机注意安全，谨慎驾驶；还要提醒司机不要饮酒，如遇司机饮酒，导游要及时阻止，并向旅行社汇报，请求改派其他车辆或调换司机。总之，导游要始终把旅游者的安全放在第一位。

3. 交通知识应用能力

导游应具备交通安全意识，掌握交通常识，在旅游者违反交通规则时及时给予提醒，降低事故发生风险。导游还需要通过网络平台学习交通事故的处理方法，增加自己的知识储备，以便在事故发生时能及时、有效地处理，争取把人员伤亡与财产损失降到最低。

（二）治安事故应急处理能力

在旅游活动中，遇到歹徒行凶、诈骗、偷窃、抢劫等，导致旅游者身心及财物受到损害的事件统称为治安事故。导游在带团过程中若遇到治安事故的发生，必须挺身而出，全力保护旅游者的人身与财产安全。

1. 加强防范意识

导游在带团过程中要时刻保持警惕，多提醒旅游者有关注意事项。比如，在出发前导游可编辑相关的安全提醒信息发至微信群供旅游者学习，防患于未然；提醒旅游者不要随便将自己的房间号告诉陌生人，更不要让陌生人随便进入房间，尤其是夜间决不可贸然开门，以防意外；旅游者下车前要提醒旅游者不要将贵重物品放在车里，旅游者下车后也要提醒司机锁好车门，关好车窗；在行车途中，不得让非本旅游团人员上车等。总之，导游要采取一切措施，防止治安事故的发生。

2. 提高防范能力

导游要明确工作责任，加强对事故的预测，做到防患于未然。若遇到歹徒向旅游者行凶、抢劫，导游应临危不惧，毫不犹豫地挺身而出，勇敢地保护旅游者，绝不能置身事外，临阵脱逃，发现不正常的情况，要立即采取行动。在智慧旅游时代，我们还可以通过智慧景区综合管控平台赋能景区安防，利用摄像机、检票闸机、Wi-Fi 系统来统计客流量情况，从而提高安全防范的能力。

（三）火灾事故应急处理能力

饭店、景区、购物、娱乐等场所都可能发生火灾，会威胁旅游者的人身和财产安全，给旅游者造成极大的损失和不幸，后果十分严重，为了防范火灾事故的发生，在旅游活动中，导游应不断提升火灾事故应急处理能力。

1. 防范提醒能力

导游在带团前，要掌握相关的火灾应急知识。导游在带团中要提醒旅游者不要携带易燃、易爆物品；提醒有吸烟需求的旅游者要在规定的地方吸烟，不乱扔烟头和火种，不要躺在床上吸烟，不在托运行李中夹带容易引起火灾的违禁物品等。

2. 组织疏散能力

如果在游览过程中发生火灾，导游不要惊慌失措，如果火势不大，应迅速采取有效措施控制和扑灭火灾；如果火势较大，要及时拨打火警电话，稳住旅游者的情绪，组织旅游者有序从安全通道逃生。

（四）其他突发事故应急处理能力

1. 食物中毒应急处理能力

导游要提醒旅游者不在小摊贩上购买食物，团队就餐时发现食物、饮料不卫生，或有异味变质的情况，导游应立即要求更换，并要求餐厅负责人出面道歉，必要时向旅行社汇报。如若发生了食物中毒的现象，应设法催吐，可以用筷子或压舌板按压舌体后半部分，吐出胃里未吸收的食物残渣。如果食物较黏稠，可以先饮用大量清水再进行催吐，将胃内残存的有毒食品吐出。

2. 溺水应急处理能力

在旅游时，导游绝对不能同意或带领旅游者去未开放的水域游泳。在游泳池或开放的水域游泳时，下水前导游要提醒旅游者先做全身性准备活动，以免因腿抽筋而发生意外；不要让水性差者去深水处游泳。若发现旅游者溺水，应立即开展救护，同时可以指导溺水者自救。指导溺水者采取仰卧位，头后部向下，使鼻部露出水面呼吸；会游泳的，如发生

知识链接 2-11
饮食禁忌小贴士

小腿抽筋，要保持镇静，采取仰卧位，慢慢游向岸边。将溺水者救出水后，首先以

最快的速度撬开口腔，除去口鼻中的泥沙、杂草等污物，将舌头拉出口外，松解衣带，保持呼吸道通畅。救护者采取半跪的姿势，将溺水者的腹部放在自己的膝盖上，头朝下，拍打其背部，以倒出呼吸道及肺部的积水。如溺水者还不能恢复呼吸，要立即施行人工呼吸，同时进行心脏按压，等待救援或将溺水者尽快送往医院进行进一步治疗。

五、旅游者关系管理能力

旅游者关系管理能力源自客户关系管理能力，是指通过培养旅游企业的顾客、中间商和合作伙伴对旅游企业及其旅游产品更积极的偏爱或偏好，留住他们并以此提升业绩的一种营销策略。从导游层面来讲，主要是根据旅游者的不同特点提供个性化服务，满足旅游者的体验需求，最终留住旅游者，实现旅游企业的利润。下面具体从旅游者关系的建立、维护和弥补 3 个方面来阐述。

（一）旅游者关系建立能力

处于信息时代的今天，信息具有无与伦比的价值，而如何管理信息也是一项非常重要的工作。导游可以依据旅游者属性挖掘旅游行程信息，这些信息包括旅游区域、城市路线及景点路线等，主要就是根据旅游者数据库中的数据进行序列模式分析，以发现不同类别旅游者的旅游爱好，并且分析出各类不同旅游者比较频繁的旅行行程安排，如最喜爱的旅游区域、城市及具体的景点游览顺序，从而对旅游者进行旅游线路的推荐。导游以此来和旅游者建立良好的关系，也通过这种方式为旅行社的经营管理提供帮助。

（二）旅游者关系维护能力

旅游者关系的维护取决于旅游者的体验，而旅游者的体验又取决于导游的服务质量。因此，要维护好与旅游者的关系就必须提供高质量的导游服务。首先，导游在工作中应该给旅游者留下良好的第一印象，因为第一印象常常关联着旅游者的信任，也会成为最终评价的参考。其次，导游在旅游活动中要热情地对待每一位旅游者，要善于与旅游者沟通，与旅游者建立友情，要向旅游者提供微笑服务、细致服务，使旅游者对导游感到亲切。最后，导游要一丝不苟地做好送行工作。导游通过在整个旅游行程中为旅游者提供高质量的服务来维护与旅游者的关系。

（三）旅游者关系弥补能力

旅游活动包括食、宿、行、游、购、娱等多个方面，任何一个环节衔接不好，都可能造成旅游者的投诉。当发生旅游者投诉时，导游应当分析旅游者不满意的原因，如果确实是自身原因，则应该尽力改进，以更加热情的服务完成导游工作；如果是酒店、餐饮、住宿等旅游中间商的原因，则应和商家做好沟通，和旅游者做好解释工作；

如果是旅游者自身造成的,则可以适当忽略。服务失败时常发生,对其进行及时、正确的补救关系着旅游者的满意度。相关研究表明,道歉和解释并不能在实质上减少旅游者的不满,而补偿、承认错误和对员工授权则能够减少旅游者的不满。

模拟实训

突发事件的处理

实训目的:

通过本任务的实训,使学生在带团过程中能及时、有效地处理突发事件,能够使旅游者满意或理解。

实训要求:

1. 掌握有人员伤亡的旅游交通事故的处理方法。

2. 掌握火灾事故的处理方法。

实训地点:

校内教室或者实训室。

实训任务:

1. 某旅行社导游带领 20 名旅游者前往某景区参观。途中持有驾照、有多年驾龄的全陪导游提出驾驶要求,地陪导游、司机均表示反对,但全陪导游依然强行驾驶。结果在道路转弯处,汽车摔落山沟,全陪导游和车上两名旅游者当场死亡,地陪导游 4 颗牙齿脱落,其他旅游者均有不同程度受伤,酿成特大交通事故。此时,地陪导游该如何处理?

2. 某旅游团结束一天的行程后,回到酒店休息。团队旅游者都住在酒店的第 12 层,半夜时分,突然响起火灾警报。原来是位于酒店第 3 层的歌舞厅电线起火,火势很大。这时候,导游该怎么办?

实训考核:

1. 学生互评;

2. 教师点评;

3. 汇总实训成绩。

复习思考题 ▶▶▶

一、填空题

1. 导游思想素质要求主要包括爱国爱企、遵纪守法、诚信为本、爱岗敬业、

_____五个方面的内容。

2. 强制性国家标准代号为_____，推荐性国家标准代号为_____。

3. 导游业务知识包括旅游交通知识、卫生健康知识、_____、其他业务知识等。

4. 旅游者关系管理能力包括旅游者关系建立能力、_____、旅游者关系弥补能力。

5. 护照是一国主管机关发给本国公民出国或在国外居留的证件，证明其国籍和身份的。护照一般分为外交护照、_____和普通护照三种。

二、选择题

1.（多选）民航的运输飞行主要有（　　）三种形式。

A. 班期飞行　　　　　　　　　　B. 加班飞行

C. 定期飞行　　　　　　　　　　D. 包机飞行

E. 不定期飞行

2.（多选）下列不能作为行李运输的物品有（　　）。

A. 国家禁运物品　　　　　　　　B. 小而贵重的物品

C. 急用物品　　　　　　　　　　D. 易碎品

E. 具有异味的物品

3.（单选）中国的普通护照由（　　）部门颁发。

A. 商务　　　　　　　　　　　　B. 海关

C. 公安　　　　　　　　　　　　D. 外交

4.（多选）铁路列车按行驶速度分为（　　）。

A. 普通列车　　　　　　　　　　B. 快速旅客列车

C. 特快旅客列车　　　　　　　　D. 动车组列车

E. 高速动车组列车

5.（多选）海关通道分为（　　）两种。

A. 红色通道　　　　　　　　　　B. 绿色通道

C. 黄色通道　　　　　　　　　　D. 蓝色通道

E. 白色通道

三、简答题

1. 如果在带团过程中遇到旅游者晕车，你应该如何处理？

2. 导游在带团前、带团后，应如何做好旅行安全管控？

3. 导游应如何处理旅游者的投诉和建议？

四、案例分析题

吃水果也会中毒

几年前，一个旅游团准备去四川九寨沟游览。从成都到九寨沟全程 300 多公里，一路上路况不好，加上用餐、如厕时间，旅游车行驶了约 10 个小时。路上到达一处山寨边时，大家看见路边有人贩卖水果，旅游者就要求停车，很多人买了经不法商贩"加工"过的"新鲜"水果，当场食用以补充体能和水分。但没想到不到半个小时，就有人说肚子不舒服，在接下来的一个多小时里，全团 30 人竟有 22 人发病，其中包括全陪导游。看到这种情况，地陪导游说再往前开车 1 个多小时就到了松潘县城，那里有医院。于是旅游车赶往县城。在路上，地陪导游组织没有发病的旅游者为病人喂水、擦汗，一路上安慰、照顾他们。在即将抵达县城时，地陪导游拨通了"120"电话，很快急救车就来了，对重病号进行救治。晚上 7 点到了医院，经过一夜紧急救治，除两人外，其他人基本康复。全陪导游、地陪导游和司机商量，决定由全陪导游留下照顾这两人，还留下其中一人的家属，其余旅游者则由地陪导游带领继续前往九寨沟。地陪导游与旅游者商量后，决定放弃海拔较高的黄龙景区。次日，留下的两位旅游者也已康复，搭乘别团的旅游车赶到九寨沟，与大家一起游览。

思考：1. 本案例中，地陪导游有什么不妥之处？

2. 导游在带团中应如何预防此类事故的发生？

参考答案

第三章 智慧旅游时代导游服务程序

导 言

导游的服务程序是指从导游接到旅行社下达的接待任务起到送走旅游者、做完善后工作的全过程。全陪导游、地陪导游、领队及景点导游组成了接待旅游团队的导游集体，他们在旅游服务中应严格按照《导游服务规范》的要求，密切配合协作。本章主要围绕"做好相关准备、出发与迎接、在途服务、后续工作"等内容展开，通过案例分析及模拟实训提高导游服务能力，巩固服务流程与操作实践程序。

在本章的学习中，我们通过课程思政，培养学生的团结协作精神。导游在带团过程中，必须秉持相互协作、齐心协力的原则，通过团队合作的方式，确保为旅游者提供更加优质、专业的服务。此外，导游在服务过程中还需保持严谨细致的工作态度，服务周到，确保旅游者获得满意的体验。爱岗敬业是我们对工作的基本态度，只有全身心地投入工作，我们才能为旅游者提供最佳的服务，并在工作中找到个人的成就感和价值所在。

学习目标

知识目标：识记导游服务中的准备工作，准确说出团队出发及迎接过程中全陪导游与地陪导游的服务程序，陈述在途服务的具体内容和要点，描述后续工作中的服务程序和要点。

能力目标：能根据接待计划单，做好接团前的相关准备工作，能将导游服务程序理论知识运用到实践中，并能对带团过程中遇到的问题进行全面分析，灵活提出解决对策。

素质目标：具有高素质导游的文化修养，热爱旅游行业，坚定行业认同，具有良好的导游服务意识、沟通交流意识，具备优秀的团队合作精神，养成自主学习习惯。

思政元素

团结协作、服务至诚、严谨细致、爱岗敬业。

教学重点

导游工作的相关准备、出发与迎接、在途服务的具体内容和流程要点。

教学难点

智慧旅游时代地陪导游服务程序。

教学方法

基于翻转课堂，结合情景模拟法、角色扮演法、案例法、讲授法、讨论法等开展教学。

教学建议

本次任务教学建议如下：

内容	方式	参考学时
导入案例	课下完成	0.5
基础知识	课上课下结合	2
案例分析	课上课下结合	0.5
知识链接	课上课下结合	0.5
模拟实训	课下完成	1
复习思考题	课下完成	0.5
总学时		5

导入案例

导游"将功补过"

2023年4月下旬的某天，地陪导游小李接到GZ旅行社计调小王的通知，说是一个杭州旅游团（该团成员年纪偏大，受教育程度不高且饮食习惯独特）将于5月1日至5日来江西进行南昌—上饶—景德镇三地游。地陪导游小李在GZ旅行社领取了团队计划单时，没有跟计调了解该团的情况，在与全陪导游联系的时候也没有在旅游信息系统中做信息核对。第二天小李准备按照行程单上的航班时间（5月1日早上6：00）前往机场，全陪导游却打来电话询问地接小李在哪。原来全陪导游已经带所有团友走出了机场，却没有看到小李来接机。小李这才发现计调把航班信息打错了！在接到团队之后，小李对自己的迟到向团友表示歉意并做了真诚的自我批评。

第二天，团友又对中餐提出了投诉，原因是没有安排符合他们饮食习惯的餐厅。但是又卡在了饭点，小李事先并没有对此种情况提前向团友说明，导致团友不愿意就餐。此事成了矛盾的导火线，团友又把之前的接机事件提了出来，强烈问责地陪导游和旅行社，并要求换导游。由于正值旺季，导游紧缺，在旅行社的沟通和小李的赔礼道歉下，暂时勉强同意让小李继续带完行程。

在接下来的几天，小李总结了前两次的失误，争取对后面的行程在各个方面提前落实，如提前在微信上给每位团友发送消息，核对行程是否有误；提前借助景区电子地图熟悉景区游览线路；提前将餐厅的每日菜单用微信小程序发给团友等。小李期望以提高服务细节取得客人的谅解，抚平客人的情绪。

在行程结束送团的那一刻，小李和团友已经相处得非常好，团友也几乎原谅了小李，并对小李表示感谢，他们说："此次旅途虽然说有不完美的地方，但是正因为不完美才令人难忘，希望以后有机会再来，到时还会联系小李。"

请思考：

1. 你认为地陪导游在带团之前需要做哪些准备工作？
2. 地陪导游工作程序包括哪些内容？
3. 你认为案例中的导游小李存在哪些不足之处？
4. 地陪导游应该如何弥补自己的工作失误，并避免类似情况的发生？

基础知识

第一节　做好相关准备

俗话说"良好的开端是成功的一半"，又说"万事开头难"，做好相关准备是导游工作的第一重要环节，是顺利完成接待任务的重要前提。准备得越充分，导游服务各环节就会越顺畅。

一、物品和资料准备

上团前，导游应做好证件、票据、导游旗等资料物品的准备，并检查导游旗旗面印制的旅行社名称、标志或产品名称，确保字迹清晰、易辨识，无违背公序良俗的文字、符号或图案。导游接收旅游者资料时应做好核对登记，以确保旅游者的相关资料和票据是适宜和可用的。资料交接记录应予保存。导游还要准备好个人的各项备用物品，如手机、充电器、充电宝、笔、记事本、个人用药、换洗衣物、身份证件等。导游上团前一定要仔细检查，防患于未然。以出境游和国内游为例，导游一般应做好如下的物品和资料准备，见表3-1所列。可见，出境游和国内游导游需要准备的资料物品有异同，出境游准备的资料物品更加复杂。

表3-1　出境游和国内游导游物品和资料准备一览

分类	出境游物品和资料准备	国内游物品和资料准备
工作用品举例	团队名单表、出入境登记卡、海关申报单、旅游证件、旅游签证/签注、交通票据、接待计划书、联络通信录、护照、当地电话卡、导游旗、当地外币、智能手机	接站牌、导游证、横幅、信用卡、话筒、景区预约单、工作服、展馆预约单、出团单、无线麦讲解器、智能手机、加盖公章的派团单和行程单及介绍信
生活用品举例	简易衣架、简易晾绳、防晒衣、墨镜、水杯、烘鞋器、睡袋、充电宝、随车外套、耳塞、颈枕、雨伞	旅行社帽子、墨镜、防晒衣、水杯、充电宝、雨伞
其他	风油精、藿香正气水、晕车贴、国内小菜	旅行社规定的特殊要求（如给旅游者每人带一份小礼物、一件雨衣）

二、业务知识准备

（一）熟悉接待计划

接待计划是组团旅行社委托各地方接待旅行社组织落实旅游团活动的契约性安排，是导游了解该旅游团基本情况和安排活动日程的主要依据。接待旅游者前，导游应熟悉旅游接待计划及相关资料，掌握旅游者的基本情况、旅游行程安排、特殊要求和注意事项等细节内容，注意其重点和特点。具体而言，导游应掌握旅游团的以下情况，见表3-2所列。

表3-2　接待计划相关信息

项目	接待计划内容	措施
旅游团的基本信息	组团社名称、联络人姓名、电话号码（微信或QQ）、全陪导游姓名、费用结算方式、旅游团的等级	记录、书写接站牌
旅游团成员的基本情况	人数（含儿童）、性别、宗教信仰、民族、职业、用车、住房、餐标等，在食、宿、行、游等方面是否有特殊要求，是否有特殊旅游者（如残疾或高龄旅游者）	准备生日蛋糕或小礼品，准备特殊旅游者接待方案
旅游路线	主要游览景点及抵离本地时所乘飞机（火车、轮船）的班次、时间和机场（车站、码头）的名称	合理落实行程

（二）知识准备

1. 语言表达知识

上团前，导游要强化自己的语言表达能力，对一些景点的生僻词语和专业词汇反复诵读，避免出现发音不准的错误。如位于古城开封的繁（Pó）塔，导游如果未反复诵读，很可能会将"繁"误读为 fán。同时，对要讲解的景点导游词反复熟悉，进行演练，根据景区电子地图、智能语音导览系统熟

知识链接 3-1
接待计划单

悉游览线路，完善讲解内容，根据所带团队旅游者的特点灵活调整并进行加工设计，做好导游语言表达准备工作。

2. 景点知识

首先，导游需通过智慧旅游导览系统了解景点的名称、建筑特色和建筑风格、历史沿革、民间传说、景区基本概况等内容。其次，深入系统地掌握景点的背景知识及特色。可购买并阅读与本景点有关的通识性或学术性书籍，也可通过景点智能科普平台、景点官网系统地了解所在景点的背景知识，比较国内外同类景点的特色，丰富自己对景点的各种认识。此外，进一步系统地学习和研究景点所涉及的相关学科知识，扩大自己的知识面，并能提出一些个人见解。最后，可借助互联网手段，运用手机微信、微博、抖音、OTA 平台等了解景点的特点和旅游者的评论，借助景点 VR 全景游览、智能旅游导览手段熟悉景点知识。

3. 与本次旅游相关知识

在了解旅游者的基本信息后，要有针对性地准备一些专门化的知识，如一些专业术语、专业知识、专业词汇、客源地基本信息等，紧密配合本次带团任务。导游应通过景区官网、旅游电子商务平台、景区微信公众号、旅游公共信息服务平台等熟悉旅游目的地的旅游及文化资源、风土人情、法律法规等。根据旅游团队的计划、性质和特点准备相应知识，如带团所需的旅游专业知识、新开放的游览点或特殊游览点的知识等，对当前的热门话题、国内外重大新闻、旅游者可能感兴趣的话题等也应做好相应的知识准备。

4. 即时信息

导游要注意运用智慧监测平台关注带团日的天气状况，查询景区当日的人流量情况、是否可以刷脸检票等，为带团时做好相关准备；还要关注重大新闻热门话题、时事等，方便必要时和旅游者交流。比如，导游所接待的行程计划中，涉及登山活动时，就可借助手机中的天气预报功能密切关注带团日的天气状况，做好充分准备。

三、带团心理准备

（一）工作艰苦复杂

导游在为接待旅游团做准备工作的同时，还要有面临艰苦复杂工作的心理准备。在智慧旅游时代，旅游者的需求更加多元化、个性化，导游不能只考虑按正规的工作程序要求为旅游者提供热情的服务，还要有在遇到问题、发生突发事件时运用智慧公共信息服务平台，线上导游服务平台，智能手机的定位、搜索、联系功能等信息手段去处理，以及对需要特殊服务的旅游者采取及时措施等的思想准备。有了这些方面的思想准备，导游就能做到遇事不慌，遇到问题也能迅速妥善地解决。

（二）抱怨与投诉

导游工作头绪繁杂，工作量很大。有时导游虽然已经尽其所能热情地为旅游者服务，但还是会遇到一些旅游者的挑剔、抱怨和指责，甚至投诉。特别是在智慧旅游时代，旅游者的个性化需求更加强烈、投诉手段更加多元化。对于以上情况，导游要有充分的心理准备，要冷静、沉着地面对，无怨无悔地为旅游者提供服务；同时要善于运用旅游公共信息服务平台、互联网、人工智能等技术，更好地为旅游者提供全面的数字化服务，妥善解决旅游者的投诉，提升旅游者的满意度。

（三）"物质诱惑"与"精神污染"

导游在接团过程中，经常要与各种各样的旅游者接触，还要同一些商家打交道，他们的言行举止可能有意无意地传播某些不健康的内容，甚至用财物或不正当利益来进行诱惑。在智慧旅游时代，人们接收信息和传播信息非常快速，有些信息还未被证实真假就被旅游者在各大网络平台转发，引起误会，导游也由此要面对复杂的信息诱惑。因此，对这些诱惑，导游应有充分的思想准备，自觉甄别信息，引导旅游者不信谣、不传谣，坚持兢兢业业带团，堂堂正正做人。

四、联络与沟通准备

在智慧旅游时代，导游在带团前可以在各类 OTA 平台、智慧服务平台做好与酒店、餐饮、交通等各部门的联络和沟通工作，如可通过手机、电脑上的线上服务平台与食宿、交通、游览等有关部门联系，借助线上官网平台、手机核查旅游者的交通、食宿、行李运输等事宜，以确保旅游活动的顺利进行。

导游应按以下要求与相关接待者建立并保持有效沟通，以确保旅游接待的相关事项妥善安排。全陪导游首先与地接社联系，核对旅游接待计划，了解接待工作安排；然后与旅游者联系，建立联系机制，提醒出发时间、地点等旅游行程注意事项；与旅游客车司机联系，确定会面时间和车辆停放位置。地陪导游首先要落实旅游者的交通、食宿、票务、活动等事宜；然后确认旅游者所乘交通工具及其确切抵达时间；最后与旅游客车司机联系，确定会面时间和车辆停放位置。

联络与沟通准备主要包括用餐、住宿、交通等3类项目，具体的内容见表3-3所列。

表3-3　联络与沟通准备的主要内容

项目	内　容
用餐	电话或微信确认旅游日程安排及用餐的日期、时间、人数、餐饮标准、特殊要求等
住宿	联系酒店人员，让其发电子信息、酒店定位、酒店官网链接等，了解所住饭店的名称、酒店Wi-Fi密码、总台服务电话、位置、概况、服务设施和服务项目等
	电话或微信核实房间数、级别，用房时间是否与计划相符，房费内是否含早餐，是否有特殊要求等
	电话或微信告知饭店旅游团抵店的时间
交通	电话联系司机，让其通过微信发送旅游车的图片和个人相关信息，从而了解旅游车公司名称、司机姓名、车号、联系电话、车上设备是否完好、车上标识是否齐全等
	先和客人微信核对时间、地点、车次或者航班号、人数、房数、男女人数等
	确定与司机的接团时间、地点、人数、天数，并通过微信群告知活动日程和具体时间，商量行程，安排游览顺序
	接中、大型旅游团，车上应贴编号
	电话联系为旅游团提供行李服务的车辆和人员

模拟实训 3-1

落实相关接待事宜

实训目标：

1. 识记导游联络与沟通的具体工作。

2. 能够将理论知识运用到实践过程中。

3. 具备导游服务意识和灵活解决问题的能力。

实训内容：

1. 小王与饭店电话落实旅游团客房预订情况。

2. 小王与餐厅微信语音通话落实旅游团用餐预订情况。

3. 小王与旅游汽车公司调度员电话落实旅游车辆安排情况。

4. 小王与司机韩师傅电话落实车辆及相关事宜。

5. 小王与全陪导游小萧微信语音通话落实有关接团事宜。

实训要求：

1. 随机抽取 6 名同学作为一个小组，分别扮演地陪导游小王、某饭店前台服务员、某餐厅订餐经理、某旅游汽车公司调度员、司机韩师傅、全陪导游小萧。

2. 教师对每个过程中需要模拟的内容要点提出明确要求。

3. 每组学生须共同完成所选项目的文字准备工作。

第二节　出发与迎接

根据《导游服务规范》，出发与迎接是导游做好相关准备工作后的下一服务程序。在该服务程序中，全陪导游、地陪导游、领队应互相理解，互相协助，合作交流，确保出发与接站服务顺利按旅游接待计划进行，给旅游者留下良好的第一印象。导游在执业过程中应携带电子导游证、佩戴导游证，并开启导游执业相关应用软件，提前到达旅游者出发/迎接地点，持旅行社标识迎候，致欢迎辞，介绍本次旅游行程，提示文明旅游等注意事项。

一、团队出发全陪导游工作

全陪导游是受组团社委派，作为其代表，监督并协助接待社、地陪导游及相关接待者的服务，以使组团社的旅游接待计划得以按约实施，为旅游者提供境内全陪导游服务的人员。全陪导游自始至终参与旅游团全程的活动，负责旅游团移动中各环节（如交接行李、车站身份核验）的衔接，监督接待计划的实施，协调领队、地陪导游、司机等各方面接待人员的关系。全陪导游工作是保证旅游团的各项旅游活动按计划顺利进行、安全实施的重要方面。

（一）首站接团服务

首站接团时，全陪导游要使旅游团抵达后立即得到热情友好地接待，让旅游者有宾至如归的感觉。接团前，全陪导游应向接待社了解首站接待工作的详细安排情况。

首先，全陪导游应提前半小时到达指定接站地点，可事先通过拍照，将当日现场图片或者定位发送至旅游团微信联络群，让旅游团成员提前知悉接站地点等相关情况，然后持接站牌与地陪导游一起迎候旅游团，以方便准确接团。

其次，全陪导游应协助地陪导游尽快通过辨认旅游者的身份特征与穿着、持醒目接站牌、电话联系等方式找到旅游团，向领队自我介绍后，立即与领队核实实到人数、行李件数、住房、餐饮等方面的情况。

再次，全陪导游应协助领队向地陪导游交接行李，核实行李数量、有无裂痕、破损等情况。

最后，致欢迎辞。全陪导游应代表组团社和个人向旅游团致欢迎辞，内容主要包括表示欢迎、自我介绍（同时将地陪导游介绍给全团）、表示提供服务的真诚愿望、预祝旅行愉快等。

（二）进住饭店服务

进入饭店后，全陪导游应使旅游团尽快通过线上平台完成住宿登记手续，进住客房并取得行李。为此，全陪导游应做好以下几个方面的工作：

第一，主动协助领队线上办理旅游团的住宿手续。

第二，请领队分配住房，但全陪导游要掌握住房名单，并事先与领队互通各自房号，请领队发送名单到微信上，以便联系。

第三，事先通过微信群发送饭店的各类电子信息，告知旅游者可通过饭店官网或其微信公众号提前了解饭店的客房、设施、服务等，然后现场再次介绍饭店的基本设施和服务，热情引导旅游者进入房间。

第四，如地陪导游不住店，全陪导游要负起全责，照顾好旅游团成员，随时处理可能出现的问题，如旅游者要求换房、旅游者之间争吵、酒店卫生不干净等。

第五，掌握饭店总服务台的电话号码和地陪导游的联系电话、微信。

（三）核对商定日程

核对商定日程是旅游团抵达一地后的重要程序。全陪导游应全程参与，可通过手机微信线上核对商定旅游行程单，具体核实旅游者、领队、地陪导游、司机的联系电话和微信号，以及游览景点、机票或车次信息等，以免出现差错，造成误会和经济损失。若遇到难以解决的问题，如领队或旅游者要求增加新的游览项目、领队或旅游者提出的要求与原计划不符、全陪导游手中的接待计划与地陪导游的接待计划有部分出入等，全陪导游应灵活处理。在与领队、地陪导游商定日程时，应以组团社的接待计划为准，避免大的修改，小的变动可主随客变；面对无法满足的要求，全陪导游要详细解释清楚；若有较大的出入或难以解决的问题，全陪导游应立即请示组团社，由组团社拿出意见和决定，给予领队、地陪导游或旅游者答复。详细日程商定后，请领队或地陪导游向全团线上和当面宣布。

（四）沿途各站服务

全陪导游在旅途各站的服务应使接待计划书得以全面、顺利实施，使各站之间有机衔接，各项服务适时、到位，并使旅游者的人身和财产安全得到保护，使突发事件得到及时、有效地处理。在沿途各站服务中，全陪导游应做好的工作如下：

第一，协助领队、地陪导游工作。进入饭店后要协助领队办理入住登记手续；景点游览时，地陪导游在前，全陪导游在后，招呼滞后的旅游者，并不时地清点旅游者人数；旅游者生病时，全陪导游及家属将患者送往医院，地陪导游带团继续游览。

第二，监督各地接待服务质量。若活动安排与上几站有明显重复，应建议地陪导游做必要调整；若对当地接待工作有建议和意见，要诚恳地向地陪导游提出，必要时向组团社报告。

第三，保护旅游者的安全，预防和处理各种问题和事故。游览活动中，注意观察周围的环境，留意旅游者的动向，协助地陪导游圆满完成导游讲解任务，避免旅游者走失或发生意外；提醒旅游者注意人身和财产安全，如遇突发事件，应依靠地方政府妥善进行处理；旅游者重病住院，发生重大伤亡事故、失窃案件、丢失证件及贵重物品时，应迅速向组团社汇报请示；旅游者购买贵重物品时，提醒其保管好发票。

第四，做好领队与地陪导游、旅游者与地陪导游之间的联络、协调工作，做好旅游线路上各站间，尤其是上下站之间的联络工作。及时总结反馈旅游者的要求、领队的意见，落实住宿、用餐、交通等接待事宜；若实际行程与接待计划有出入，全陪导游要及时通知下一站；抵达下一站后，要主动把团队的有关信息、旅游者的特点、特殊要求等告知当地接待者。

（五）送行服务

在旅游团离开各地之前，全陪导游应做好如下工作：

第一，提醒地陪导游落实离站的交通票据及离站的准确时间。如离站时间因故发生变化，全陪导游要立即通知下一站接待社或请本站接待社电话通知，以防空接和漏接的发生。

第二，协助领队和地陪导游办理离站事宜。向旅游者讲清航空、铁路有关托运或携带行李的规定；协助领队、地陪导游清点旅游团的行李，核实数量。

第三，妥善保管证件。到达机场（车站、码头）后，全陪导游应与地陪导游交接证件或行李托运单，交接时一定要清点、核对并妥善保存，以便到达下站后顺利出站。如遇航班延误或取消、火车晚点或取消，全陪导游应协同机场或车站人员和该站地陪导游安排好旅游者的食宿和交通事宜。

（六）途中服务

途中服务始于旅游团通过机场（车站、码头）的安全检查，进入候机厅（候车室、候船室），结束于飞机（火车、轮船）抵达下一站，旅游团走出机场（车站、码头）。无论途中乘坐何种交通工具到下一站，全陪导游都要提醒旅游者注意人身和财物的安全，安排好旅游者的途中生活，主要工作如下：

第一，乘飞机（火车、轮船）旅行时，全陪导游要与交通部门工作人员搞好关系，积极争取民航（铁路、航运）部门工作人员的支持，共同做好安全保卫和生活服务工作。

第二，在旅行途中，全陪导游应提醒旅游者注意人身和财物的安全。提醒旅游者看护好自己的行李和钱包、手机等财物；乘坐飞机时，遇有晕机、呕吐等不适情况时，提醒旅游者不要强撑，及时告知，以防发生意外。

第三，组织好歌舞、音乐节、手工制作等文化娱乐活动，协助地陪导游、领队安排好饮食和住宿，确认和接待计划单一致，努力使旅途轻松、愉快。

第四，保管好行李托运单和机票等单据，抵达下站时将其交予地陪导游，与地陪导游当面沟通核实，确认无误后请地陪导游签字。

第五，如果旅游团乘坐长途火车，全陪导游应事先请领队分配好包房、卧铺铺位，无领队的旅游团，则由全陪导游负责此项工作。上车后，应立即找餐厅负责人订餐，告知旅游者人数、餐饮标准和旅游者的口味等。如果旅游团乘坐飞机，全陪导游应协助旅游者办妥登机、安检和行李托运等相关手续，并适时引导旅游者从正确的登机口依次登机。如有晕机（车、船）的旅游者，全陪导游要给予重点照顾。

（七）末站服务

末站服务是全陪导游服务中的最后一个环节，应使旅游团顺利离开末站并给旅游团留下良好的印象。全陪导游一定要一丝不苟地做好这项工作，防止虎头蛇尾，功亏一篑，主要工作如下：

首先，当旅游活动结束时，全陪导游要提醒旅游者带好自己的物品和证件，如身份证、机票、出境卡、行李申报单等；提醒领队出关时有关行李托运、机场税的缴纳、所需证件和表单等事项。

其次，征求旅游者对整个接待工作的意见和建议。若在旅游过程中出现过服务缺陷，导致旅游者不快，全陪导游应向旅游者表示歉意，并设法做好弥补工作，尽量消除旅游者的不快。

最后，致欢送辞，主要内容包括向旅游者征求工作意见和建议、对旅游者给予的合作表示感谢、表示惜别并欢迎再次光临等。

二、团队出发地陪导游工作

地陪导游是受当地接待社委派或聘用，代表当地接待旅行社执行组团社接待计划，提供当地导游服务的人员。地陪导游是旅游计划的具体执行者，对确保旅游计划的顺利落实起着关键作用。旅游者是否满意、旅游接待计划能否圆满完成在很大程度上取决于各站地陪导游的导游服务。

（一）旅游团抵达前的工作安排

接团当天，地陪导游应提前到达旅行社，全面检查准备工作的落实情况，如果发现纰漏，要立即与有关部门联系落实，做到万无一失。

1. 确认团队抵达时间

地陪导游在旅行社出发之前，可与机场（车站、码头）的问讯处或交通信息平台联系，如打电话问清该旅游团所乘的飞机（火车、轮船）到达的准确时间（一般情况下应在飞机预定抵达时间前 2 小时，火车、轮船预定到达时间前 1 小时向问讯处或交通信息平台询问），也可利用手机 OTA 平台或者 12306 平台核实确认旅游团抵达的准确时间。

2. 与旅游车司机联络

掌握了旅游团所乘坐交通工具到达的准确时间以后，地陪导游要立即与为该团在本地提供交通服务的司机联系，与其商定出发的时间，确保提前半小时抵达机场（车站、码头），并确定接头地点。前往之前，地陪导游可通过手机微信线上告知司机该团的活动安排；在前往接站地点途中，地陪导游可当面再次告知司机该团活动日程和具体时间安排；到达接站地点后，地陪导游应与司机商定车辆停放的位置。

3. 再次核实抵达时间

地陪导游提前抵达机场（车站、码头）后，可用手机在 12306、OTA 等平台再次核实该旅游团所乘航班（车次、船次）抵达的准确时间。因为这是地陪导游在旅游者面前的首次亮相，应提供及时、热情、友好的接待服务，以给他们留下良好的第一印象。

4. 与行李员联络

地陪导游应在旅游团出站前与为该团提供行李服务的旅行社行李员取得联系，如事先电话沟通、微信联系，通知该行李员行李送往的地点、旅游团的名称和人数，为旅游者提供及时、便利的服务，让旅游者事先知晓自己行李运送的地点。

5. 迎候旅游团

旅游团所乘飞机（火车、轮船）抵达后，地陪导游可在旅游团出站前通过微信群线上告知接站位置和接站人身份特征，现场持接站牌站在出口处醒目的位置热情迎接旅游团。接站牌上应写清团名、团号、领队或全陪导游姓名，接小型旅游团或无领队、全陪导游的旅游团时要写上旅游者的姓名。

（二）旅游团抵达后的服务

1. 认找旅游团

旅游团出站后，地陪导游应尽快找到自己的旅游团以免被"野马导游"抢团、偷团。认找旅游团时，地陪导游应站在明显的位置上，举起接站牌以便领队、全陪导游（或旅游者）前来联系。同时，地陪导游也可以从出站旅游者的特征、衣着、组团社的标记来分析、判断或上前委婉询问，主动认找自己的旅游团。

如该旅游团有领队或全陪导游时，地陪导游应提前联系全陪导游，先加对方的微信，并再次核对交通工具的信息（出发时间、预计抵达时间、航班或火车车次，如果是自带车需核对车型、车牌和车辆外观等），切记应以文字的方式沟通，并提醒对方出发时一定要通知地接。如该旅游团无领队和全陪导游，应与该团成员逐一核对团名、国别（或地区）及团员姓名等，以上信息无任何出入才能确定是自己接的旅游团。

2. 核实实到人数

地陪导游接到旅游团后，应向领队（或旅游者）做自我介绍，并与领队、全陪导游或旅游团成员核对实到人数。如出现与计划不符的情况，应及时通知当地接待社的有关部门，以便安排住宿、餐饮上的变更。如所接旅游团无领队和全陪导游，地陪导游应与旅游团成员核对团名、人数及团员姓名。

3. 集中清点行李

在核实实到人数后，地陪导游应协助本团旅游者将行李集中放在比较僻静、安全的地方，提醒旅游者检查其行李是否完好无损，然后与领队、全陪导游、接待社行李员一同清点行李。行李核对无误后，移交给接待社行李员，双方借助智慧线上平台办好交接手续。若有行李未到或破损，地陪导游应协助当事人到机场登记处或其他有关部门办理行李丢失或赔偿申报手续。

4. 集合登车

地陪导游要提醒旅游者带齐手提行李和随身物品，引导旅游者前往乘车处，并给旅游者必要的帮助。旅游者上车时，地陪导游要恭候在车门旁搀扶或协助老弱旅游者上车。上车后，地陪导游应协助旅游者就座，待客人坐稳后，再检查一下行李架上的物品是否放稳。用目测的方法礼貌地清点人数，旅游者到齐坐稳后请司机开车。在司机发动车辆之前，地陪导游应再次提醒旅游者"车就要开了，请您坐好，扶好扶手"。

（三）转移途中的服务

从机场（车站、码头）到下榻饭店的过程叫转移。在转移过程中，地陪导游要做好服务工作，这是给旅游者留下良好第一印象的重要环节，绝不能掉以轻心。具体工作有如下几个方面。

1. 致欢迎辞

这是地陪导游第一次面对全体旅游者讲话，它直接影响旅游者对地陪导游的信赖程度和旅游者与地陪导游之间的人际关系，影响着旅游者的旅游情绪和地陪导游今后工作的正常进行，所以，地陪导游必须全力致好欢迎辞。致辞时，地陪导游应该采取面向旅游者的站立姿势（两腿稍稍分开，上身自然挺拔）；位置应该选在车厢前部靠近司机、使全体旅游者都能看到的地方；如果旅行车是大型客车，还应使用话筒讲话，注意话筒不要正对着自己的嘴而要稍微有点倾斜。欢迎辞的内容应视旅游团的性质及其成员的文化水平、年龄、职业、居住地区等情况而有所不同，注意用词要恰当，要给旅游者亲切、热情、可信之感。

欢迎辞一般包括以下内容：

（1）问候语：真诚问候旅游者，如"各位来宾、各位朋友，大家好"；

（2）欢迎语：代表所在接待社、本人及司机欢迎客人光临本地；

（3）介绍语：介绍自己的姓名及所属单位，介绍司机；

（4）希望语：表示提供服务的诚挚愿望，希望大家合作，多提宝贵意见和建议；

（5）祝愿语：预祝旅游者旅游愉快、顺利。

2．调整时间

这项工作是针对刚刚入境的国际旅游团而言的。接入境旅游团时，地陪导游在致完欢迎辞后，要介绍两国（两地）的时差，请旅游者将自己的手表或手机时间调到当地时间。同时说明当前乘车前往的地点、需要的大致时间，让旅游者心中有数。地陪导游应简要介绍旅游团在本地的行程日程及注意事项，尤其对一些禁忌要反复强调，让每一位旅游者听清并记住，同时借助微信将所讲注意事项及时、精准地发送给每一位旅游者。

知识链接 3-2
欢迎辞示范

3．首次沿途导游

地陪导游必须做好首次沿途导游，以满足旅游者的好奇心和求知欲，这是地陪导游展示知识、技能的好时机。精彩的首次沿途导游会使旅游者产生信任感和满意感，有助于地陪导游树立良好的形象。首次沿途导游依路途远近和时间长短而定，主要介绍当地的风情、沿途风光及下榻饭店的情况。

4．宣布当日或次日的活动安排

在首次沿途导游后，地陪导游应尽快与领队、全陪导游商量当日或次日活动安排，包括叫早时间、早餐时间和地点、集合时间和地点、旅行线路等，商定后地陪导游应向客人宣布当日或次日的活动安排，并提醒旅游者做好必要的参观游览准备，并在微信群中以文字形式告知旅游者。

5．宣布集合时间和地点

旅游车驶进下榻饭店后，地陪导游应在旅游者下车前向其讲清下次集合的时间、地点（一般在饭店大堂）和停车地点，将旅游车相关信息、图片提前发送至微信群，让旅游者更好地记住旅游车的颜色、车型和车牌号，并提醒他们将手提行李和随身物品带下车。与此同时，要再次跟司机电话或微信联系确认第二天旅游团出发的时间，提醒司机提前到达酒店。

接待入境旅游者的导游除应按照导游服务规范提供相应服务外，还应向旅游者介绍旅游行程的主要内容、中国概况，说明外币兑换手续，并提示相关注意事项，包括中国关于宗教活动应当在宗教活动场所进行等相关法律法规、旅游行程安全、文明旅游、风俗习惯、购物退税等。

出境领队应告知并向旅游者发放通关时应向口岸的边检/移民机关出示/提交的旅游证件和通关资料（如出入境登记卡、海关申报单等），引导团队依次通关。向口岸的边检/移民机关提交必要的团队资料（如团队名单、团体签证、出入境登记卡等），并办理必要的手续。领队应积极为旅游团队办妥乘机和行李托运的有关手续，并依时引导团队登机。飞行途中，领队应协助机组/空乘人员向旅游者提供必要的帮助和服务。

模拟实训 3-2

认找旅游团

实训目标：

1. 识记认找旅游团的基本方法。

2. 归纳认找旅游团的程序。

3. 总结形成认找不同类型旅游团的技巧。

实训步骤：

1. 制作旅游团接站牌，内容包括团名、团号、领队或全陪导游姓名。

2. 提前联系全陪导游，先加对方的微信，并再次核对交通工具的信息（出发时间、预计抵达时间、航班或火车车次，如果是自带车需核对车型、车牌和车辆外观等），切记应以文字的方式沟通，并提醒对方出发时一定要通知地接。

3. 提前半个小时抵达接团地点，并发信息告知对方认团的醒目标志（可以拍照把旗帜和接站牌及出口的照片告诉对方，还可以告诉对方自己的衣服颜色等，不介意的可以把自己的照片发给对方，方便对方寻找）。

4. 认找旅游团：由学生分组扮演不同团号的旅游者，作为地陪导游的学生随机抽取团队资料；通过旅游者的外形外貌、特征、衣着打扮、组团社标记等分析、判断并上前委婉询问，主动认找；问清旅游团的团号、组团社名称、领队及全陪导游或旅游者的姓名等。

5. 引导旅游者上车：行进时步子不宜太快，站在车门（教室门口）一侧，恭候旅游者上车。

实训要求：

1. 学生分组轮流扮演不同类型旅游团的旅游者与导游。

2. 认找旅游团时态度要亲切，符合操作流程。

第三节　在途服务

在旅游过程中，导游要在交通、食宿、游览、购物、娱乐等环节保护旅游者人身及财产安全，及时有效地处理各类问题和突发事件。在途服务内容如图3-1所示。

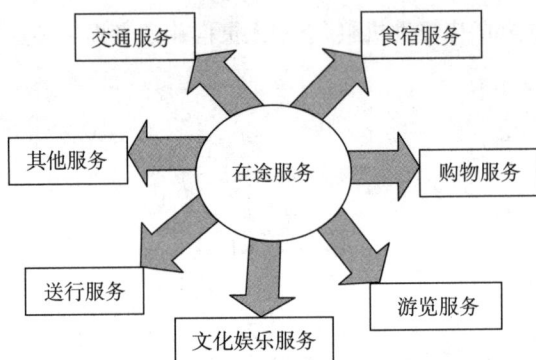

图 3-1　在途服务内容

一、交通服务

在乘坐飞机、火车等交通工具的途中，导游应：

第一，提醒旅游者规范乘坐，按先后顺序有序登机或上车，优先照顾老人、孕妇、儿童，注意人身和财物安全，登机（车、船）过程中带好随身物品、行李。

第二，协助旅游者办妥机（车、船）票、安检和行李托运等相关手续，提醒旅游者不得随身携带或者在行李中夹带易燃、易爆、有毒、有腐蚀性、有放射性及可能危及运输工具上人身和财产安全的危险物品或者违禁物品。

第三，听从乘务人员的安排，协助照顾旅游者的旅途生活，帮助老人运用手机平台订餐，协助乘务人员检查核实旅游者的交通票据、身份。

第四，通过微信群或电话告知旅游者旅游客车的标志、车号、停车地点和开车时间，引导旅游者有序乘坐，互相帮助，提醒旅游者系好安全带，注意自己的人身安全。

第五，引导、协助所有旅游者登机（车、船）后，核实清点人数，提醒旅游者乘坐途中不要随意和司机交流、大声喧哗，然后在"导游专座"就座。

第六，旅游者有需要时，应提供必要的帮助或协助。交通工具不能正常运行时，与交通部门、旅行社等保持有效沟通并稳定旅游者情绪；因公共交通工具原因滞留当地过夜时，协助相关部门安排或请示旅行社妥善安排旅游者的住宿；旅游者在公共交通工具上发生突发情况时，协同乘务人员及时处理。

第七，旅游客车在高速公路或危险路段行驶时，导游不应站立讲解，如若必须讲解，导游应注意自身的人身安全，并向旅游者做好解释工作，在"导游专座"就座讲解。

二、住宿服务

（一）全陪导游工作

全陪导游应做好分房方案并按照方案办妥入住登记手续。属于单位集体包团或入境游团队中有境外旅行社代表的，分房方案应分别交由包团单位代表或境外旅行社代表制定。旅游团（旅游者）抵达饭店时，全陪导游应及时办妥住店手续，与地陪导游一起热情引导旅游者进入房间和认找自己的大件交运行李，并进行客房巡视，处理旅游团（旅游者）入住过程中可能出现的各种问题。

（二）地陪导游工作

旅游团（旅游者）抵达饭店时，地陪导游应做好：

第一，与饭店前厅部工作人员保持有效沟通和联系，及时落实住宿安排，办理入住手续，取得旅游者的客房房卡。

第二，告知旅游者饭店基本设施和住店注意事项；告知旅游者饭店名称、位置和入店手续，以及有关服务项目和收费标准，并将饭店 VR 全景导览图发到微信联系群，供旅游者提前熟悉饭店设施，增加体验感；告知旅游者当天或次日游览活动的安排，以及集合的时间、地点；告知旅游者饭店内就餐的形式、地点、时间等信息。

第三，若留宿饭店，将房间号通过电话、微信或当面告知全陪导游，并掌握全陪导游和旅游者的房间号，便于联系。

第四，需要时，在饭店大堂等待行李送达饭店，核对行李数量，确认有无遗漏、破损情况，督促行李员及时将行李送至旅游者房间。

第五，必要时，和饭店工作人员当面沟通，安排次日的叫早服务，确定后当日及时告知所有旅游者，以便客人安排好作息时间。

三、用餐服务

导游应按照旅游合同的约定安排用餐，对合同中旅游者的特殊用餐要求，应提前掌握并做出相关安排。如全陪导游应对各地餐饮情况进行监控，监督各地地陪导游严格按照旅游合同的约定安排饮食。地陪导游应按照旅游合同的约定安排饮食并做好以下工作：

第一，应提前与餐厅沟通联系，核实用餐的人数、等级、标准、特殊要求等订餐情况。

第二，简单介绍餐厅及菜肴的特色，如介绍餐厅的雅名由来、菜名的历史，还可借助有些餐厅的智能机器人来讲解。

第三，引导旅游者到餐厅入座并介绍餐厅的有关设施，如餐厅的摆设理念、洗手间位置、餐厅的烹调设备等。

第四，引导旅游者文明用餐，使用公勺公筷，注意用餐卫生，提倡"厉行节约，反对浪费"。

第五，旅游者如提出需另加酒水或菜肴，应向其说明类别和价格，并说明由此增加的费用由旅游者自理。如果餐厅的确无法提供酒水或菜肴，应向旅游者做好解释工作，请求其理解。

第六，随时关注用餐情况，满足有特殊要求旅游者的用餐需求，解答旅游者在用餐过程中的提问，解决出现的问题。

四、游览服务

在游览前，导游应以旅游合同约定的旅游接待计划为准，核实旅游行程，告知旅游者与游览相关的注意事项。在游览过程中，导游应注意旅游者动向，及时提醒旅游者如厕，特别关注老年人、未成年人、残疾人等特殊人群；工作时间不吸烟、不酗酒；旅游者人数超过 10 人时应持导游旗，并保持旗杆直立，旗面位于旅游者易辨识的方位，不应使用过多或造型怪异的挂饰；暂不使用导游旗时，妥善放置，不应垫坐、玩耍等。

全陪导游提供游览服务时要与当地接待社保持有效沟通，全面落实旅游接待计划，并监督当地接待社的服务是否到位，如遇现场难以解决的问题，及时请示组团社；适时向地接社和地陪导游提出相应的建议和意见；在乘坐交通工具向异地行进途中，适时组织健康的文化娱乐活动或专题讲解。

游览服务是地陪导游工作的核心内容，是全方位展示导游服务能力和服务态度的中心环节，也是地陪导游最辛苦、最艰巨的工作。为此，地陪导游必须认真准备、精心安排、热情服务、生动讲解。具体而言，地陪导游应做好以下工作：

第一，提前到达集合地点，并督促司机做好出发前的各项准备工作，如确保车内干净整洁、话筒确认到位、旅游车标识张贴正确等，必要的话，请司机发送车内视频到手机微信上，再次确认各项准备工作是否到位。

第二，在团队出发及每次移动前，地陪导游应在旅游车发车前核实、清点人数，确认团队成员数量无误后，再请司机发车。

第三，借助微信各类官方公众号向旅游者推荐当日重要新闻、天气情况；宣布当日活动安排，包括午晚餐的时间、地点，以及当日的游览景点等。

第四，在智慧旅游时代，提前计旅游者通过智慧旅游软件了解景点和旅游目的地的人文风情，丰富旅游知识，提升旅游体验。在前往景点的途中，向旅游团（旅游者）介绍本地的风土人情、自然和人文景观，回答旅游者提出的问题，主动与旅游者进行交流。

第五，抵达景点前，运用景区智慧导游导览系统、景区微信、抖音官方平台向旅游者介绍该景点的简要情况，尤其是景点的背景、价值和特色。

第六，抵达景点时，告知旅游者在景点停留的时间、游览结束后集合的时间和地点，以及车牌号、车的颜色和游览过程中的安全注意事项，同时在微信群再次以文字形式告知旅游者以上信息。

第七，游览过程中，尽量使用生动、风趣、富有感染力的讲解语言，吐字应清晰易懂；对景点作繁简适度的讲解，包括该景点的历史背景、特色、地位、价值等内容，使旅游者对景点的特色、价值、风貌、背景及旅游者感兴趣的其他问题有基本的了解，同时要善于借助景区智慧电子图、语音讲解等功能让旅游者增加体验感。

第八，当日游览活动结束时，询问旅游者对当日活动安排的意见和建议，如有旅游者表现出不满情绪，应及时沟通协调，请求理解，表达出会及时调整的意愿，并预报次日的旅游行程、出发时间及其他有关事项。

模拟实训 3-3

游览服务

模拟一次从学校到当地某一景区（点）的游览活动。

实训目标：

1. 准确陈述游览服务过程中的工作流程。

2. 具备灵活解决问题和随机应变的能力。

3. 能够将理论知识运用到实践中，具有导游服务意识。

实训步骤：

1. 在校车停车点模拟集合旅游者登车的过程。

2. 模拟前往指定景区（点）的途中导游服务过程。

3. 模拟在景区（点）的现场导游服务过程（可按景观拆分，分别由不同的小组来完成）。

4. 如果景区（点）管理部门有接待的话，可以顺势做一次参观活动的模拟实训。

5. 模拟返回途中的导游服务工作。

实训要求：

1. 做好实训的准备：旅游车（学校的校车）、车载话筒等。

2. 把学生分为几个小组（一个班分 3~4 组为佳），每个小组选 1 人担任地陪导游角色，1 人担任全陪导游或领队角色，其余学生均充当旅游者角色（可分别扮演国内或国外旅游者），每个小组可选一个或多个实训项目。

3. 选择好景区（点）和行车路线，选择的行车路线在当地要有代表性。

4. 教师对每个过程中需要讲解的内容要点提出明确要求。

5. 每组学生须共同完成所选项目的导游服务计划和讲解内容的文字准备。

五、文化娱乐服务

文化娱乐活动主要包括演出、交流、舞会等，分为计划内和计划外两种，一般在晚间进行，如观看大剧院演出、戏剧、曲艺、杂技等。地陪导游在安排文化娱乐活动时应严格执行接待计划，避免安排相似节目，拒绝格调低下的活动，注意旅游者安全。

（一）严格执行计划安排

计划内有观看文化娱乐节目的安排，地陪导游应向旅游者简单介绍节目内容及特点并需陪同前往；与司机商定好出发的时间和停车位置；引导旅游者入座；要自始至终和旅游者在一起。演出结束后，要提醒旅游者带好随身物品。计划外的文化娱乐活动要在保证可以安排落实的前提下，向旅游者收取一定的费用。

（二）做好知识储备，适当介绍

对所参与的文化娱乐活动项目要事先熟悉，了解具体内容和过程，掌握文化娱乐活动的位置、行车路线、场地和节目内容、特色，对文化娱乐活动的内容适当进行准备，在适当的时候向旅游者进行讲解和介绍。

（三）全程陪同，提示安全

在大型的娱乐场所，地陪导游应主动和领队、全陪导游配合，注意本团旅游者的动向和周围的环境，并提醒旅游者注意安全，不要分散活动。先要引导团队旅游者进入活动现场，活动过程中应提供场中服务，活动结束后及时引领团队旅游者离开活动现场，过程中关注旅游团安全。

六、购物服务

导游应严格按照旅游合同的约定安排购物活动，主要工作如下：

首先，导游不应向旅游者兜售物品或诱导、欺骗、强迫、变相强迫旅游者购物。

其次，购物时，导游应向旅游者客观介绍当地特色商品的主要品种和特色。

再次，提醒旅游者不应购买、携带违禁物品。

最后，必要时导游应该向旅游者提供购物过程中所需要的服务，包括翻译、介绍托运手续等。

七、送行服务

（一）离站服务

离站送客时，导游应致欢送辞，并征求旅游者对旅游接待服务的意见。全陪导游应做好以下工作：

首先，协助地陪导游做好离站服务，提醒地陪导游提前落实离站的交通票据，核实离站的准确时间，核实地陪导游交给的行李票据，并妥善保管好。

其次，提醒旅游者清点行李、妥善保管随身携带的证件和贵重物品，如身份证、手机、钱包等，以防丢失。

最后，引导旅游者在候机楼（候车室、候船室）休息等候，并按机场（车站、码头）的时间安排组织旅游者有序乘机（车、船）。

地陪导游应做好以下工作：

首先，提前与交通部门确认或落实联程/返程交通票据，以确保旅游者能按时启程。

其次，带领旅游者提前抵达机场（火车站、码头），具体要求：乘出境航班应提前120分钟，乘国内航班应提前90分钟，乘坐火车应提前60分钟。

最后，协助旅游者线上办理乘机（车、船）、行李托运手续，并引导通过安检，引导旅游者从正确的登机（检票）口依次进入。

（二）送行前服务

团队送行前，地陪导游应做好以下工作，全陪导游应予以协助：

第一，提前确认或落实联程/返程交通票据，以确保团队能按时启程。

第二，商定并宣布行前集中行李、叫早、早餐及集合出发的时间。

第三，宣布有关离站注意事项，如尽早结清与饭店的洗衣费、清洗费、饮料费等费用，带好随身物品和行李，不要遗漏。

（三）离站送客服务

地陪导游应做好以下工作，全陪导游应予以协助：

首先，带领团队及时抵达机场（车站、码头）；

其次，办妥登机（车、船）手续，向全陪导游移交机（车、船）票，并引导旅游团/者依次通过安检。

最后，致欢送辞。地陪导游要致欢送辞，以加深与旅游者的情感，致欢送辞的语气应真挚、富有感染力。欢送辞的内容主要包括：第一，回顾语。在去机场（车站、码头）的途中，地陪导游应对旅游团在本地的行程，包括食、宿、行、游、购、娱等方面做一个概要性的回顾，目的是加深旅游者对这次旅游经历的体验。第二，感谢语。对旅游者及领队、全陪导游、司机的合作表示感谢。若旅游活动中有不尽如人意之处，可借此机会表示真诚的歉意。第三，征求意见语。诚恳地征询意见和建议。第四，惜别语。表达友谊和惜别之情。第五，祝愿语。表达美好的祝愿，期待再次相逢。

全陪导游要做好以下工作：

第一，再次提醒旅游者保管好自己的物品和证件。

第二，引导旅游团（旅游者）在候机楼、候车室等休息等候，并按机场（车站、码头）的安排按时组织登机（车、船）。

知识链接 3-3
欢送辞示范

领队应按组团社与旅游者所签的旅游合同约定的内容和标准为旅游者提供符合 GB/T 15971—2023《导游服务规范》要求的旅游行程接待服务，并督促接待社及其导游按约定履行旅游合同。入住饭店时，领队应向地陪导游提供团队住宿分房方案，并协助导游办好入店手续。在旅游途中，领队应积极协助地陪导游为旅游者提供必要的帮助和服务；劝谕引导旅游者遵守当地的法律法规，尊重当地风俗习惯；随时注意团队安全。旅游行程结束时，领队应通过向旅游者发放并回收《导游服务质量评价表》征询旅游者对旅游行程服务的意见，并代表组团社致欢送辞。

案例分析

地陪导游带团中带旅游者去商店购物

某旅游团在 N 市由地陪导游王导负责接待。一日下午，参观某佛寺后，王导向大家介绍本地一家新开业的珍珠馆，说："店主是我的好友，保证物美价廉。"当朱女士对标价4000 元的珍珠产生兴趣时，王导立即主动介绍识别真假珍珠的方法，并为其讨价还价，最终以 900 元成交。接着，旅游团继续游览某景点，因景点即将关门，大家匆匆摄影留念后

案例解析

随即离去。在返回饭店途中，数名男士提出去书店购买中国地图，王导表示可以安排。次日出发前，朱女士手持前日所购的珍珠，要求王导帮其退换，说："一内行人认定它

是残次品。"王导表示不可能退换。上午结束参观后，她又带全团去一家定点工艺品商店，许多人只在车中坐着，不愿下车，王导恳求说："大家帮帮忙，不买东西没有关系，进店逛一圈也可以。"然后在赴机场途中，数名旅游者又提起购书一事，王导说："没有时间了。"

思考：王导在接待该团过程中有哪些不妥之处？为什么？

第四节　后续工作

一、处理遗留问题

下团后，导游应认真、妥善地处理旅游团留下的问题，包括行李延误、破损、遗失和保险报案取证的协助处理等，及时处理线上智慧服务平台上的待办事项，按有关规定办理旅游者临行前托办的事项，必要时应向旅行社请示处理意见。

（一）地陪导游遗留问题处理

地陪导游带完团之后，时常面临一些遗留问题的处理，常见遗留问题的处理方法见表3-4所列。

表3-4　地陪导游遗留问题处理方法

遗留问题	处理方法
代办托运	1. 地陪导游一般应婉拒，并做好解释说明（如一些物品按规定不能托运）； 2. 实在推脱不掉，但符合托运条件的，地陪导游应请示旅行社； 3. 在旅行社指示下，收取足够的费用，若有余额，事后由旅行社退还委托人； 4. 发票、委托单及托运费收据寄给委托人，旅行社保存复印件，以备查验
事故遗留问题	1. 地陪导游向旅行社说明具体情况，由旅行社对事故进行界定处理； 2. 地陪导游要对事故做好总结，充分汲取经验，避免类似事故发生

（二）全陪导游遗留问题处理

第一，旅游团离开后，全陪导游应认真处理好旅游团的遗留问题，提供可能的延伸服务，如有重大情况，要向组团社做专题汇报。

第二，按财务规定，尽快结清该团账目。在结清账目时，全陪导游需与旅行社交接费用清单，清单中包含旅游者在旅游目的地产生的餐饮、住宿、门票费用及旅游者另行增加的额外费用等。

第三，归还所借物品。如归还向旅行社借的导游旗、接站牌、横幅、音响、话筒等物品。

二、做好总结工作

(一) 全陪导游工作总结

1. 导游服务质量评价

旅游者意见反馈是对导游服务质量实施监督的有效手段。在智慧旅游时代,全陪导游可让旅游者直接用手机在线上填写《导游服务质量评价表》(具体见第一章表1-4)。发放线上《导游服务质量评价表》要注意以下几个问题:一是尽量给每位旅游者单独发放,不要群发,以示对旅游者的尊重;二是必须提醒旅游者如何填写。

2. 旅游记录单

全陪导游应将在旅游过程中旅游者不满意的服务环节与项目记录在案,以便后面处理与改进。

(1) 相关票据

一些重要票据可能需要做报账用,全陪导游要收集好。如火车票、餐票、为旅游者买零食水果或者额外增加的费用发票、为团队寿星订蛋糕礼品的票据、观光车票、缆车票、饮料发票等。

(2) 填写全陪导游日志

全陪导游应认真填写全陪导游日志或其他旅游主管部门和组团社所要求的相关资料。全陪导游日志的内容包括:旅游团的基本情况;旅游日程安排及交通情况;各地接待质量(指旅游者对食、宿、行、游、购、娱等各方面的满意程度);对发生的问题及事故的处理经过;导游的反馈及整改建议等。全陪导游日志见表3-5所列。

表3-5 全陪导游日志

单位/部门		团号	
全陪导游姓名		组团社	
领队姓名		国籍	
接待时间	年 月 日至 年 月 日	团队人数	共 人
途经城市			含儿童 名,老人 名
团内重要客人、特别情况及要求			

（续表）

领队或旅游者的意见、建议和对旅游接待工作的评价			
该团发生的问题和处理情况（意外事件、旅游者投诉、追加费用等）			
全陪导游意见和建议			
全陪导游对全过程服务的评价：□合格　　　　　　　　　　□不合格			
行程状况	□顺利	□较顺利	□一般	□不顺利
客户评价	□满意	□较满意	□一般	□不满意
服务质量	□优秀	□良好	□一般	□比较差
全陪导游签字： 日期	部门经理签字： 日期		质管部门签字： 日期

（二）地陪导游工作总结

地陪导游应认真做好陪同小结，实事求是地汇报接团情况。地陪导游应及时将《旅游服务质量意见反馈表》交到旅行社有关部门。旅行社各部门在接到此表时，应认真对待旅游者的评议。若在旅游过程中发生重大事故，地陪导游应将事故过程整理成书面材料向旅行社汇报，对旅游团的有关资料进行整理归档。地陪导游还应对接待过程中出现的问题认真总结，做好查漏工作，从而尽快提高自身素质和技能，地陪导游查漏工作小结见表 3-6 所列。

表 3-6　地陪导游查漏工作小结

工作内容	工作要求	备注
总结不足	仔细回忆整个带团过程中的每个环节，思考哪些地方有所欠缺	不断积累，不断总结
知识补课	一些问题回答不出来是正常的，但不允许同一问题两次回答不出来	

旅游团队离开后，会有许多意外的问题出现或发生，总结工作十分必要，它可以帮助地陪导游发现问题，总结经验，进一步提升工作效率和质量，从而为旅游者提供更加满意的服务。

复习思考题 ▸▸▸

一、填空题

1. 全陪导游服务程序包括首站接团服务、_____、核对商定日程、沿途各站服务、离站服务、途中服务及末站服务。

2. 全陪导游下团后，应认真、按时填写_____。

3. 全陪导游应提前_____到达指定接站地点与地陪导游一起迎候旅游团，帮助地陪导游尽快找到旅游团。

4. 首站接团时，_____要使旅游团抵达后能立即得到热情友好地接待，让旅游者有宾至如归的感觉。

二、选择题

1.（单选）接待计划是组团旅行社委托有关地方接待旅行社组织落实旅游团活动的（　　）文件。

A. 指导性　　　　　　　　　　B. 意向性

C. 契约性　　　　　　　　　　D. 建议性

2.（单选）全陪导游在接受旅游团的接待任务后，首先要（　　），以便提供针对性的服务。

A. 认真地与领队核对、商定日程

B. 制定出合理的活动日程

C. 提前抵达旅游团接站地点，同地接社取得联系，互通情况

D. 认真查阅接待计划及相关资料和函件，全面掌握旅游团情况

3.（单选）旅游者进入饭店后，地陪导游应尽快协助（　　）或全陪导游办理好

住宿登记手续。

  A. 旅游者代表   B. 旅行社领导

  C. 领队   D. 司机

  4.（多选）欢迎辞一般包括（   ）。

  A. 问候语   B. 欢迎语

  C. 介绍语   D. 祈祷语

  E. 祝愿语

  5.（多选）地陪导游在送走旅游团后，应尽快返回地接社，处理后续工作。后续工作主要包括（   ）。

  A. 领受新的接待任务   B. 处理遗留问题

  C. 到财务部门结账   D. 汇报总结

  E. 归还所借物品

三、简答题

  1. 全陪导游应该做好哪些准备工作？

  2. 在途服务主要包括哪些内容？

  3. 地陪导游服务工作的主要程序包括哪些方面？

参考答案

第四章　智慧旅游时代新业态导游服务

导　言

随着智慧旅游时代的到来，旅游者的消费行为及特征发生了变化，一些新业态导游服务形式应运而生，这些新业态导游服务从不同的方面满足了旅游者的个性化需求。本章将围绕自驾车导游服务、研学旅行导游服务、网约车导游服务等进行讲述，让学生从几种新业态旅游形式的简介、旅游者特点分析及相关新业态导游服务的特别要求等几个方面展开学习。

在本章学习中，通过课程思政，引导学生遵纪守法，与时俱进，始终秉承服务至诚的理念，不断开拓新的旅游业务，以满足旅游者的需求和期望。

学习目标

知识目标：识记几种新业态旅游的概念，描述不同新业态导游服务的特别要求，陈述几种新业态旅游的特点。

能力目标：能掌握新业态导游服务的流程，能根据新业态导游服务的特别要求做好相应的带团准备。

素质目标：热爱导游行业，坚定行业认同，具备导游从业能力和良好的服务意识，养成良好的学习习惯。

思政元素

遵纪守法、与时俱进、服务至诚、开拓创新。

教学重点

自驾车导游服务的交通安全准备及出行的特别要求，研学旅行导游服务中研学讲解和旅行安全服务的特别要求，网约车导游服务旅游者消费心理的特别要求。

教学难点

网约车导游服务的特别要求。

教学方法

基于翻转课堂，结合讲授法、案例分析法、小组讨论法等开展教学。

教 学 建 议

本次任务教学建议如下：

内容	方式	参考学时
导入案例	课下完成	0.5
基础知识	课上课下结合	1.5
知识链接	课上课下结合	0.5
模拟实训	课下完成	1
复习思考题	课下完成	0.5
总学时		4

导入案例

旅行社新模式——"导游＋司机"

"导游＋司机"模式将导游与司机结合起来，是提高旅游服务效力、减少中间复杂环节的一种全新探索，是旅游行业出现的新业态。

2023年在厦门成立的福建省首家"网约司导"平台，逐渐在旅游市场拥有一席之地，并得到市场的一片欢呼。厦门"司导平台"是在积极响应国家相关部门提出的指导建议下诞生的。2021年6月文化和旅游部发布《加强导游队伍建设和管理工作行动方案（2021—2023年）》的通知及2023年3月10日交通运输部办公厅、文化和旅游部办公厅发布《关于加快推进城乡道路客运与旅游融合发展有关工作的通知》，提出深化"互联网＋"运游融合发展，旅游城市可结合实际需求，探索由同时获得出租汽车驾驶员从业资格和导游证的从业人员，依法依规向旅客提供运游融合服务。

如今旅游出现小型化、自由化、私密化的需求趋势，而"导游＋司机"显然可以顺应这个需求的。这种"导游＋司机"的新旅游业态，节省了旅游成本，成了旅游者的新选择。以厦门为例，"网约司导"服务采用的是 7 座新能源车型。服务费用涵盖旅行社责任保险、车辆承运人责任险与司乘险，并随车配备应急医药箱、充电设备、雨具、饮用水等服务用品，实现标准化的服务品质。厦门岛内市区一日游的定价为 600 元至 800 元，周边城市一日游的价格为 1000 元至 1200 元，费用包含了车费、导游服务费、过路过桥费、充电费等。换言之，如果一家四口在厦门一日游，每人旅游平均花费为 150 元至 200 元，完全可以实现"自由化、私密化"，随心所欲地休闲旅游。如今人们出行，习惯依赖于网络平台，无论预定机、车、船票，或者酒店和"打的"，都离不开手机网络平台。在网络平台增设"司导服务"，无疑是今后旅游小型化、家庭化的大趋势。

请思考：

1. 为什么福建省首家"网约司导"平台会受到一片欢呼？

2. 在"导游＋司机"模式中旅游者更注重什么样的旅游体验？

基础知识

第一节　自驾车导游服务

一、自驾车旅游概述

(一) 自驾车旅游业态简介

自驾车旅游是指旅游者按照一定的线路，有组织、有计划自行驾车进行旅游的一种方式。随着旅游市场的不断发展、旅游产品的不断成熟、私家车数量的增多、交通道路基础设施的完善，自助游的形式也出现了。自驾车旅游属于自助旅游的一种类型，是有别于传统的集体参团旅游的一种新的旅游业态。自驾车旅游在选择对象、参与程序和体验自由方面给予了旅游者更大的伸缩空间，具有自由化与个性化、灵活性与舒适性、选择性与季节性等特点。自驾车旅游者可以随时调整旅行线路，穿越旅行团无法触及的地域，可以拥有自由惬意和随心所欲的感觉。

自驾车旅游和组团旅游的区别主要体现在交通工具的特指、驾乘人员的统一及旅游行程安排的自主方面。在交通方面，自驾车旅游者驾驶或乘坐的交通工具属于非营运性质的载客机动车，包括私人车辆、单位非营运车辆、租赁车辆等；在驾乘人员方面，自驾车旅游活动的驾乘人员同时兼具旅游者的身份，其驾车外出的目的是参与旅游活动；在旅游行程的安排上，自驾车旅游者因为自己掌握着交通工具，因此在旅游目的地的选择、旅游时间的安排及中途停靠等方面都具有明显的自主性和随机性，也正是自驾游的这种自主性和随机性，给各个景区拓展这一客源市场提供了更大的空间和更好的契机。

（二）自驾车旅游的特点分析

1. 旅游者以中青年为主，追求个性化

自驾车旅游者从经济水平上看，普遍拥有较好的生活条件，是城镇居民中的中高收入者；从文化程度上看，绝大部分具有较高的受教育程度，拥有较强的旅游意识和旅游素养；从年龄上看，中青年占主体部分；从人员组成上看，主要是 10 人以下小团体。自驾车旅游者外出旅游主要在于追求一种自由化、个性化的旅游空间，观光与休闲度假是自驾车旅游的主要动机，出游多在双休日和节假日。受交通条件、体力、经济、时间、驾驶技术、维修技术、地理知识等诸多条件的限制，自驾车旅游者主要是去城市周边休闲度假旅游区、名胜风景区、公路通达条件较好的地区旅游。

2. 信息获取方式多元，并愿意分享

互联网与涉旅企业的结合使旅游发生了实质性变革，智慧旅游的发展对促进自驾旅游新业态进一步拓展起着关键作用。从获取旅游信息的方式来看，网络搜索旅游信息及网上预订酒店、车票、景区门票等已经成为自驾车旅游者的习惯。旅游者在出行之前，可以借助移动智能终端或电子产品等网络平台进行查询、导航搜索获取相关信息，同时也可以进行线上租车，目前线上租车自驾游逐渐成为人们喜欢的新型旅游消费模式。在旅游行程中及结束后，自驾车旅游者也可以利用网络平台完成游记与旅游攻略的分享。

3. 出游目的新奇，注重身心享受

自驾车旅游者在出游目的方面更注重旅游过程的体验。对于自驾车旅游者而言，一条没有走过的路线，一座没有去过的城市或景点，一项没有见过的节庆活动或民俗表演，甚至一道有名的菜肴，都可能成为刺激他们出行的动机。参加自驾车旅游的旅游者大多数把观光游览、度假休闲、探亲访友作为自驾车出游的主要目的。与传统的旅游模式相比，自驾车旅游的目的层次有明显的提高，自驾车旅游者已经不满足于走马观花式的观光旅游，而是注重身心的享受和旅游质量的提高。

二、自驾车导游服务的特别要求

（一）交通安全准备的要求

1. 做好安全准备和提醒工作

在出行前，一是要做好车况的检查。导游应提醒自驾车旅游者检查轮胎老化及磨损程度，判断其是否可以完成整个行程；检查制动系统，主要检查制动效果、制动液是否有渗漏、制动液是否缺少；检查电瓶、机油、冷却液、转向助力油是否正常。二是检查出行资料和物品的准备情况。资料主要涉及行程中的道路情况及目的地的天气情况、社会治安、基础设施状况和消费状况等，根据这些资料，制订出行计划；物品主要是指自驾游过程中的必备物品，如通信工具、应急药品和路线地图等。三是要确认车尾厢有完好的备胎和随车工具，以针对解决自驾车旅游过程中车辆出现的意外情况。

在出行中，导游应提醒旅游者遵守交通规则。导游要提醒旅游者系好安全带，提醒旅游者在驾驶时不要接听电话，保持正确的驾驶姿势，不疲劳驾驶，不酒后驾车。因为自驾车旅游去的多是从没去过的地方，走的是没走过的路，更应该遵守交通规则，注意各种警示标志，注意不超速行驶、不超车、不超员、不逆行等，保证自己和他人的安全。

2. 设计安全的旅游线路

导游在进行线路设计时，必须把安全放在第一位，应安排专业人员亲自踩线，综合考虑线路的通行性，回避有交通隐患的路线，如路况较差、弯道过多、交通管制、近期垮塌和大型货车过度拥挤的路线等。在行程安排上，应注意自驾车旅游节奏，整个自驾车旅游每段行程多少，要根据道路情况和沿途景点的数目来确定。一般来说，即使在路面条件良好的情况下，一天的行程也最好不超过 600 公里，要给旅游者留下充足的游览与休息时间，以保证自驾车旅游者身体和心理上的舒适感，避免出现事故。

（二）出行的特别要求

自驾车旅游者多是自行组织旅游行程，全程自行规划产品，依赖的主要是网络资源，但网上信息繁杂，真伪难辨，因此自驾车导游的引导作用就显得至关重要。首先，导游应该全面系统地介绍旅游目的地食、宿、行、游、购、娱等各方面的信息，让旅游者对旅游目的地能够有较为深入的了解。其次，导游还必须提供在线服务或是 24 小时热线，以方便为自驾车旅游者答疑。

知识链接 4-1
川藏线"318"
自驾行程攻略

1. 熟悉自驾游行程信息

根据旅行社的计划单，了解并熟悉该自驾旅游的各种信息。比如，是否需要安排用餐住宿；是否为常规景点线路，如果不是，自己对路线应该加以熟悉。由于自驾游人数较少，跟团队相比在用餐住宿等安排上会有所区别，导游应提前熟悉，做好准备。

2. 掌握交通道路状况及景区停车位的分布

由于车型复杂、车手技术水平悬殊，大多数自驾游组织者在选择线路时首先考虑的是交通道路状况。比如，高速公路的分布、公路管理的水平、车辆救援系统的设立，以及沿线交通指示牌和景区引导系统的标志、景区停车位的预留。由于没有旅游车司

机，导游工作更加独立，需要更全面、细心一些，对驾车路
线和停车安排都要非常熟悉，千万别带着旅游者走错路，导
致旅游者被罚款、扣分，这不仅会让旅游者感到不高兴，甚
至可能导致投诉。

3. 提供完善的导游服务

自驾车旅游者希望旅行社和导游能够提供集停车休息、
加油维修、产品介绍、餐饮住房预订、旅游接待于一体的综
合性服务。同时，导游可以向自驾车旅游者推荐新景点、新
游线，提供免费导游图和景点资料，达到既服务旅游者又推销产品的目的。

知识链接 4－2
中国最受欢迎的
自驾游路线

第二节　研学旅行导游服务

一、研学旅行概述

（一）研学旅行业态简介

研学旅行有广义和狭义之分。广义的研学旅行是指人们出于文化求知、实践体验
和研究探索的目的，短期离开自己生活的惯常环境，前往异地开展的旅行和逗留访问
活动，包括中小学生夏冬令营、中小学春秋游及大学生专业认知实习、生产实习、暑
期调研、下乡支教等校外实践教育活动，以及其他年龄阶段人群以研究、学习或实践
为目的而进行的旅游活动，如红培带班、商务旅行等。狭义的研学旅行是指由教育部
门和学校有计划地组织安排，通过集体旅行、集中食宿方式开展的研究性学习和旅行
体验相结合的校外教育活动，参与群体主要是中小学生，也有较多的学者认为研学旅
行是一门综合实践课程。目前，我国研学旅行处于快速发展期。

研学旅游产业的服务对象十分广泛，归纳起来可以分为 3 类：第一类是将研学旅
行纳入中小学教育教学计划的 7 个年级（小学四到六、初一到初二、高一到高二年级）
的广大中小学生；第二类是 7 个年级之外的幼儿园、其他中小学生，以及大学生群体；
第三类是以参加各类专题旅游、红色教育培训为代表的进行探究式考察的大众旅游者。
不同类型旅游者的特点和研学需求存在一定的差异，这就要求研学导游服务应针对不
同对象和主题区别对待，有的放矢。本章主要针对第一类研学对象展开说明。

（二）研学旅行的特点分析

1. 体验性

研学旅行强调学生广泛参加各项社会实践活动，强调学生在真实的环境中自我体

验、自我感悟、自我成长。研学旅行是动态的学习，学生在学习课本理论知识后，在社会实践中进行探求、体验、求真，使得理论知识和社会实践相互印证，去伪存真，探求真知。在研学旅行教育活动中，走进与学校生活截然不同的环境，这是一种参与过程的体验，也是一种情感意志的体验，更是一种分享合作的体验。

知识链接4-3
研学旅行模式

2. 教育性

研学旅行是立足实践、体验与互动相结合的教育活动，是引导学生走向社会的研究性、探究性学习活动，其本质是一种校外素质教育活动，即通过旅行游览的认知、体验、感悟过程，获取有益的知识。众所周知，传统教科书是学生在校内学习期间获取知识的重要来源，而研学旅行是获取书本以外的知识，以及加强学生素质教育、传统文化教育、理想信念教育、爱国主义教育、革命精神教育和乡土情怀教育的有效方式，通过研学旅行可以增强学生的品德素养、国家情怀和社会责任。因此，研学旅行与一般意义上的旅游活动有着本质的区别，教育性是研学旅行的本质属性。

3. 实践性

在研学旅行中，学生想要探寻问题的答案，就需要提取学习储备的理性知识，用于解决现实的问题，同时改造并重构自身的知识结构，由此使理性知识与感性知识紧密联系起来。可见，研学旅行使得学生有机会在纷繁复杂的背景下重新审视在课堂上学到的理性知识与客观存在的关系，并通过观察、访谈、操作、验证和体悟等方法，检验其真伪，对知识进行再次解读，直至获得"真知"，从而达到思维与存在的统一。相对于课堂教学，研学旅行更注重培养学生解决实际问题的综合实践能力，在一定程度上可以起到匡正当前学校课程过于偏重书本知识、课堂讲授、让学生被动接受学习的弊端，弥补学生经验狭隘、理论脱离实际的缺陷。

4. 创新性

传统的学习方式往往认为"学习是对内在知识和技能的直接接受，因此它是一种纯粹的智力参与活动，学习过程可以在没有身体参与或任何其他实践活动的情况下完成"。在研学旅行的过程中，学生需要全身心投入，用自己的双手和大脑，真正尽力去理解、思考和亲身实践。因此，学生可以达到同时使用多种感官的境界，有助于学生表达和发展他们的智力、情感、意志和能力，从多方面提升学生的创新意识和创新能力，最终促进学生的整体发展。

5. 开放性

研学旅行超越了教材、学校课堂的局限，向自然、生活和社会领域延伸，研学旅行密切了学生与自然、社会的联系。因而，研学旅行的内容必然具有开放性的特征。在不同的时间和空间里，即使同一研学内容也会呈现出更加丰富多彩的表现形式。随着活动的展开，学生会不时生成新的主题和目标，从而使研学旅行的广度不断拓宽、深度逐渐延伸。在相同的研学旅行中，由于学生个体经验的差异而使其趋向各自感兴趣的认知场域，这为学生的个性发展提供了开放的空间。所以，在研学旅行中，学生通过亲身投入自然和社会，使自己胸怀变得更加宽广，见识变得更加丰富。

二、研学旅行导游服务的特别要求

（一）研学讲解服务能力要求

由于中小学生的旅游需求不同于成年人，除需要满足一般旅游者的愉悦、休闲之外，中小学生及其家长更加重视旅游的教育功能，因此，研学旅行导游在旅游活动中除完成普通的旅游讲解外，应依据中小学生的特点，将知识普及、成长教育等融入其中。研学导游必须具备较高的综合素质，讲解具有趣味性，吸引学生听讲是研学旅行成功的一个关键因素。因此，研学导游应具有良好的思想品德，遵守社会公德、法律法规，具有良好的职业道德；研学导游应经过相关专业培训，熟练掌握研学旅行专业知识和讲解技能；研学导游应具有相应的自然、文化、历史素养，对基地内涵有深刻的认知；研学导游应使用普通话，口齿清晰、发音准确、逻辑清楚、语言生动；研学导游应具备一定的亲和力、组织协调应变能力；研学导游应注重学习，能针对不同学龄段学生的需求进行讲解。

与学校教育不同，研学旅行对研学导游的教学技能和综合素质水平要求更高。研学导游除了要实地考察、设计开发旅行线路外，还要结合实地考察情况制订研学旅行教育课程和工作计划，更重要的是要在研学旅行过程中在带队老师、辅导员等工作人员的配合下提供研学旅行教育的组织、讲解和互动。研学旅行对研学导游的能力要求主要包括以下几个方面。

1. 充分了解学生学情

充分了解研学旅行的受教育对象，深入了解学生情况，根据学生的年龄阶段因材施教，掌握学生的心理特点，使用引导和启发，培养学生的动手能力和好奇心，注重学生自身能力和认知水平的提高，注重学生学习兴趣的提升。

2. 具备专业的知识和教育情怀

要具备专业的自然和人文知识，根据学生的年龄阶段，深入浅出地讲解和执行每个研学课程，让学生准确地了解和掌握专业的知识。要怀着美好而崇高的教育情怀，研究每个学生，用热爱每一位学生的态度，关爱学生、了解学生、发掘学生的闪光点。

3. 具备娴熟的教学技能

研学旅行除了要求研学导游具备学校老师的教学技能外，还要求其不断地创新和尝试新的教学方法，研究在不同的环节找到更适合学生的引导方法。要整合教育教学内容和方式，鼓励学生综合运用各学科知识和方法去思考、认知、解决综合性问题。

（二）旅行安全服务能力要求

研学旅行出发之前，导游应该为学生们做安全宣导，强调安全注意事项。例如，上下车过程中不要拥挤、行进过程中不要掉队和打闹、有危险警示的地方不能去、有危险警示的物品不能触摸、身体不舒服及时告知等。研学旅行过程中，

知识链接 4-4
研学旅行服务规范

导游应该根据学生数量专设若干个安全导师，专门负责学生安全，在每个活动前、后及时点名，有危险性的活动时确保学生的防护措施有效，极端天气中注意防暑保温，用餐时注意留取饭菜样本，提前熟悉住宿酒店的安全逃生线路。导游还应该根据学生数量专设若干保健医生，负责携带药箱，为学生初步处理突发的受伤或疾病。一次研学旅行结束之后，导游应该及时总结安全问题和安全隐患，并提出解决问题和消除隐患的措施，尽量避免和减小以后课程执行过程中发生类似问题。

第三节　网约车导游服务

一、网约车导游服务概述

（一）网约车旅游业态简介

网约车旅游是指导游依法办理网约车驾驶员证和车辆运输证，自己驾驶网约车完成导游兼司机的工作，以满足旅游市场小包化、定制化消费的导游服务形式。随着互联网技术的发展，5G+旅游、科技融入、数字科技等将为"网约车+导游"提供多方位的服务和技术保障，在网络平台上预订旅游产品已经成为大多数人的习惯。旅游者在平台上能了解当地导游的基本信息、所获荣誉、服务打分等，能根据自己的需求选择导游。网约车旅游服务模式不仅使旅游者有了挑选的依据，也使导游多了一个职业选择的方向，对长远发展来说，能扩大导游队伍对个性化需求的覆盖。

（二）网约车旅游的特点分析

1. 服务的个性化

随着社会经济、科学技术的加速发展，人们的生活需求、娱乐方式也在发生巨大的改变。这使传统的包价旅游难以满足人们的个性化需求，但是网约车新型旅游服务模式打破了一弊端，旅游者在购买产品前可以和导游沟通交流，将个人要求及偏好等告诉导游，量身定制旅游产品。当然，在旅游过程中，导游也不是一成不变的按照计

划实施，计划行程外的内容也可以立即实施，不需要再报告旅行社。因此，这些方面都满足了旅游者的个性化需求。

2. 导游模式的多样化

传统的导游带团出游都需要经过旅行社的委派，如果要绕开旅行社独自接团是不合法的行为，行政部门可以对此进行相应的处罚。在网约车的旅游模式中，导游不仅是旅游达人，还是司机，可以用他们的专业服务赢取较高的服务报酬，既满足了旅游者的个性化旅游需求，又拓宽了导游的就业渠道，让导游执业模式更加多元化。

知识链接4-5
线上线下导游自由
执业"网约导游"
模式

二、网约车导游服务的特别要求

（一）对信息技术的掌握

在网约车导游服务模式中，导游要充分利用信息技术来提高服务质量和效率。首先，通过移动应用程序，导游可以随时了解旅游者的需求和个性化要求，根据其行程和喜好定制行程。其次，利用社交媒体和在线评价平台，导游可以主动推荐旅游景点和美食，并及时获取旅游者的反馈信息和旅游评价，及时调整服务策略。最后，导游可以通过大数据分析和人工智能算法来提升对旅游市场和旅游资源的了解和管理，更好地满足旅游者的需求并提供更优质的服务。信息技术的应用可以极大地提高导游服务质量和效率，在网约车导游服务模式中发挥着巨大的作用。

知识链接4-6
上海城市微旅行

（二）对旅游者消费心理的掌握

在智慧旅游时代，人们的出游方式越来越呈现小团化、自助游、定制化的趋势，在这样的背景下，众多小团游特别是偕老带幼举家出游的旅游者更喜欢选择网约车旅游模式，这样既安全又方便。因此，导游就要全面了解旅游者的需求，根据旅游者的需求安排食、宿、行、游、购、娱等活动。首先，导游应该了解旅游者的预算和需求，帮助他们规划合理的行程，并提供相应的建议。其次，导游需要对旅游目的地的文化、历史、风俗习惯等方面有较深入的了解，能够提供丰富的旅游资讯和推荐，满足旅游者的多样化与个性化的需求。最后，导游需要熟悉旅游市场的价格标准和竞争情况，以合理的价格为旅游者提供服务，同时提醒他们注意防范诈骗和消费陷阱，保障旅游者的安全和利益。导游应做到服务的全面性和针对性有机结合，更好地满足旅游者日益增长的旅游需求，从而体现导游的主体地位，发挥导游的能动性与首创精神，更好践行"游客为本，服务至诚"的服务宗旨。

模拟实训

网约车导游服务接待技巧

实训项目：

通过实训让学生掌握网约车导游服务接待技巧。

实训要求：

模拟网约车导游服务实训，包括接待和导游讲解服务等方面。

实训内容：

1. 以小组为单位，进行实训。

2. 搜集具有代表性的网约车导游服务的有关资料，分组模拟带团讲解。

3. 分小组在课堂上展示成果。

实训地点：

校内课堂或校外景点。

实训考核：

小组点评，教师点评，综合打分。

复习思考题 ▶

一、填空题

1. 自驾车旅游是指旅游者按照一定的线路，有组织、有计划_____进行旅游的一种方式。

2. 自驾车旅游者外出旅游主要在于追求一种自由化、个性化的旅游空间，_____是自驾车旅游的主要动机。

3. 自驾车导游服务中，导游在进行线路设计时，必须把_____放在第一位，应安排专业人员亲自踩线，综合考虑线路的通行性，回避有交通隐患的路线，如路况较差、弯道过多、交通管制、近期垮塌和大型货车过度拥挤的路线等。

4. 通过集体旅行、集中食宿方式开展的研究性学习和旅行体验相结合的活动称为_____。

二、选择题

1.（单选）自驾车旅游与组团旅游的区别主要体现在（　　）。

A. 交通工具特指、驾乘人员统一和旅程安排自主性

B. 交通工具特指、驾乘人员多样性和旅程安排自主性

C. 交通工具多样性、驾乘人员统一和旅程安排自主性

D. 交通工具多样性、驾乘人员多样性和旅程安排自主性

2. （单选）在自驾车旅游前，导游需要提醒旅游者检查（　　）。

A. 空调是否正常工作

B. 轮胎老化和磨损程度

C. 喇叭是否响亮清晰

D. 汽车外观是否干净整洁

3. （单选）在自驾车旅游中，导游应提醒旅游者遵守（　　）。

A. 不超速行驶、不超车、不超员、不逆行

B. 随意变道以便快速到达旅游目的地

C. 忽视各种警示标志和信号

D. 酒后驾车以增加旅途的刺激感

4. （单选）研学旅行强调学生广泛参加各项社会实践活动，强调学生在真实的环境中自我体验、自我感悟、自我成长。这体现了研学旅行（　　）的特点。

A. 文化性　　　　　　B. 探究性　　　　　　C. 教育性　　　　　　D. 体验性

5. （单选）网约车新型旅游服务模式对于传统包价旅游的改进表现在（　　）。

A. 执行计划行程外的内容需要报告旅行社

B. 提供个性化定制旅游产品

C. 游客无法与导游沟通交流

D. 只能按照计划实施行程

三、简答题

1. 研学旅行的特点是什么？

2. 网约车新型旅游服务模式有什么样的特点？

3. 自驾车旅游出行中，导游服务有哪些特别要求？

参考答案

第五章　智慧旅游时代导游讲解服务技巧

✏ 导　言

本章主要从"导游语言服务技能、导游词创作技巧、导游讲解服务技巧"等内容展开学习。导游的语言服务技能对做好导游服务工作、提高导游服务质量至关重要。导游词的创作来源于导游的工作实践，同时也完全服务于导游工作，掌握导游词创作技巧，创作优秀的导游词并讲解给旅游者，旅游者才能更好地观景赏美，体验风土人情，获得愉悦享受，为整个旅游过程"锦上添花"。

创新意识乃发展之动力源泉，身为导游，应坚守正道，勇于创新。文化自信乃民族复兴之基石，导游在履行讲解服务职责时，应深入发掘中华优秀传统文化的内在价值，积极展示中国形象，促进文明交流互鉴，进而使更多人坚定文化自信，共建精神家园。同时，导游应持续追求卓越，紧随智慧旅游时代的步伐，紧贴旅游者需求的变化，不断提升自身职业技能与素养，以更好地服务旅游者，为推动旅游业的高质量发展贡献自己的智慧与力量。

▶▶ 学习目标

知识目标：识记导游服务技能和导游词创作的要求，准确说出常用的导游讲解方法，陈述导游语言的分类。

能力目标：根据导游词的构成、旅游资源特点创作出完整的导游词，能将导游讲解服务理论知识运用到实践中，灵活运用导游讲解方法。

素质目标：具有高素质导游的文化修养，热爱旅游行业，坚定行业认同，具有良好的导游服务意识、沟通交流意识，具备优秀的团队合作精神，养成自主学习习惯。

💡 思政元素

创新意识、文化自信、精益求精、文明礼貌。

教学重点

导游语言的分类、导游词的创作技巧、导游讲解方法、自然与人文景观讲解技巧。

教学难点

导游词的创作技巧、导游讲解服务技巧。

教学方法

基于翻转课堂，结合情景模拟法、角色扮演法、案例法、讲授法、讨论法等开展教学。

教学建议

本次任务教学建议如下：

内容	方式	参考学时
导入案例	课下完成	0.5
基础知识	课上课下结合	2
案例分析	课上课下结合	0.5
知识链接	课上课下结合	0.5
模拟实训	课下完成	1
复习思考题	课下完成	0.5
总学时		5

导入案例

黄山怪石导游词

各位团友，你们好！

今天呢，导游小吴将带领你们游览我国著名的风景名山——黄山。在游玩之前，大家可以提前扫描景区智慧导览二维码，了解黄山的概况和主要景点。俗话说："五岳归来不看山，黄山归来不看岳。"黄山以"五绝"闻名中外，它们是什么，你们知道吗？没错，黄山就是以奇松、怪石、云海、温泉、冬雪"五绝"闻名中外。今天我就给大家重点介绍黄山的其中"一绝"——怪石。黄山险峰林立，危崖突兀，峰脚直落谷底，山顶、山腰和山谷等处广泛分布着花岗岩石林和石柱，其中有名的有120多处，它们以酷似的形态与优美的神话传说结合在一起，使得个个有画的蕴含、诗的韵味，可谓形神兼备，给人以艺术美的享受，令人神往。

请大家往上走。看，我们眼前的这块"仙桃石"，据说是王母娘娘在开蟠桃会时掉下来变成的。你们看这块石头下还有许多裂缝呢！请大家继续往上走。看，在我们的不远处，有一只猴子把手放在额头上，眼睛正看着那茫茫云海呢！它的另一只手抓耳挠腮，一只脚高抬着，仿佛要跳上云端，这就是"猴子观海"。请大家继续往上走。在我们面前，是一只金鸡，它正朝着黄山最高峰——天都峰啼叫，也像是在鼓励我们爬上山顶。大家是不是都知道这块奇石的名字？没错，这就是黄山奇石中最著名的一个——"金鸡叫天都"。

团友们，你们将会有两个小时的时间自由活动。接下来，我要和你们说两个注意事项：第一，保持文明，不随手扔垃圾、刻字。第二，注意安全。待会我们再到这里集合。最后，祝大家玩得开心、愉快！

请思考：

1. 这篇导游词运用了哪些讲解方法？

2. 你认为一篇完整的导游词由哪些内容构成？

3. 导游在讲解时，需要具备哪些语言服务技能和讲解技巧？

基础知识

第一节 导游语言服务技能

导游与其他社会职业一样，在长期的社会实践中逐渐形成了具有职业性的语言——导游语言。它是导游用来从事导游服务工作的重要手段和工具，是导游进行讲解，传播文化，与旅游者交流思想、实现沟通的一种包含口头语言、体态语言和书面语言等的信息符号。导游掌握和运用语言的技能在很大程度上影响甚至决定着导游服务效果。每一位导游都应具备良好的语言表达能力，熟练运用相应语种提供导游服务，在练好导游语言这一基本功时，潜心钻研导游讲解艺术，使自己的导游服务水平不断提高。

一、口头语言服务技能

在导游服务中，口头语言是使用频率最高的一种语言形式，是导游做好导游服务工作最重要的手段和工具。美学家朱光潜告诉我们："话说得好就会如实地达意，使听者感到舒服，产生美感。这样的说话也就成了艺术。"由此可见，导游要提高自己的口头语言表达技巧，必须在"达意"和"舒服"上下功夫。

导游口头语言既要求所述内容真切、丰富，又要求表达方式美妙、生动。导游在明确了导游口头语言的要求后，一方面需要不断地锻炼，提高自己的语言能力和水准，另一方面还需要合理地掌握导游口头语言的运用原则，以求更好地做好导游讲解。

（一）导游口头语言的基本形式

1. 独白式

独白式是导游讲述、旅游者倾听的语言传递方式，如导游致欢迎辞、欢送辞或进行独白式的导游讲解等。

例如：

a. 三百山景区位于江西省安远县境内，是安远县东南边境诸山峰的合称，地处赣、粤、闽三省交界处，是国家级风景名胜区、国家森林公园、国家 5A 级旅游景区，并荣获全国首批"保护母亲河行动生态教育示范基地"、2020 年江西避暑旅游目的地、2020 年度港澳青少年内地游学推荐产品目的地、2020 年度"中国天然氧吧"等称号。

景区总面积为 197 平方公里，核心景区面积为 58 平方公里，"源头群瀑、三百群峰、峡谷险滩、高山平湖、原始林海、火山地貌"堪称三百山六绝，拥有福鳌塘、蝴蝶大峡谷（九曲溪）、东风湖、仰天湖、尖峰笔等 5 大游览区域，由百余处自然和人文景物、景观组成。

b. 各位团友们，大家好！欢迎来到英雄城市——南昌旅游，相信大家在很多的平台上提前了解过南昌的"网红打卡地"。我是南昌国际旅行社的导游小李，这位是司机王师傅，他有丰富的驾驶经验，大家坐他的车大可放心。我衷心地希望在旅游过程中大家能共同配合，顺利完成在南昌的行程，如果我的服务有不尽如人意的地方，也请大家批评指正。最后，祝大家在南昌能度过一段难忘的时光。

从上面两个例子可以看出独白式口头语言的特点包括：第一，目的性强。导游讲一席话，或是为了介绍情况，或是为了联络感情，或是为了说明问题。第二，对象明确。如例 a 和例 b 始终面对旅游团的全体旅游者说话，因而能够产生良好的语言效果。第三，表述充分。如例 a 首先介绍三百山的地理区位，接着讲述三百山景区面积和主要景点，使旅游者对三百山有了比较完整的印象；例 b 话语不多，但充分表明了自己的身份和热情的服务态度。

2. 对话式

对话式是导游与一个或一个以上旅游者所进行的交谈，如问答、商讨等。在散客导游中，导游常采用这种形式进行讲解。

例如：

导游：请随我手指的方向看，你们觉得那座山峰像什么？

旅游者：像一位姑娘。

导游：对的，那你们知道这座山峰的名字吗？

旅游者：不太清楚。

导游：这座山峰就是"司春女神"了。

旅游者：这个名字很有意思，你能给我们讲讲由来吗？

导游："司春女神"海拔 1314 米，通高 86 米。整座山体造型就像一位秀发披肩的少女，天地造化，鬼斧神工。亿万年来，女神端坐山峰，默然注视芸芸众生，神态祥和。传说女神为西王母第二十三女，名瑶姬。世人认为她是春天的化身，因而称之为"司春女神"。

由上例可以看出对话式口头语言的特点包括：第一，依赖性强，即对语言环境有较强的依赖性。对话双方共处同一语境，有些话不展开来说，只言片语也能表达一个完整或双方都能理解的意思。第二，反馈及时。对话式属于双向语言传递形式，其信息反馈既及时又明确。

（二）口头语言的表达要领

1. 音量大小适度

音量是指一个人讲话时声音的强弱程度。导游在进行讲解时要注意控制自己的音量，力求做到音量大小适度。通常对讲话时音量的大小有两点要求：一要恰当、适度。声音当大则大，当小则小，当平则平。大，不可大到声嘶力竭的程度；小，不可小到别人没法听清的地步。二要顺畅、自然。音量不可没有根据地忽大忽小，生硬地变换音量，不仅听起来不自然、不舒服，还会引起误会。

总之，音量的大小变化是由思想情感决定的，而恰当的音量又有助于思想感情的表达。一般来说，导游音量的大小应以每位旅游者都能听清为宜，但在游览过程中，音量大小往往受到旅游者人数、讲解内容和所处环境的影响，导游应根据具体情况适当进行调整。当旅游者人数较多时，导游应适当调高音量，反之则应把音量调低一点；在室外嘈杂的环境中讲解，导游的音量应适当放大，而在室内安静的环境中则应适当放小一些；对于导游讲解中的一些重要内容、关键性词语或要特别强调的信息，导游要加大音量，以提醒旅游者注意，加深旅游者的印象。

2. 语调高低有序

语调是指一个人讲话的腔调，即讲话时语音的高低起伏和升降变化。语调一般分为升调、降调和直调三种：第一，升调。升调多用于表达兴奋、激动、惊叹、疑问等感情状态。第二，降调。降调多用于表达肯定、赞许、期待、同情等感情状态。第三，直调。直调多用于表达庄严、稳重、平静等感情状态。

语调有着十分重要的表达情感的作用，高低不同的语调往往伴随着人们不同的感情状态，被称为"情感的晴雨表"。导游如果能根据讲解的具体内容对语调进行创造性的处理，使语调随着讲解内容的变化而呈现高潮、低潮的升降起伏，就会使讲解声情并茂。

3. 语速快慢相宜

语速是指一个人讲话速度的快慢程度。导游在讲解或同旅游者谈话时，要力求做到疾徐有致、快慢相宜。如果语速过快，会使旅游者听起来很吃力，甚至跟不上导游的节奏，对讲解内容印象不深甚至遗忘；如果语速过慢，会使旅游者感到厌烦，注意力容易分散，导游讲解亦不流畅；当然，导游如果一直用同一种语速讲解，像背书一样，不仅缺乏感情色彩，而且使人乏味，令人昏昏欲睡。

在导游讲解中，较为理想的语速应为每分钟 200 字左右。当然具体情况不同，语速也应适当调整。譬如，对中青年旅游者，导游讲解的速度可稍快些，而对老年旅游者则要适当放慢；对讲解中涉及的重要或要特别强调的内容，语速可适当放慢一些，以加深旅游者的印象，而对那些不太重要或众所周知的事情，则要适当加快讲解速度，以免浪费时间，令旅游者不快。

4. 停顿长短合理

停顿是一个人讲话时语音的间歇或语流的暂时中断。这里所说的停顿不是讲话时的自然换气，而是语句之间、层次之间、段落之间的有意间歇。停顿目的是集中旅游者的注意力，增强导游语言的节奏感。停顿的类型主要包括语义停顿、暗示省略停顿、等待反应停顿、强调语气停顿等。以暗示省略停顿为例，"请看，江对面的那座山像不像一只巨龟？黄鹤楼所在的这座山像不像一条长蛇？这就是龟蛇锁大江的自然奇观。"通过停顿让旅游者去思考、判断，从而使其留下深刻的印象。

(三) 导游语言运用的技巧

导游语言是一种艺术语言，良好的语言能力是导游重要的基本功之一。导游服务效果在很大程度上取决于导游掌握和运用语言的能力，所以导游应该练好导游语言这一基本功，努力提高自己的语言技能。导游语言运用技巧主要有以下几点。

知识链接 5 - 1
一次有趣的讲解服务

1. 言之有物

导游讲解要有具体的指向，不能空洞无物。讲解资料应突出景观特点，简洁而充分。导游应充分准备，细致讲解，不要东拉西扯，缺乏主题、思想，满嘴空话、套话。导游应把讲解内容最大限度地"物化"，必要时可借助智慧设备让旅游者感觉物在眼前，物可接触，使所要传递的知识深深地烙印在旅游者的脑海中，实现旅游的最大价值。

2. 言之有据

在智慧旅游时代，各类信息庞杂，这更需要导游精确识别信息，做到言之有据。导游言辞要有依据，不能没有根据而胡乱地瞎说一通，对旅游者讲话、谈问题，对参

观游览点的讲解，以及对外宣传都要从实际出发，要有根据，不能胡编乱造，否则极易给旅游者留下业务能力不精、知识水平不够的印象。

3. 言之有理

在智慧旅游时代，导游对景点和事物等的讲解更要以事实为依据，要以理服人，不要言过其实和弄虚作假，更不要信口开河，虚假宣传。那些不以事实为依据的讲解，一旦被旅游者得知事实真相，旅游者就会感到自己受了嘲弄和欺骗，导游的形象在其心目中就会一落千丈。

4. 言之有趣

在智慧旅游时代，导游讲解要善于借助 VR、智慧导览系统、智能机器人等，达到生动、形象、幽默和风趣的效果，要使旅游者紧紧地以导游为核心，使其在听讲解的过程中，获得一种美好的体验。需要指出的是，导游在讲解中的风趣和幽默，要自然、贴切，绝不可牵强附会，也不可过度借助智慧设备。

5. 言之有神

导游讲解应尽量突出景观的文化内涵，使旅游者领略其内在的神韵。讲解内容要经过综合性的提炼并形成一种艺术，让旅游者得到一种艺术享受。同时，导游要善于运用智慧平台掌握旅游者的神情变化，分析哪些内容旅游者感兴趣、哪些内容旅游者不愿听、旅游者的眼神是否转移、旅游者是否有人打哈欠等，对这些情况都需随时掌握，并及时调整所讲内容。

6. 言之有力

导游在讲解时要正确掌握语音、语气和语调，既要有鲜明生动的语言，又要注意语言的音乐性和节奏感。此外，导游在讲解结尾时，语音要响亮，让旅游者有心理准备。这样导游在讲解的时候，才能更吸引旅游者注意力，达到较好的讲解效果。

7. 言之有情

导游要善于借助智慧平台，通过自己的语言、表情、神态等传情达意。讲解时，导游应充满激情和热情，又充满温情和友情，富含感情和人情味的讲解更容易被旅游者接受，也更容易和旅游者产生共情，传递出感情。

8. 言之有喻

导游在讲解时要善于运用比喻的语言、旅游者熟悉的事物，来介绍、比喻参观的事物，并借助智慧设备 360 度呈现事物的全貌，使旅游者对自己生疏的事物能很快地理解并产生亲切感。导游恰当地运用比喻手法，可以降低旅游者理解的难度，提升旅游审美中的形象和兴趣。

9. 言之有礼

导游的讲解用语和动作、行为要文雅、谦恭，让旅游者获得美的享受。导游要注意礼节、礼貌、礼仪，向旅游者宣传文明旅游观念。礼貌的语言能起到维护和改善人际关系的良好作用，也是服务性行业职业道德的重要内容之一。

10. 言之友好

导游在讲解时的用词、声调、语气和态势语言都应该表现出友好的感情。"有朋自远方来，不亦乐乎""能认识大家是我的荣幸""很高兴与大家在这里相识"等，都是表达友好的语言，作为友谊的载体，友好的语言可以使旅游者感到温暖。

二、态势语言服务技能

态势语言亦称体态语言、人体语言或动作语言，它是通过人的表情、动作、姿态等来表达语义和传递信息的一种无声语言。导游应表情稳重自然、态度和蔼诚恳、富有亲和力，言行有度，举止符合礼仪规范。同口头语言一样，态势语言也是导游服务中重要的语言艺术形式之一，常常在导游讲解时对口头语言起着辅助作用，有时甚至还能达到口头语言难以企及的效果。

（一）首语

首语是通过人的头部活动来表达语义和传递信息的一种态势语言，包括点头和摇头。一般来说，世界上大多数国家和地区都以点头表示肯定，以摇头表示否定。而实际上，首语有更多的具体含义，如点头可以表示肯定、同意、承认、认可、满意、理解、顺从、感谢、应允、赞同、致意等。另外，因文化、习惯的差异，首语在有些国家和地区还有不同的含义，如印度、泰国等国某些少数民族奉行的是"点头不算摇头算"的原则，即同意对方意见用摇头来表示，不同意则用点头表示。

（二）表情语

表情语是指通过人的眉、眼、耳、鼻、口及面部肌肉运动来表达情感和传递信息的一种态势语言。美国心理学家艾伯特·梅拉比安在相关研究的基础上提出了这样一个公式：信息的总效果＝7％言词＋38％语调＋55％面部表情。由此可见，面部表情在导游讲解中占据着十分重要的位置。对导游来说，控制自己的面部表情应注意以下四点：

1. 灵敏

导游面部表情的变化要随着讲解内容的需要迅速表现出来，要比较迅速、敏捷地反映内心的情感。面部表情应与口语所表达的情感同时产生并同时结束，表情时间过长或过短、稍前或稍后都不好。

2. 鲜明

表情的鲜明是与敏感联系在一起的，先有敏感的表情，进一步才有鲜明的表情。导游的面部表情要明朗化，即每一细微的表情变化都能让旅游者觉察到。那种似笑非笑、似是而非、模糊不清的表情是不可能给人以美感的。

3. 真实

导游讲解时的面部表情要表现出真情实感，要表里如一，要使旅游者感到你的表情是真诚的、发自内心的，而不是皮笑肉不笑或华而不实、哗众取宠的，任何虚情假意或者做作的姿态都会引起旅游者的反感。

4. 分寸

运用面部表情要把握一定的"度"，做到不温不火，适可而止。以"笑"为例，导游可根据讲解情感的变化，有时表现为"爽朗笑"，有时表现为"莞尔一笑"，有时表现为"微笑"。讲解时的表情，不可用艺术表演的"表情"，否则会有损导游讲解的真实性。

（三）目光语

目光语是通过人与人之间的视线接触来传递信息的一种态势语言。艺术大师达·芬奇说"眼睛是心灵的窗户"，意思是透过人的眼睛，可以看到他的内心情感。导游讲解时，运用目光的方法很多，常用的有以下几种：

1. 目光的联结

导游在讲解时，应用热情而又诚挚的目光看着旅游者。这是加强导游与旅游者关系的重要因素。凡是一直低头或望着毫不相干处，以及翻着眼睛只顾口若悬河的人，是无法与旅游者产生沟通的。但是在用目光与旅游者进行交流时，不能老是盯着一个人，更不能一直盯着对方的眼睛，尤其是异性，否则会引起旅游者的反感或不自在。

2. 目光的移动

导游在讲解某一景物时，首先要用目光把旅游者的目光牵引过去，然后再及时收回目光，并继续投向旅游者。这种方法可使旅游者集中注意力，并使讲解内容与具体景物和谐统一，从而给旅游者留下深刻的印象。

3. 目光的分配

在导游讲解时，目光要注意统摄全部听讲解的旅游者，既可把视线落点放在最后边的旅游者的头部，也可不时环顾周围的旅游者。但切忌只用目光注视面前的一些旅游者，不然就会冷落后边的旅游者，使他们产生被遗弃感。

4. 讲解与视线的统一

在导游讲解传说故事和逸闻趣事时，讲解内容中常常会出现甲、乙两人对话的场景。导游应在说甲的话时把视线略微移向一方，应在说乙的话时把视线略微移向另一方，如此可使旅游者产生一种逼真的临场感，犹如身临其境一般。

（四）姿态语

姿态语是通过端坐、站立、行走的姿态来传递信息的一种态势语言，有坐姿、站姿和走姿3种。

1. 坐姿

导游的坐姿要给旅游者一种温文尔雅的感觉。其基本要领是：上体自然挺直，两腿自然弯曲，双脚平落地上，臀部坐在椅子中央，男导游一般可张开双腿，以显其自信、豁达；女导游一般两膝并拢，以显示其庄重、矜持。坐姿切忌前俯后仰、摇腿跷脚或跷起二郎腿。

2. 站姿

导游的站姿要给旅游者一种谦恭有礼的感觉。其基本要领是：头正目平，面带微笑，肩平挺胸，立腰收腹，两臂自然下垂，两膝并拢或分开与肩平。不要两手叉腰或把手插在裤兜里，更不要有怪异的动作，如抽肩、缩胸、乱摇头、擤鼻子、掐胡子、舔嘴唇、拧领带、不停地摆手等。

3. 走姿

导游的走姿要给旅游者一种轻盈稳健的感觉。其基本要领是：行走时，上身自然挺直，立腰收腹，肩部放松，两臂自然前后摆动，身体的重心随着步伐前移，脚步要从容轻快、干净利落，目光要平稳，可用眼睛的余光（必要时可转身扭头）观察旅游者是否跟上。行走时，不要把手插在裤袋里。如果站立时躬背、缩胸，就会给旅游者留下不好的印象。

（五）手势语

手势语是一种较为复杂的伴随语言，是通过手的挥动及手指动作来传递信息的一种态势语言，包括握手、招手、手指动作等。

1. 握手语

握手是交际双方互伸右手彼此相握以传递信息的手势语，包含在初次见面时表示欢迎、告别时表示欢送、对成功者表示祝贺、对失败者表示理解、对信心不足者表示鼓励、对支持者表示感谢等多种语义。与人握手时，上身应稍微前倾，立正，面带微笑，目视对方；男女之间握手，男方要等女方先伸手后才能握手，如女方不伸手且无握手之意，男士可点头或鞠躬致意；初次见面握手时间不宜过长，以三秒钟为宜，老朋友或关系亲近的人则可以边握手边问候。在一般情况下，握手不必用力，握一下即可。导游在与旅游者初次见面时，可以握手表示欢迎，只握一下即可不必用力。与年龄或身份较高的旅游者握手，导游应身体稍微前倾或向前跨出一小步，双手握住对方的手以示尊重和欢迎。

2. 手指语

手指语是一种较为复杂的伴随语言，是通过手指的各种动作来传递不同信息的手势语。由于文化传统和生活习俗的差异，在不同的国家（地区）、不同的民族中，手指动作的语义也有较大区别，导游在工作中要根据旅游者所在国（地区）和民族的特点选用恰当的手指语，以免引起误会和尴尬。

譬如，竖起大拇指，在世界上许多国家和地区，包括中国都表示"好"，用来称赞对方高明、了不起、干得好，但在有些国家和地区还有另外的意思，如在韩国表示"首领""部长""队长"或"自己的父亲"，在日本表示"最高""男人"或"您的父亲"；伸出食指，在新加坡表示所谈的事最重要，在美国表示"让对方稍等"，而在澳大利亚则是"请再来一杯啤酒"的意思；伸出中指，在墨西哥表示"不满"，在澳大利亚表示"侮辱"，而在美国和新加坡则是"被激怒和极度的不愉快"的意思。因此，在导游服务中，导游要特别注意手指的使用，不能用手指指点旅游者，这在一些国家是很不礼貌的动作。

3. 讲解时的手势

在导游讲解中，手势不仅能强调或解释讲解的内容，还能生动地表达口头语言所无法表达的内容，使导游讲解生动形象，富有感染力，吸引旅游者兴趣，达到良好的讲解效果。导游讲解中的手势有以下 3 种。

知识链接 5 - 2
不同国家手势语区别

（1）情意手势

情意手势是用来表达导游讲解情感的一种手势。譬如，在讲到"我们中华民族伟大复兴的中国梦一定能够实现"时，导游用握拳的手有力地挥动一下，既可渲染气氛，也可有助于情感的表达。

（2）指示手势

指示手势是用来指示具体对象的一种手势。譬如，导游讲到黄鹤楼一楼楹联"爽气西来，云雾扫开天地憾；大江东去，波涛洗尽古今愁"时，或讲到孔府大门对联"与国咸休，安富尊荣公府第；同天并老，文章道德圣人家"时，可用指示手势一字一字地加以说明。

（3）象形手势

象形手势是用来模拟物体或景物形状的一种手势。譬如，当讲到"有这么大的鱼"时，可用两手食指比一比；当讲到"五公斤重的西瓜"时，可用手比成一个球形。导游讲解时，在什么情况下用何手势，应视讲解的内容而定。在手势的运用上必须注意：一要简洁易懂；二要协调合拍；三要富有变化；四要节制使用；五要避免使用旅游者忌讳的手势。

案例分析 5 - 1

沿途讲解——景德镇

旅游团从机场乘车到下榻饭店的途中，导游小郭致欢迎辞，介绍景德镇概况和沿途风光。景德镇位于江西省东北部，因其得天独厚的地理条件、丰富的矿产资源和历代优秀的制瓷技艺而享誉世界，被称为"瓷都"。2023 年 10 月 11 日，习近平总书记来到景德镇考察调研，提出要实现陶瓷文化保护与文旅产业发展的良性互动，把"千年瓷都"这张靓丽的名片擦得更亮。御窑厂、陶阳里历史文化街区、陶溪川等成了旅游者热衷的网红打卡点，等会途中您都会欣赏

案例解析

到。在车上讲解时，小郭手拿麦克风，面对旅游者站立，保持上身挺直。每次讲到车外沿途风光时，总能及时地用手势去指引旅游者，每每涉及景德镇的发展变化时，总会伴以微笑，展示出作为景德镇人的骄傲。位于车厢中后方的旅游者却纷纷抗议，说小郭只讲给前面的旅游者听，感受不到小郭对他们的热情。小郭意识到，自己的目光总是停留在前面旅游者的身上，难怪中后方的旅游者会不满意。

思考：1. 小郭在赴饭店途中，使用的哪些态势语言值得我们学习？
　　　2. 小郭在运用导游语言讲解过程中，应注意哪些问题？

第二节　导游词创作技巧

一、导游词的构成

导游词是导游讲解时使用的职业语言，它有引导旅游者鉴赏，传播文化知识，陶冶旅游者情操，交流思想，增进感情的作用。导游与书面导游词的关系就如同演员与剧本的关系，一个优秀的导游会依据导游词提供的内容，面对形形色色的旅游者，对导游词灵活地进行二次加工，创造出具有针对性、个性化强，有强烈吸引力的口语导游词。一篇完整的导游词一般由开场语、整体介绍、重点讲解、结束语 4 个部分构成。

（一）开场语

开场语放在导游词的前面，即游览前导游致的"欢迎辞"及游览注意事项等，主要内容包含问候、介绍和必须交代的注意事项。致欢迎辞要视旅游团的性质及旅游者的职业、年龄、文化水平等灵活变换，切忌千篇一律。

（二）整体介绍

导游首先用精练的语句对要参观的旅游目的地做概述性的整体介绍，帮助旅游者对景物形成大致的了解，激发其游览兴趣；然后介绍游览行进路线和时间安排，以方便旅游者跟紧团队，并合理调配体力，确保游兴不减。

（三）重点讲解

重点讲解即对主要游览内容的详细讲述，是每篇导游词中最重要和最精彩的部分。

每个旅游目的地都是由诸多景观组成的，由于旅游者情况不同和时间限制等因素的制约，游览讲解不可能面面俱到，这就要求导游在遵循常规重点游览的基础上，充分考虑旅游者的旅游动机和文化层次，根据旅游者兴趣和特点，把握讲解主次，合理取舍，对有代表性的景点、景物进行详细的介绍。

（四）结束语

结束语即游览结束后导游致的"欢送辞"，是一篇导游词的"点睛"之笔。旅游活动接近尾声时，导游在送行服务中向旅游者致欢送辞，以表达惜别和感谢之情。结束语内容通常包括总结、回顾、表达感谢和美好的祝愿，让旅游者产生意犹未尽之感。

二、导游词的分类

导游词的分类方法有很多，主要有以下 3 种。

（一）根据旅游资源属性分类

根据旅游资源属性，可将导游词分为自然景观导游词、人文景观导游词。自然景观导游词又可分为山地类景观、水体类景观、生物类景观、气候气象类景观等类型的导游词，多采用描写、比喻、拟人等修辞方法。人文景观导游词又可分为古代建筑、宗教文化、古典园林、城市风光、主题公园、博物馆、民风民俗、土特名产等类型的导游词，多采用严谨的笔法和准确的语言来表现。

（二）根据使用的区域和写作风格分类

按使用的区域和写作风格，可将导游词分为书面导游词、现场口语导游词等。书面导游词一般是根据实际的游览景观，遵照一定的游览线路、模拟游览活动而创作的，它是口语导游词的基础与脚本。导游掌握了书面导游词的基本内容，根据旅游者的实际情况，再加以临场发挥，即成为口语导游词。

（三）根据功能的不同分类

根据功能的不同，导游词可分为带团型导游词、竞赛型导游词。带团型导游词是导游在实际带团过程中所使用的导游词，实用性、随意性较强。竞赛型导游词则要求选手在规定的时间内完成某个游览对象的讲解，表演性、演讲性较强。此外，导游词按旅游特色分类，可分为历史文化导游词、民俗文化导游词、物产文化导游词、陶瓷文化导游词等。

三、不同类型导游词的创作技巧与举例

导游词是导游引导旅游者参观游览的讲解词。导游词根据不同的分类标准可划分为多种类型，而不同类型的导游词在创作时需运用不同的技巧和方法，下面重点介绍红色、古色、绿色旅游导游词的创作原则、方法与举例。

（一）红色旅游导游词的创作技巧与举例

1. 红色旅游导游词创作原则

红色旅游是把红色人文景观和绿色自然景观结合起来，把革命传统教育与促进旅游产业发展结合起来的一种新型的主题旅游形式。导游词创作要做到正确、清晰、生动、通俗，才能给旅游者留下经久难忘的印象。红色旅游导游词与传统旅游导游词不同，它的创作要求主要有 4 点，即政治正确、内容真实、思路清晰和方法灵活。

（1）政治正确

作为爱国主义教育的一种方式，红色旅游具有与生俱来的政治性。红色旅游寓教于游，担负着弘扬和培育民族精神的使命。它的宣传教育功能要求导游词既要与景区的红色历史、文化精神相吻合，延续传统，传承精神，又要与时俱进，创新教育方式。

（2）内容真实

红色旅游导游词提及的内容主要是中共党史、新中国史、改革开放史和社会主义发展史，所以讲解内容必须符合史实，有据可查，不能妄加推测和杜撰。内容涉及的数据资料要有根据、出处。红色旅游的导游讲解也不能哗众取宠，掺杂低级趣味的内容。红色旅游导游词创作要在广泛收集材料的基础上，经过认真阅读、分析、比较，筛选出优秀的、科学的、最能反映红色精神的、富有艺术性的精华，去掉荒诞的、迷信的、毫无意义的糟粕。

（3）思路清晰

同一个红色旅游景点的导游词可能会涉及不同时期的革命历史和众多的英雄人物，如果没有明确的讲解思路，旅游者很难跟随导游的脚步充分理解导游词蕴含的深意。所以，红色旅游导游词应当层次分明，逻辑有序，同时符合由远及近、由外到内、由低到高、由宏观到微观的规律，才能给旅游者留下深刻印象。

（4）方法灵活

方法灵活主要是指根据旅游者的差异（年龄、人数、时间和旅游目的）对红色旅游导游词进行灵活讲解。比如，针对小学生的导游讲解可以以小见大，将革命故事贴近生活；针对中老年旅游者的讲解要饱含深情，因为他们对红色文化一直怀有一种特别的感情和崇高的敬意。讲解的灵活性还表现在对纪念馆和景点的讲解应该有所区别。针对纪念馆的导游讲解，主要是对实物和图片的讲解，要特别注重历史事件的准确性和严肃性，而对景区景点的解说偏重于现场讲解，同时可以借助景区 VR 设备和技术让旅游者沉浸式体验不同的历史场景，关键在于情景再现和深度体验。

2. 红色旅游导游词创作方法

（1）确定主题

导游词的主题是导游要表达的中心思想，是导游词的灵魂和核心。它体现了导游创作的主要意图，反映了导游对旅游吸引物的历史文化价值、艺术欣赏价值和科学研究价值的基本认识、理解和评价。通过对一篇红色导游词的讲解，导游要向旅游者表达明确的思想、意图，激发旅游者的情感、认识和评价，感受红色文化、传承红色精神，从而达到启发教育的目的。比如，重庆歌乐山烈士陵园导游词的主题是通过引导旅游者参观重庆歌乐山烈士陵园中白公馆、渣滓洞等旧址和实物，缅怀革命烈士，学习红岩英烈宁死不屈、视死如归的高尚情怀和为革命事业勇于献身的精神，珍惜今天来之不易的幸福和平生活。

（2）突出重点

导游词是一种特殊的应用文体，要求语言优美，朗朗上口，听着顺耳，有现场感，能结合实地景物进行讲解，最重要的是要让旅游者获得对旅游吸引物的鲜明印象，以激发情感。红色旅游导游词如何来突出重点呢？下面以重庆歌乐山烈士陵园导游词为例来进行分析。重庆歌乐山烈士陵园的导游讲解主要体现的是红岩精神，重庆歌乐山烈士陵园牺牲的烈士有多名，在讲解中不可能一一展开，导游要抓住旅游者所熟知的小说《红岩》中所提及的烈士原型重点讲解，如江姐、小萝卜头是旅游者最为熟悉和最具情感冲击力的人物，可作为重点讲解，双枪老太婆、许云峰、疯老头等人物可作为次重点，其他人物作一般性讲解。导游可以结合现场游览线路和实物展示，根据小说中的故事情节围绕重点人物来展开讲解，这样就能重点突出，层次分明，线路清楚，布局合理。

案例分析 5-2

井冈山导游词

各位团友们：

大家好！热诚欢迎各位来到"中国革命的摇篮"，被朱德誉为"天下第一山"的井冈山风景名胜区。很高兴与您相识在这里，我是您此次井冈山之行的导游，下面就由我带领大家一起走进井冈山，体验蓝天白云满目青葱色，重温红色记忆烽火岁月天。

······ ······

知识链接 5-3
红井

大家知道，井冈山的名字是怎么来的吗？传说在清朝初年，有位姓蓝名字希的人，为避战乱，迁徙到五指峰下一块小平地安家立寨。由于这里四面环山，地形好像一口井；村前有一条小溪流过，客家人称溪为"江"，遂称此地为"井江"。因村庄依山向江建造，这村子也就叫作"井江山村"。后因客家人口音"江"与"岗"谐音，又把这

个村子称为"井岗山村",后渐渐演化成现在的名字。

著名文学家郭沫若畅游井冈山后,感慨万千,写下了"井冈山下后,万岭不思游"的赞美诗句。井冈山现为国家 5A 级旅游景区、国家重点风景名胜区、国家全域旅游示范区、中国旅游胜地四十佳、中国优秀旅游城市、全国爱国主义教育基地。大家知道井冈山为何有如此大的魅力,获得这么多的赞誉吗?那需要从井冈山的"三色"之美说起。

"井冈山之美,美在红色",井冈山被誉为"中国最红的山"。

1927 年秋,毛泽东、朱德等老一辈无产阶级革命家率领革命队伍来到井冈山,拉开了马克思列宁主义同中国具体革命实践相结合的历史开端,展开了艰苦卓绝的井冈山斗争,创建了中国第一个农村革命根据地,点燃了中国革命的星星之火,开辟了"农村包围城市,武装夺取政权"具有中国特色的正确革命道路,中国革命从这里走向胜利,从此井冈山以"中国革命的摇篮"而享誉海内外,这座鲜为人知的大山也因此载入中国革命历史光荣史册。井冈山是革命的山、战乱的山,也是英雄的山、光荣的山,更是一座中国共产党人心目中的"圣山"。

…… ……

井冈山以其深邃的红色文化底蕴,成为人们心中的"精神家园"。这是一座革命文物的宝库,被誉为"没有围墙的革命历史博物馆"。在这片神奇的土地上,100 多处革命旧址遗迹散落其间,其中全国重点文物保护单位就有 26 处。

案例解析

思考:

请从红色导游词创作原则、技巧、语言运用等方面评析这则案例。

(二) 古色旅游导游词的创作技巧与举例

1. 古色旅游导游词创作原则

(1) 正确性

正确性是指古色旅游导游词的内容必须准确无误,没有知识性错误,以客观事实为依据,准确地反映客观实际,令人信服。一篇优秀的古色旅游导游词必须有丰富的内容,融入各类专业知识,旁征博引,融会贯通,引人入胜。

(2) 历史性

历史性是指古色旅游导游词创作时要注重突出历史文化底蕴,让旅游者感受到景点的古色古香和浓厚的文化氛围。这样不仅可以凸显景区景点的历史文化特色,还可以弘扬中华优秀传统文化。此外,在创作时,将自然风光与人文历史结合起来,使导游词讲解与旅游者心灵深处美的感悟发生共鸣,能让旅游者领略到景区得天独厚的自然风光和深厚的文化底蕴。

（3）吸引性

古色旅游导游词要能够吸引旅游者兴趣，让人游有所得、游有所感，还必须注意提高品位。一要强调思想品位，因为弘扬爱国主义精神是导游义不容辞的职责；二要讲究文学品位，导游词应语言规范，文字准确，结构严谨，内容层次符合逻辑。

（4）启发性

启发性是指古色旅游导游词能让旅游者有所思、有所悟，能传递文化知识，促使旅游者积极主动去探索、学习知识，能拓宽旅游者视野，增强审美意识和能力。旅游者通过参与旅游活动，能够丰富阅历，增长智慧，获取知识，涵养德行，陶冶情操，砥砺品格，树立正确导向，满足自己的精神需要。

2. 古色旅游导游词创作方法

（1）确定主题

主题是作者在文章中表达的中心思想。它体现了作者创作的主要意图，表现了作者对文章中所反映的客观事物的基本认识、理解和评价。古色旅游导游词创作也要重视主题的确立和提炼。通过一篇古色旅游导游词的讲解，导游要向旅游者表达明确的思想、意图，要激发旅游者的情感、认识和评价，从而达到启发教育的目的。比如，导游带领旅游者游览瑶里古镇，在介绍古色古香的建筑时，融入中国传统建筑理念，让旅游者感受蕴含其中的美学价值，感悟历史文化和自然、人文的融合，从而激发旅游者思考。

（2）注重内涵

古色旅游导游词的内容不能只满足于一般性介绍，写成"流水账"，而要注重深层次的内容，挖掘文化内涵。导游可以通过诗词点缀、名家评论，甚至自己的感受，自己及他人的评论等来提高导游词的水准。古色旅游导游词还要不断创新，结合当下的时事、旅游业动态社会热点等，与时俱进，符合时代气息，同时带给旅游者一种新颖的思考，这样才有助于提高导游服务质量。

案例分析 5－3

滕王阁导游词

滕王阁始建于唐永徽四年（653 年），是古代江南唯一的皇家园林，为唐太宗之弟滕王李元婴任洪州都督时所建，故名"滕王阁"，因初唐诗人王勃所作《滕王阁序》而名扬天下，名贯古今。韩愈曾赞道："江南多临观之美，而滕王阁独为第一，有瑰伟绝特之称。"故又素享"西江第一楼"之美誉。江西南昌滕王阁坐落于赣江与抚河的交汇处，是国家 5A 级旅游景区，与湖北黄鹤楼、湖南岳阳楼并称为"江南三大名楼"。

滕王阁历史悠久，距今已有 1300 多年的历史，经过了战争、自然灾害与火灾，兴废次数达到了 28 次之多，这在我国历史上是极为罕见的。滕王阁的第一次重修是在唐上元二年（675 年），洪州都督阎伯屿见滕王阁呈衰败之势，便于当年重修此阁，重阳节盛会上王勃写就《秋日登洪府滕王阁饯别序》，使这座楼阁盛千载而不衰。其后，宋大观二年（1108 年），滕王阁因年久失修而塌毁，知府范坦重建，比唐阁范围扩大，并在主阁的南北增建"压江""挹翠"二亭，逐渐形成以阁为主体的建筑群，华丽堂皇之形貌，宏伟壮观之气势，被誉为"历代滕王阁之冠"。最初，滕王李元婴把它用于观赏歌舞，作为娱乐用途，之后这里又成为南昌接官洗尘、饯别送行的一处场所。历代的滕王阁及其附属建筑，基本上是官建官管官用。所以，这座文化大殿堂，在历史上曾是游观、雅集、歌宴、拜诏、迎送、祭祀之地。明代开国皇帝朱元璋也曾设宴阁上，命诸臣、文人赋诗填词，观看灯火。明代景泰年间（1450～1457 年），巡抚都御史韩雍重修滕王阁，并把名字改为"西江第一楼"。

1926 年 10 月，北伐军兵临南昌城下，守城的北洋军唯恐城外建筑居高临下为北伐军所用，将煤油用消防枪喷射至城外民房商埠，城外街巷一片火海，烈焰三日不息。滕王阁被焚毁，仅存"滕王阁"青石匾一块。抗战时期，滕王阁旧址成为日军养马场，古阁之迹荡然无存。1942 年，古建筑大师梁思成先生偕同其弟子莫宗江根据"天籁阁"旧藏宋画，绘

案例解析

制了八幅《重建滕王阁计划草图》。1989 年的九九重阳节，在梁思成的弟子、滕王阁重建总工程师陈星文先生的指导下，别具唐风宋韵的第 29 代滕王阁终于落成并对外开放。滕王阁不仅给古城南昌增色添辉，也以其特有的魅力，吸引着中外游人。滕王阁是南昌的骄傲，是豫章古文明的象征，真乃中华民族文化遗产之瑰宝。

思考：

请从古色旅游导游词创作原则、技巧、语言运用等方面评析这则案例。

（三）绿色旅游导游词的创作技巧与举例

1. 绿色旅游导游词创作原则

（1）准确性

一篇优秀的绿色旅游导游词，必须内容丰富、准确无误，自然景观要探讨其成因，人文景观要追寻其文化内涵。绿色旅游导游词将各类知识融入其中，旁征博引，才能够令人信服、引人入胜，特别是科普知识，更不能胡编乱造、信口开河。

（2）生态性

绿色旅游的定义有广义和狭义之分。广义的绿色旅游是指具有亲近环境或环保特征的各类旅游产品及服务。狭义的绿色旅游是指以保护环境、保护生态平衡为前提的

远离喧嚣与污染，亲近大自然，并能获得健康精神情趣的一种时尚旅游。绿色旅游导游词在创作过程中要重点体现人与自然和谐共生、保护生态环境、可持续发展的理念和思想，从而使旅游者在聆听导游讲解的过程中，自觉认识自然、保护自然，进而在整个旅游过程的各个环节，让旅游者努力做到保护环境、节约能源，降低污染，成为践行绿色旅游的"主角"。

（3）审美性

导游词创作是作者对景物的历史文化价值、美学价值及其旅游价值等方面的挖掘和整理，需要具备生动性、知识性和审美性的特点。绿色旅游导游词是导游在引导旅游者游览观光时的讲解词，不仅要求层次分明，结构严谨，而且要求语言生动形象，用词丰富多变。

（4）针对性

绿色旅游导游词不是以一代百、千篇一律的。导游应从实际出发，因人、因时而异，具有针对性，有的放矢，即根据不同的旅游者及当时的情绪和周围的环境进行导游讲解，切忌出现不顾旅游者千差万别、导游词仅有一篇的现象。绿色旅游导游词创作一般应有假设对象，这样才能有针对性。例如，同一座庐山，春夏秋冬各有风采，春山如梦，夏山如滴，秋山如醉，冬山如玉。

2. 绿色旅游导游词创作方法

（1）突出趣味，激发兴趣

绿色旅游导游词要有趣味性，才能激发旅游者的兴趣，应注意以下 4 个方面的问题。一是编织故事情节。讲解一个景点，要不失时机地穿插趣味盎然的民间传说和历史故事，以激起旅游者的兴趣和好奇心。二是语言生动形象。生动是导游语言艺术性和趣味性的具体体现。导游的语言应鲜明生动，言之有神、言之有趣，切忌平铺直叙、毫无生气的讲解方式。三是运用修辞手法。绿色旅游导游词中，表达方式要多样，不仅适用叙述、议论、抒情、说明等方法，还要恰当地运用比喻、比拟、夸张、象征、借代等修辞手法，多种修辞手法的运用会使导游语言具有美感，有声有色，更能激发旅游者的兴趣，使旅游者沉浸陶醉。四是表达幽默风趣。幽默风趣是导游词艺术性的重要体现，是对导游词的锦上添花，可使听者欢笑，轻松愉快，也能活跃气氛，增强游兴。

（2）重点突出，明确主题

每个景区的景点都有其代表性的景观，每个景观又都从不同角度反映出它的特色内容。绿色旅游导游词也应在照顾全面的情况下突出重点。面面俱到、没有重点的导游词是不成功的。在创作导游词时，应有一条主线贯穿整个讲解过程，这样才能给旅游者一个鲜明的印象，并牢牢抓住旅游者的心，使他们从游览活动中获得知识并留下美好、深刻的记忆。

（3）重视品位，雅俗共赏

创作绿色旅游导游词，应重视提高品位。一要强调思想品位，健康向上。切忌为了迎合某些客人的口味而使导游词低级、庸俗，弘扬爱国主义精神，传承中华优秀传统文化是导游义不容辞的责任。二是要讲究文学品位，高雅脱俗。三要体现"玩"的品位，雅俗共赏。因此导游在创作绿色旅游导游词时要层层深入，寓教于乐，在"玩"中传播知识与文化，引导旅游者做文明旅游的践行者和保护自然的行动者。

案例分析 5-4

张家界国家森林公园导游词

各位团友们：

欢迎来到中国第一个国家森林公园——张家界参观游览。张家界国家森林公园位于湖南省西北部，距省会长沙约 400 公里，面积达 130 平方公里。张家界有"峰三千，水八百"之誉。数千座石峰拔地而起，淙淙溪水蜿蜒曲折，林木花卉漫山遍野。张家界的风光山色具有秀丽、原始、集中、奇特、清新 5 个特点，堪称"五绝"，而且公园中"五步一个景，十步一重天"。据地质学家考证，2 亿多年前，地球的造山运动形成了张家界壮观的红砂岩峰林和峡谷地貌，造就了世界罕见的"大自然迷宫"。张家界国家森林公园美在原始，美在神奇，美在天然，正以妩媚的姿态，笑迎四海来客！

张家界还是一座神奇的"森林王国"和"植物王国"。据专家考证，张家界有木本植物 93 科、517 种，比欧洲所有的树种多出一倍以上，其中就有被列入《中国珍稀濒危保护植物名录》的一级保护树种——珙桐，专家称其为"植物活化石"。张家界的木材蓄积量已达 30 多万立方米，并逐年增加，还生长着数十种花卉和名贵中药材。张家界的动物资源同样丰富，计有兽类 27 种，尤以野生猴群居多，常与游人嬉戏，妙趣横生；鸟类 13 科、41 种。漫游张家界可见到奇山异树，听到猿啼鸟语，仿佛陶醉在仙境之中。

张家界国家森林公园可划分为黄石寨、琵琶溪、金鞭溪、鹞子寨、畬刀沟、袁家界等六个小景区。黄石寨是张家界国家森林公园境内最著名的景区，素有"不到黄石寨，枉到张家界"之说。相传张良师父黄石公曾到这里炼丹，黄石寨因此而得名。其位于张家界国家森林公园中部，为一巨大方山台地，海拔 1080 米，寨顶面积 16.5 公顷，堪称武陵源最美的观景台。登上这座天然的大观景台，放眼望去，数不清的石峰石柱，嶙峋挺拔，争露头角，密集广布，形成浩瀚的峰林，使人胸怀顿畅，欢乐不已。若遇云海连绵，群峰白纱披肩，峥嵘时隐时现，虚无缥缈，瞬息万变。景区内主要景点有 20 余处，如天书宝匣、南天一柱、天然壁画、摘星台、黑枞垴、天桥遗墩、鸳鸯泉等。

这就是迷人的张家界，它吸引了成千上万的中外旅游者来此旅游，以体验回归大自然、返璞归真的清新感觉。下面我将带领大家——游览。

思考：

请从绿色旅游导游词创作原则、技巧、语言运用等方面评析这则案例。

案例解析

第三节　导游讲解服务技巧

一、导游讲解设备简介

（一）　无线触式讲解设备

无线触式讲解设备主要是基于无线信号触发而使设备发音进行讲解，使用较方便，适用于场地面积较大的空间进行装配。无线触式讲解设备实物如图 5-1 所示。目前无线触发技术主要有两种：一种是红外线触发式，另一种为 RFID 触式，即射频触发式。该类型产品操作较为方便，但受空间环境的影响较大，如果相邻信号发射装置距离过近，就可能产生相互干扰，不利于单个展品或间距较近两处的讲解。另外此类型产品需要安装发射装置，所有的讲解内容需要发射装置提供信号源，才能触发接收端的设备，如果其中某一个环节或某一处发射端出现故障将无法提供信号源，此处的讲解内

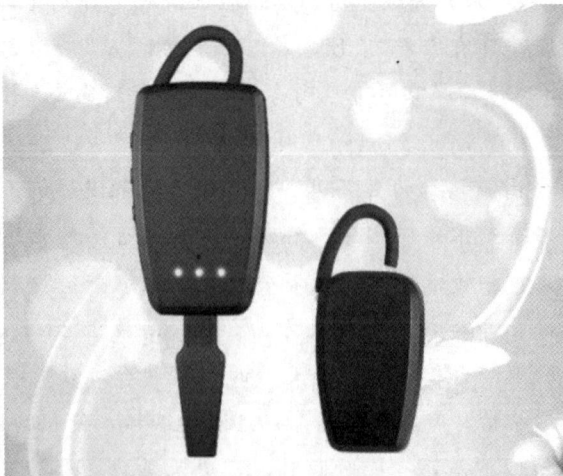

图 5-1　无线触式讲解设备

容也将无法被调用。如果参观观众较多时，信号源无法进入有效范围，也不能触发接收端设备。旅游者的参观线路需要提前设定，手持接收端的旅游者需要按照指定的参观路线进行收听，但收听时间无法自主控制，如讲解内容为 3 分钟，旅游者参观 1 分钟后进入下一区域将自动触发下一个讲解，而无法完整地收听完上一个讲解内容。此类型产品的优点在于不需要进行复杂操作，可按流程进行自动讲解，多适用于导游接待散客时讲解使用。

（二）数字点播式讲解设备

数字点播式讲解设备目前已基本被博物馆认同。数字点播式讲解设备实物如图 5 - 2 所示。数字点播式讲解设备优势在于不受时间、空间和地理的限制，可以自由地点播讲解内容，同时具备快进、快退、上一段、下一段、选段播放的功能。参观者既可以按照参观路线进行下一段式的切换，也可以根据喜好选择感兴趣的内容进行收听，满足旅游者个性化需求，且操作简单易上手。此类型产品的不足在于需要自行操作按键和需要相应的标识牌或导览图。

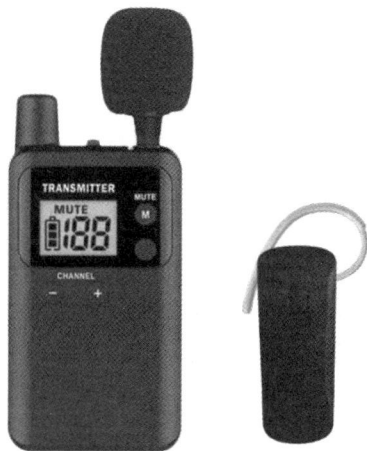

图 5 - 2　数字点播式讲解设备

（三）无线团队讲解设备

无线团队讲解设备主要在开放式景区或博物馆专职导游讲解时配用，一般情况无线团队讲解设备适用于多人团队，由导游带领参观，并由专职导游进行人工讲解。其优点在于减少了场馆内噪声，灵活方便，不受人群范围限制，每一位参观者都能清晰地收听到导游的同步讲解，符合现代场馆主流的无噪声团队讲解需要。但其缺点在于成本相对较高，操作时需每位参观者配备接收端，多适用于导游在接待组团旅游者时使用。

二、导游讲解方法

导游讲解方法和技巧是导游艺术的重要组成部分，为了将旅游者吸引在自己周围，导游必须掌握讲解的技巧、方法。下面选取 8 种常用的导游讲解方法进行介绍。

（一）分段讲解法

分段讲解法是指将那些规模较大、内容较丰富的景点分为前后衔接的若干部分来逐段进行讲解的导游方法。一般来说，在智慧旅游时代，导游可在前往景点的途中或在景点入口处的示意图前让旅游者事先关注景区公众号，观看 VR 实景讲解，然后导游自己简要介绍景点概况，包括历史沿革、占地面积、主要景观名称、观赏价值等，使旅游者对即将游览的景点有个初步印象，达到"见树先见林"的效果。接着导游带团到景点顺次游览，并进行导游讲解，在讲解这一部分的景物时注意不要过多涉及下一部分的景物，但要在快结束这一部分的游览时适当地讲一点下一部分的内容，引起旅游者对下一部分的兴趣，并使导游讲解环环相扣、景景相连。

例如，旅游团游览颐和园一般由东宫门进，从北如意门出，所以通常分三段进行导游讲解，即以仁寿殿为中心的政治活动区、慈禧太后的寝宫乐寿堂和戊戌变法失败后的"天子监狱"玉澜堂为中心的帝后生活区，以及昆明湖和前山（长廊、排云殿至佛香阁的中轴线和石舫）等游览区。旅游者边欣赏沿途美景边听导游有声有色、层次分明、环环相扣的讲解，定会心旷神怡，获得美的享受。

（二）突出重点法

突出重点法就是在导游讲解时避免面面俱到，而是突出某一方面的讲解方法。一处景点要讲解的内容很多，导游必须根据不同的时空条件和对象区别对待，有的放矢地做到轻重搭配，重点突出，详略得当，疏密有致。在智慧旅游时代，导游在讲解时要善于借助智慧旅游平台来分析旅游者的需求，根据分析结果来制定个性化的服务项目，选择旅游者感兴趣的内容重点讲解。导游讲解时一般要突出以下4个方面：

1. 突出大景点中具有代表性的景观

游览规模较大的景点时，导游必须做好周密的计划，明确要重点介绍的景观，这些景观既要有自己的特征，又能体现全貌。到现场游览时，导游主要讲解这些具有代表性的景观。如去天坛游览，导游讲解的重点是祈年殿和圜丘坛（包括皇穹宇）这两组建筑，因为它们是天坛最有代表性的景观。

2. 突出景点的特征及与众不同之处

旅游者来到目的地旅游，要参观游览的景点很多，其中不乏一些与其他地方类似的景点。导游在讲解时必须讲清这些景点的特征及与众不同之处，尤其在同一次旅游活动中参观多处类似景观时，更要突出其特征。如讲解江西名山龙虎山时，就必须着重介绍其"道教文化、碧水丹山、春秋崖墓"三大特色；介绍井冈山时，应强调"红色圣地，绿色家园"；介绍三清山时，就应突出其"东险西奇，北秀南绝"。

3. 突出旅游者感兴趣的内容

旅游者的兴趣爱好各不相同，但从事同一职业的人、文化层次相同的人往往有共同的爱好。导游在研究旅游团的资料时要注意旅游者的职业和文化层次，以便在游览时重点讲解旅游团内大多数成员感兴趣的内容。譬如，在游览故宫时，如旅游者对中国古代建筑感兴趣，导游应重点介绍故宫的建筑物及其特征、建筑布局和建筑艺术，并将中国古代宫殿建筑与民间建筑乃至西方国家的宫殿建筑进行比较；如旅游者对中国历史尤其是明、清时期的历史感兴趣，导游应重点讲解故宫的历史沿革和在故宫发生的重大事件，使旅游者从对故宫的介绍中加深对明、清时期历史的了解。

4. 突出"……之最"

面对某一景点，导游可根据实际情况，介绍这是世界或中国最大（最长、最古老、最高，甚至可以说是最小）的……因为这也是在介绍该景点的特征，颇能引起旅游者的兴致。譬如，三峡工程是世界上施工期最长、建筑规模最大的水利工程；北京故宫是世界上规模最大的宫殿建筑群；长城是世界上最伟大的古代人类建筑工程。

知识链接5-4
20个中国之最

（三）虚实结合法

虚实结合法就是导游讲解中将典故、传说与景物介绍有机结合，即编织故事情节的讲解方法。就是说，导游讲解要故事化，以求产生艺术感染力，使现场气氛轻松愉快。导游平淡地就事论事，不但枯燥无味，也不可能产生艺术感染力，如果借助景区智慧设备，将景观和相关的传说、故事结合起来，让旅游者身临其境，可使导游讲解情景交融、引人入胜。

虚实结合法中的"实"是指景观的实体、实物、史实、艺术价值等，而"虚"则指与景观有关的民间传说、神话故事、典故、趣闻逸事等。虚实必须有机结合，以"实"为主，"虚"为"实"服务，以"虚"烘托情节，以"虚"加深"实"的存在，努力将无情的景物变成有情的导游讲解。在中国，几乎每一个景点都有一段美丽的传说，如三峡风光中有"神女峰"的故事，九寨沟有动人的爱情佳话，杭州西湖有"西湖明珠自天降，龙飞凤舞到钱塘"的美丽传说等。

（四）触景生情法

触景生情法就是见物生情、借题发挥的导游讲解方法。这种方法有两层含义：其一是在导游讲解时，导游不能就事论事地介绍景物，而要借题发挥，利用所见景物制造意境，引人入胜，使旅游者产生联想，从而领略其中之妙趣。其二是导游讲解的内容要与所见的景物和谐统一，使其情景交融，让旅游者感到景中有情、情中有景，通过讲解使旅游者浮想联翩，尽享旅途之妙趣。

知识链接5-5
善于讲故事的
女导游

比如，步入武汉东湖风景区听涛区，旅游者可以看到有"活化石"之称的珍贵植物——水杉。导游在介绍水杉的发现过程和科学价值后，向旅游者特别说明："为纪念水杉这一古老树种在湖北的首次发现，并以其刚毅坚强、耿直不阿的特征来象征英雄的武汉人民，水杉被定为武汉市的市树。"然后导游进一步发挥："那么，武汉市的市花又是什么呢？那便是不畏寒威、独步早春的梅花，它象征着武汉人民的刚强意志和高贵品质。"最后，导游还可向旅游者讲解李白的著名诗句——"黄鹤楼中吹玉笛，江城五月落梅花"。

（五）问答法

问答法主要包括自问自答法、我问客答法、客问我答法、客问客答法等4种。

1. 自问自答法

为了减少导游平铺直叙讲解的枯燥性，活跃讲解的气氛，在讲解中，导游可穿插着提出问题，并适当停顿让旅游者思考，但并不期待他们回答，只是为了吸引他们的注意力，促使他们思考，激起兴趣，然后导游自己做简洁明了的回答或生动形象的介绍，以给旅游者留下深刻的印象。

比如，带领旅游者参观长城时，导游可以说："女士们、先生们，我们现在已经来到了长城脚下，稍后我们便去爬长城。现在请允许我向大家提三个问题：第一，中国的长城是何时开始修建的？第二，中国的长城到底有多长？第三，为什么中国的长城在世界上这么有名气？"问题一提出，旅游者定会思考一阵，这时导游再进行详细回答，运用的便是自问自答法。

2. 我问客答法

运用我问客答法时，导游一定要根据旅游者的文化层次和表现出的兴趣恰当地提出问题，而不要出难题为难旅游者，更不要强迫他们回答，以免使旅游者感到尴尬，影响游览气氛。此外，无论旅游者回答的水平如何，是对还是错，导游都不应打断，更不能笑话，而要给予鼓励，最后由导游解答。在智慧旅游时代，导游提问时，可通过将问题发送至微信群，设置抢答正确获取小礼品的方式，激发旅游者兴趣和参与度，让其回答问题。

3. 客问我答法

为调动旅游者的积极性和想象力，导游应欢迎他们提出问题。旅游者提出问题，证明他们对某一事物产生了兴趣，进入了审美角色。对旅游者提出的问题，导游绝不能置若罔闻，即使是幼稚可笑的，也千万不要笑话他们，更不能表现出不耐烦，而是要善于有选择地将回答和讲解有机结合起来。不过，对旅游者的提问，导游也不能在讲解中就他们的问题全部做出回答，一般只回答一些与景点有关的问题，至于与景点无关的其他问题可约定时间再进行解释，注意不要让旅游者的提问干扰了导游的讲解。在长期的导游实践中，导游要学会认真倾听旅游者的提问，善于思考，掌握旅游者提问的一般规律，并总结出一套"客问我答"的导游技巧，以随时满足旅游者的好奇心。

4. 客问客答法

客问客答法是问答法中运用难度最大的，导游如果使用得当不仅能调动旅游者的积极性，而且能活跃旅游团队的气氛，加强导游与旅游者及旅游者与旅游者之间的关系。客问客答法一般是在导游使用上文"三法"中产生的。

当旅游者向导游提出问题后，导游不马上给予解答，而是故意让旅游者来回答。这时应当注意的是导游要有意让旅游团中积极活跃的旅游者及稍有名气的"群头"来回答。这样做的好处是这些旅游者如果回答正确，心中自然高兴；如果回答不对，当导游讲出正确答案时，这些旅游者也会一笑了之。要知道只有在这时得到的知识，才能像烙印一般在脑海中久久难忘。同时，导游运用客问客答法的时间、地点和团队气氛要把握好，否则会适得其反。一般当旅游者玩得高兴时，或者对某些问题颇感兴趣时，此法的效果会更好；而当旅游者处于疲倦和无聊时，对回答问题之类不感兴趣，此时不应使用此法。

（六）制造悬念法

制造悬念法指导游在讲解时提出令人感兴趣的话题，但故意引而不发，给旅游者留下问号，让他们去思索、去琢磨、去判断，最后才讲出结果的方法，俗称"吊胃口""卖关子"。这种"先藏后露、欲扬先抑、引而不发"的手法，一旦"发（讲）"出来，会给旅游者留下特别深刻的印象。比如，导游带领旅游者游览龙虎山旅游景区，在介绍散布在丹岩洞穴中的龙虎山崖墓共有 220 多处，其数量之多、位置之险要、文物之丰富、保存之完好，堪称中国之最，世界一绝之后，可设置悬念："这些崖墓离水面有10～60 米，团友们，你们知道这里面的棺木是如何安放进去的呢？这里面所葬的古越族人从何而来，又去往了何处呢？古越族中究竟是什么人能享受这种崖葬待遇呢？"待旅游者产生兴趣，发表看法和意见后，导游再说："等我们游览完后，再来揭晓答案。"

设置悬念是导游讲解的重要手法，在活跃气氛、制造意境、提高旅游者游兴、强化导游讲解效果诸方面往往能起到重要作用。此外，采用悬念法还有助于导游掌握导游活动的主动权，将旅游者较好地吸引在自己周围。但是，需注意的是，该方法不能滥用，尤其是在一次导游讲解中不能用得过多，此外，"悬念"的设置也不能随心所欲，以免起反作用。

（七）类比法

类比法是指在导游讲解中进行风物对比，以熟喻生，以达到触类旁通的讲解方法。导游用旅游者熟悉的事物与眼前的景物进行比较，便于理解，使旅游者感到亲切，从而达到事半功倍的讲解效果。类比法可分为以下两种。

1. 同类相似类比

同类相似类比是将同一类型相似的两种景物进行比较，以便于旅游者理解并使其产生亲切感。

比如，在智慧旅游时代，导游可在讲解之前将要对比的景点或事物视频发送至微信群，让旅游者观看讨论，如将北京的王府井大街同日本东京的银座、美国纽约的第五大道、法国巴黎的香榭丽舍大道对相比，因为它们都是商业中心；将鞍山同美国匹兹堡和日本八幡对比，因为它们都是钢铁城市；将苏州比作"东方威尼斯"；将梁山伯与祝英台比作罗密欧和朱丽叶等。

2. 同类相异类比

同类相异类比是将两种同类但有明显差异的景物进行比较，得出规模、质量、风格、水平、价值等方面的不同，以加深旅游者的印象。比如，在规模上将唐代长安城与东罗马帝国的首都君士坦丁堡相比，唐代长安城面积是同时期东罗马帝国首都君士坦丁堡的 7 倍；在价值上将秦始皇陵地宫宝藏同古埃及第十八王朝法老图但卡蒙陵墓的宝藏相比；在宫殿建筑和皇家园林风格与艺术上，将北京故宫和巴黎附近的

知识链接 5-6
导游讲解的其他
方法

凡尔赛宫、颐和园与凡尔赛宫花园相比，让旅游者对中西方建筑美学、艺术风格、变化差异等方面有了进一步了解。

正确、熟练地使用类比法，要求导游掌握丰富的知识，熟悉客源国（地区）的情况，对相比较的事物有比较深刻的了解。但是，在运用类比法时，切忌对不了解、不熟悉的事物作胡乱、不适宜的比较，以免误导旅游者，或惹旅游者耻笑。正确运用类比法，可提高导游讲解的层次，强化导游讲解效果。

（八）画龙点睛法

画龙点睛法是一种用精辟的词语概括旅游目的地或游览景点突出特征的讲解方法。一个旅游目的地或一处旅游景点，具体景观往往很多，虽经导游详细介绍，但旅游者一时难以形成总体认识，有一种只见"树"不见"林"的感觉。此时，导游采用画龙点睛的手法，用精辟的词句对其进行概括，有助于旅游者了解和认识其主要特征和精华，获得更多、更高

知识链接 5-7
导游周先生的
巧妙做法

的精神享受。比如，在介绍井冈山风景旅游区时，导游可以用"三色"之美来概括井冈山的特色，即井冈山之美，美在红色，井冈山被誉为"中国最红的山"；井冈山之美，美在绿色，井冈山是一座动植物基因的宝库；井冈山之美，美在金色，井冈山是旅游脱贫的典型代表。

除上述 8 种常见的方法外，导游讲解方法还有引用法、借花献佛法、数字说明法、创新立意法、概述法、名人效应法等。导游讲解的方法和技巧有很多，但在具体工作中的运

知识链接 5-8
撞钟访民俗

用不是孤立的，而是相互渗透、相互联系的，导游在学习众家之长的同时，必须结合自己的特点融会贯通，在实践中形成自己的导游风格，这样才能获得不同凡响的导游效果。

案例分析 5-5

华山导游词

各位团友，大家好！欢迎来华山观光旅游！希望我们一同愉快地度过华山之旅。华山地处陕西省华阴市境内，北临渭水、黄河，南接秦岭，东出潼关，与河南、山西两省相接，是一个鸡鸣三省之地，西有古都西安，东有古都洛阳，物华天宝。自古以来就是出帝王、出文人的"人杰地灵"之地。华山是秦岭山脉东部的一个支脉，早在七亿年前就已经形成，属于断层上升岩块形成的块状山地貌，自古称"西岳"，它横空出世，挺拔峻峭，雄伟壮观。五座主峰高出云表，好似一朵盛开的莲花，神采飞扬。

五座主峰分别为东峰（朝阳峰）、西峰（莲花峰）、南峰（落雁峰）、北峰（云台峰）、中峰（玉女峰），其中，南峰最高，海拔 2160.5 米，北峰最低，海拔 1614.7 米。北魏地理学家郦道元在《水经注》中说华山"远而望之，又若花状"。在古汉语中，"花"与"华"通用，故而称作华山。

据清代学者顾炎武先生考证，我们的祖先轩辕黄帝曾活动在华山和山西夏县一带的黄河流域，故而"中华"之"华"是因华山而得名，华山成为中华民族的精神写照。可以这么说，黄河是母亲河，华山是父亲山。

华山是如何形成的？先来一段神话传说：相传大禹治水时，处处有人神相助，当黄河之水引出龙门，来到潼关时，又被两座高山挡住去路，大禹不禁叹息起来，巨灵大神在天庭听到大禹的叹气，立即腾云驾雾来到大禹身边，表示愿助他一臂之力。只见巨灵大神紧紧抓住南面一座山的山顶，山瞬间被掰裂成两半，然后顺势用脚蹬开了北面那座山，黄河水趁势从这裂口中流了过去。这南面分成两半的山，高的一半就是华山，低的一半就是太华山。李白有诗云"巨灵咆哮翔两山，洪波奔流射东海"。现代科学家这样认为，华山是由于几千万年前秦岭和渭河平原交界地带断裂，引起南北两侧层带的错动，内部岩层受到巨大的向横压力而形成陡峭的山势。

华山的奇和险闻名于世。华山有"五大奇观"，即"奇石""奇树""奇水""奇洞""奇路"。华山石奇，因为这座山就是由一块完整的花岗岩石经过地壳运动和风雨剥蚀而形成了千姿百态的景致；华山树奇，因为许多古老而粗壮的松树或生长在石缝里，或生长在悬崖上，不屈不挠，茁壮顽强，而且许多树或像兄弟，或像姐妹，或像夫妻，表现出了极高内涵的人文精神。还有"奇水""奇洞""奇路"，到山上我会给大家——介绍。

思考：

1. 案例中讲了华山的哪些内容？你有没有更好的讲解方法和内容？

2. 找出案例中采用的讲解方法，并进行讲解练习。

案例解析

三、导游讲解技巧介绍与举例

（一）人文景观旅游资源讲解技巧

1. 人文景观的特点

人文景观是指历史形成的，与人的社会性活动有关的景物构成的风景画面，包括建筑、道路、摩崖石刻、神话传说、人文典故等。我国历史悠久，文化深厚，人文景观资源在我国旅游资源中所占比重较大。如何让旅游者了解一个人文景观的内涵呢？除了各种各样的宣传，更为直接的一种方式就是让旅游者在现场边参观边听取导游的讲解。因此人文景观的讲解对于提高旅游者对人文景观的认识显得十分重要。人文景观具有下面几个特点。

（1）历史遗存性

所有的人文景观都是历史发展的产物。因此，其内容、形式、结构、格调等，都有着显著的历史时代的烙印。例如，万里长城反映了历史上我国农耕民族抵御游牧民族的战略防御思想；京杭大运河反映了我国东部平原地区的经济发展和南粮北运的历史实际；丝绸之路反映了历史上东西方的经济发展和物质文化交流的历史要求。

（2）人为创建性

人文景观是人类文明发展的部分表现，各地的文物遗存、宫殿寺院等，都是各个历史时期人工建筑和造型艺术的反映。古代建筑，大多依山傍水，人类巧妙地利用了自然条件并加以艺术修饰，创造性地将其建设成为具有一定文化内涵和底蕴的景观。例如，杭州西湖以天然的水景为主体，经过历代的开发，形成了如今"三面云山一面城"的格局；临潼的华清池本来是以温泉为主，现在却以唐玄宗与杨贵妃的爱情故事和金碧辉煌的建筑群闻名中外。然而所有这些，如果仔细推敲仍然是人文景观借助自然景观的结果。

（3）民族地域性

人文景观由于所处的地理位置的不同，就必然受到各地的自然条件、民族特色和风俗习惯的制约，因此必然在风格特点和造型色调上各具特色，反映了当地民族的特色和意志。例如，西藏的喇嘛庙、草原上的蒙古包、福建的土楼，以及汉族的南北建筑和文化艺术格调等，均体现各自的民族地域特色。

（4）科学实用性

人文景观之所以能够长期保存，供人使用，都因它们在一定程度上具有科学性。科学实用性主要表现在两方面：一是景观特征与地域性或地带性相结合，这样便于因地制宜、就地取材，如北方要考虑干旱、风沙、强日照的影响，南方要考虑湿润多雨的影响等。二是景观特征与建筑工程和造型原理上的合理性与艺术性的结合，如宫殿建筑群的主从、高低、造型、色彩等的和谐性。例如，在黄土高原兴建窑洞，其深浅、高度、曲度、门窗大小和比例等要与黄土的性质和当地的气候特征相适应。

（5）潜隐神秘性

某些人文景观具有不同程度的隐蔽、神秘的特点，这个特点能够激发旅游者的好奇心。遍布于古代建筑中的碑刻、楹联、匾额等，对其中寓意深刻、意境深远、画龙点睛、凝练深化的部分，导游要能够正确理解并恰当表述出来。例如，拙政园的"与谁同坐轩"，取自苏东坡的名句"与谁同坐？明月清风我"，隐含了主人与谁同坐的清高、孤芳自赏的情愫。

2. 人文景观讲解的基本要求

要讲解好人文景观可以从下面 5 个方面着手。

（1）交代背景知识

人文景观与当时的社会背景有密切的联系，所以不能脱离当时的历史背景孤立地去欣赏它们。首先要交代好景观所处时代的历史背景，这样有助于旅游者认识其出现的缘由，探寻景观的文化底蕴。其次要交代好景观周围的自然背景。对于人文景观的欣赏必定离不开它所处的环境。中国的古代建筑常常建在风景优美之处，借助自然风景来突出建筑的美。因此，为旅游者讲解人文景观时，要结合其所处的周围环境，引导旅游者领略人文景观之美。

（2）解读景观特征

讲解人文景观离不开对实物具体特征的把握，主要包括对布局（结构）、功能（作用、用途）、造型（形状）、质地、文饰、色彩及与之有关的匾额楹联等方面解读。不同类型景观解读的侧重点也会有差异。出土文物类主要从文物功能、造型、质地、文饰和色彩等方面去把握；书院、楼阁类古建筑主要从建筑布局、匾额、楹联、碑刻、陈列实物等方面组织导游讲解；城墙类古建筑（长城、苗疆边墙等）主要介绍其御敌的功能、特殊结构和建筑材料等；名人故居类侧重于故居的整体结构、室内陈列实物、照片等。

（3）挖掘历史文化

挖掘历史文化首先是还原特定的社会生活方式。社会生活方式是在一定的社会历史环境下产生的，与社会生活有密切的联系。北京开发的胡同游，用黄包车载着旅游者逛胡同，安排旅游者到四合院做客，受到"老外"的欢迎。这说明老北京人的生活对"老外"有很大的吸引力。其次是追溯一段历史。无论是影响历史进程的重大事件，还是显赫一时的风云人物都已经随时间的流逝灰飞烟灭，不复存在。但是与之相关的人文遗迹却作为历史事件的见证得以保留下来，通过这些人文遗迹可回溯历史，凭吊怀古，获得启迪。如位于湖南省凤凰县境内的南方长城绵延100多公里，那些残缺不堪的边墙，残存的碉堡遗址诉说着那段久远的历史，这是一本用石头写成的书，记载着曾经的烽火和边关岁月。最后是探寻承载的人类文化。作为文明形态的人文景观表现了人类各种文化内容，成为文化的凝聚、积累和表征。正是靠着人文景观，才使各时代、各地区的文化得以保留和显现。透过它，我们可以探寻那个时代的思想和奥秘。

（4）编织故事情节

导游在讲解人文景观时候，在尊重科学和历史的前提下，要善于编织故事情节，以求产生艺术感染力和神秘感，努力避免平淡的、枯燥无味的、就事论事的讲解。需要注意的是，故事化讲解要中心突出，条理清楚，前后贯通；要善于取舍，取那些能突出景点神韵和生气的东西，舍那些繁枝赘叶。

（5）巧用讲解方法

优秀的导游能够针对讲解内容，灵活地运用各种导游讲解方法。或解惑释疑，制造悬念，引人入胜；或善于编织故事情节，虚实结合，启发想象，情景交融；或采用问答，注重双向交流与沟通，尽可能调动旅游者参与到讲解当中来，让不同旅游者的合理需求得到满足。讲解人文景观时经常运用的讲解方法主要有分段讲解法、突出重点法、虚实结合法、问答法、制造悬念法等。

知识链接 5-9
北京故宫导游词
（节选）

3. 中国古代建筑讲解技巧

中国古代建筑的种类主要有下面 5 种。

（1）帝王建筑物

具有国家性质的大型宫殿等被称为帝王建筑物，是中国古代建筑的主要组成部分，此外还有陵寝、城防、苑囿、坛庙、王府、衙署等建筑。帝王建筑物体现出古代的一套社会和自然观念，如王权和神权的统一，是中国古建筑体系的主流。因此，导游在介绍这类建筑物时，应重点讲解建筑风格、当时的皇权至上思想、历史背景等内容，让旅游者在参观游览时感受其中的魅力。如讲解承德避暑山庄时，应讲解其分宫殿区、湖泊区、平原区、山峦区四大部分，让旅游者了解其整体布局，介绍它始建于康熙四十二年（1703 年），历经康熙、雍正、乾隆三代皇帝，耗时约 90 年建成，为清帝消夏避暑、宴飨娱乐、处理朝政的夏都，是中国现存最大的古代帝王宫苑等背景。

（2）民间建筑物

民间建筑物包括与广大人民生活密切相关的住宅民居和私家园林，以及祠堂、会馆、楼阁、书院、戏台等公共性建筑。民居是人们日常生活的起居场所，代表了中国传统的宗法伦理思想，根据自然和环境大体可分北方院落、南方院落、南方天井、岭南客家、西北窑洞和南方自由式民居等。园林通过对山、水、建筑、植物等要素的有机构造，达到了建筑和自然的完美融合，主要有北方皇家园林和江南私家园林两大类。因此，导游在讲解民间建筑物时，可重点讲解山水园林的布局、风景特色、自然环境等内容，让旅游者感受民间建筑物宜居、宜住、宜赏的魅力。如介绍苏州拙政园时，导游可介绍拙政园是江南古典园林的代表，全园以水为中心，萦绕错落有致的假山及精致的庭院建筑，花木并茂，其始建于明朝，分为东中西三大部分，以中部最为出名，是全园的精华所在等内容。

（3）技术建筑物

技术建筑物指涉及人们生产和技术的建筑物，是中国古代建筑的组成部分之一。这类建筑造福于人民，反映了中国古代建筑工程技术的成就，也反映了中国古代科学技术的成果。都江堰、灵渠、京杭大运河等水利工程，赵州桥、洛阳桥、卢沟桥等桥梁工程，登封元代观星台、北京明清古观象台等天文建筑，以及许多殿、塔、亭、楼等建筑物都是中国古代技术建筑物中的重要遗物。如导游在讲解都江堰水利工程时，可重点指出它开创了中国古代水利史上的新纪元，使得人、地、水高度协调统一，是全世界迄今为止仅存的一项伟大的"生态工程"也是中国古代人民智慧的结晶等建造意义，让旅游者体会到中国古代传统天人合一的传统思想。

（4）宗教建筑物

佛教从公元一世纪在中国传播以来，创造出了中国式的佛寺、佛塔，成为佛教建筑的重要组成部分，现存的寺、塔数以万计。明清以来，伊斯兰教的清真寺、基督教的教堂等建筑随着宗教传入，呈现出中西结合的特征。此外，中国传统宗教道教的宫观建筑，在各个朝代均有流行。因此，在讲解宗教建筑物时，导游可选择主大殿的建筑特征进行讲解，或者向旅游者介绍寺庙、教堂的设计布局和历史背景。如讲解五台山时，导游可选择显通寺进行介绍，指出"显通寺是五台山历史最悠久、规模最大的寺庙。该寺始建于汉明帝永平年间，初名大孚灵鹫寺。北魏孝文帝时期扩建，因寺侧有花园，赐名花园寺。唐代武则天以新译《华严经》中记载有五台山，乃更名为大华严寺。明太祖时重修，又赐额'大显通寺'"等内容。

（5）纪念建筑物

纪念建筑物指为纪念有功绩或显赫的人和重大事件而建造的，以及在有历史或自然特征的地方营造的建筑或建筑艺术品。这类建筑与帝王的倡导直接有关，如山东曲阜的孔庙、山西运城的关帝庙等，在对历史资料的保存和研究方面均具有一定的价值和意义。这类建筑多具有思想性、永久性和艺术性。因此，对于这类纪念性的建筑物，导游在讲解时要重点突出其中的历史文化、思想和艺术特点，让旅游者产生崇敬之意。如讲解曲阜孔庙时，导游应介绍孔庙是祭祀中国古代著名思想家和教育家孔子的祠庙，被建筑学家梁思成称为世界建筑史上的"孤例"，是儒学崇拜的圣地，不但是中国古代举行祭孔活动的场所，同时也是传承孔子思想、进行文化教育传播的学校，对我们研究孔庙的历史、建筑与儒家文化，提供了重要的理论来源等内容。

4. 宗教文化讲解技巧

俗话说"天下名山僧占多"，无论是在风景秀丽的名山幽谷，还是在车水马龙的城镇乡村，我们都会不经意地看到各种宗教场所。凡是宗教文化道存之地，无一不是环境清幽、景色宜人、香烟缭绕、游人如织。旅游者也好，旅游从业人员也好，如果缺乏系统而丰富的宗教知识，就无法深入地理解宗教旅游资源的旅游意蕴。宗教还具有敏感性，所以导游要把握好国家的宗教政策。如任何国家机关、社会团体和个人不得强制公民信仰宗教或者不信仰宗教；不得歧视信仰宗教的公民和不信仰宗教的公民；国家保护正常的宗教活动等。做到有理、有节、合法且又做好导游服务，才算是真正优秀的导游。

知识链接 5-10
不到长城非好汉
——北京八达岭
长城导游词

模拟实训 5-1

导游词编写

根据下列材料提供的信息，撰写一篇古代宫殿或古代城防建筑导游词。

实训要求：

1. 语言规范，表达得体，内容切题，条理清楚、符合导游语言要求。

2. 按照题目中提到的概念、信息和景观意象，进行准确、恰当地解释、扩充与想象，不能照搬某一景点现成的导游词。

3. 字数控制在 800~1200 字。

4. 在选材、角度、结构、表达方面要有一定的创新性和思想深度，如和时代结合。

宫殿是历代帝王朝会和居住的地方，是中国古代建筑中最高级、最豪华的一种类型，也代表着中国各个历史时期的科学技术和文化艺术的最高峰。宫殿的布局有着严格的规制：中轴对称、左祖右社、前朝后寝、三朝五门。宫殿的陈设有华表、石狮、日晷、嘉量、吉祥缸、鼎式香炉、铜龟铜鹤等，体现了帝王的威仪和尊严。

古城包括城池和长城两部分，它们都有一套完整严密的防御体系。城池是由城墙和护城河组成。早在商代，中国就有了筑城的历史，经过两三千年长期实践经验的总结，城池的建筑日趋坚固，易于防守，城墙、敌楼、角楼、垛口、城门、城楼、女墙、瓮城、箭楼、千斤闸、护城河、吊桥等组成了一个完整的防御体系，宛如铜墙铁壁，能拒敌于城外。

导游词修改与讲解

请同学们从网上或者相关资料中寻找关于中国古代建筑的导游词，如北京故宫、南京古城、明十三陵、曲阜孔庙、周庄、乔家大院、宁波天一阁、河北赵州桥等，并进行修改，完成一篇结构合理、语言规范、表达清楚、内容切题、条理清楚的导游词，并在课堂上进行模拟讲解。

知识链接 5－11
云冈石窟导游词

5. 中国古典园林讲解技巧

中国古典园林历史发展悠久、文化内涵丰富、个性特征鲜明、多彩多姿且极具艺术魅力，为世界三大园林体系之最，被称为"世界园林之母"。中国古典园林的讲解技巧主要有下面几点。

（1）突出构景手法

中国古典园林往往运用了添景、借景、漏景等构景手法，在构景过程中，运用多种手段来表现自然，以求得渐入佳境、小中见大、步移景异的理想境界，以及自然、淡泊、恬静、含蓄的艺术效果。因此，导游在讲解这类景点时，其中一个重点就是要凸显其构景手法，让旅游者感受园林的艺术魅力。如讲解上海豫园时，导游可介绍鱼乐榭有一面上实下空的墙，遮挡了原来流水较近的短处，产生了源远流长的效果，这便是障景的神来之笔。

（2）介绍重点建筑

古典园林中的建筑众多，对导游而言，应选择具有特色、旅游者感兴趣、颇具艺术审美的建筑进行讲解，让旅游者感受古典园林无尽的魅力。如讲解苏州园林时可介绍中国四大名园之一的拙政园，向旅游者介绍其利用园地多积水的优势，疏浚为池，望若湖泊，形成荡漾渺弥的个性和特色。讲解颐和园时，可重点介绍谐趣园、佛香阁、排云殿等建筑，谐趣园在万寿山东麓，是一个独立成区、具有南方园林风格的园中之园；佛香阁位于万寿山前山中央部位的山腰，建在一个高 21 米的方形台基上，是一座八面三层四重檐的建筑，结构复杂，为古典建筑精品。

（3）彰显园林艺术

园林以自然为情感载体，顺应自然以寻求寄托和乐趣，其外部特征是交融、移情，尊重和发掘自然美。园林是通过艺术手段培养改造的自然环境，是一种美的境域，其作为一种载体衬托着人类主体的精神文化。因此，导游在讲解古典园林景点时，应注重在讲解过程中让旅游者感受园林主人的思想境界、园林的山水意境，感悟古典园林交融着的中华民族传统的人生情趣、审美观念及空间意识。如讲解太湖石时，导游应指出其象征的是浓云，波浪形的云墙象征远方的云浪，二者结合，营造身处云海仙境，云浪涌动的意境；讲解寄畅园时，导游向旅游者介绍穿过含贞斋，来到九狮台，始有山穷水尽之感，然而从九狮台处一折而变的豁然开朗，锦汇漪由此映入眼帘，从而造成"虚中见实"之效，彰显园林追求的"虽由人作，宛自天开"的艺术标准。

6. 博物馆讲解技巧

根据博物馆的定义、性质与范围，我国的博物馆可划分为四大类，即社会历史类、自然科学类、文化艺术类和综合类。博物馆讲解是以陈列展览和文物展品为依据，由讲解人员对讲解内容进行提炼，运用语言艺术、讲解技能和诚挚感情，直接有针对性地向旅游者进行传播知识和信息交流的教育活动。博物馆讲解的主要技巧可归纳为下面几点。

（1）编撰好讲解词

讲解词是博物馆讲解工作的基础，撰写讲解词亦是讲解工作的第一步，精彩的讲解语言是高水平讲解工作的基础。传统用于介绍展品的说明、材料等陈列内容是不直接用作讲解词的，必须根据陈列内容来撰写专门的讲解词，然后交由讲解员背诵、练习，并在背诵、练习过程中提出改进意见，通过反复的改进不断提升讲解语言内容的精彩程度。一般情况下，最好将讲解语言内容的时间控制在30～40分钟，加上操作展示内容、旅游者停留及行走等时间，这样参观至少在1个小时。在讲解内容安排与设计上，我们可以尝试采用波浪式方法，即在讲解过程中，为了有效缓解旅游者的身体、审美、情感等疲劳，采取内容分配上繁简搭配、节奏上快慢交替、声音上高低交错的方法去讲解，通过这种波浪式的内容安排达到吸引旅游者持续关注、引人入胜的目的。

（2）创新讲解方式

随着智慧时代的到来，在5G、AR等创新技术驱动下，博物馆的文物保护传承与传播迎来新场景、新应用。文物复原、数字景观、AR导览、场景互动、室内精准定位和主动推送、云展厅、文化知识系统、数字藏品、5G消息等特色应用，助力博物馆实现智慧服务、智慧保护、智慧管理。这些对导游讲解提出了新要求：一是需要导游了解掌握智慧化应用、服务、管理的程序；二是导游应借助这些智慧化应用丰富创新自身的讲解，将传统讲解与科技相结合；三是导游在讲解中应突出博物馆的科技元素和现代元素，让旅游者获得沉浸式体验，如使用智能机器人对展品进行介绍，也可以将展品的内容录制成视频、音频，通过二维码的形式进行展示，旅游者根据自己需要进行扫码观看和收听。

（3）运用语言技巧

高水平讲解的重要表现之一就是运用真情和技巧使旅游者的思想、情感等进入展品，以使展品所蕴含的文化思想、历史情感等进入旅游者心中。首先，博物馆讲解员要善于运用口头语言，为使讲解内容更加通俗易懂、贴近不同人群的生活，讲解员往往会对自己所讲解的内容及讲解的情感进行一定修饰。其次，博物馆讲解员要善于运用态势语言，面部表情、手势、走姿及其变化等应该自然、大方、利落。如在江西省博物馆讲解时，导游应运用恰当的手势引导旅游者欣赏展陈藏品，讲到红色摇篮这部分内容时，面部表情、声音要有所变化，表达出对革命先烈的缅怀和敬佩之情。

（4）做到因人而异

在智慧旅游时代，博物馆讲解员更要根据不同的旅游者设计出不同的讲解内容，选择不同的讲解方式，针对旅游者年龄、性别、民族、职业和文化水平的差异特点，组织不同的讲解语言，做到"有的放矢""因人施讲"，开展多层次的讲解服务，使每一位旅游者能够高兴而来、满意而归。例如，在接待儿童时，讲解员应该组织生动、浅显、通俗的讲解词，增加讲解语言的趣味性和故事性；对一些收藏爱好者进行讲解时，讲解语言应具有专业、精准和全面的特点。讲解员只有根据不同旅游者的需求，从不同的视角去选择介绍方式，才能让旅游者在参观博物馆之后深切地感受到文物的艺术魅力。

知识链接 5－12
中国国家博物馆
——青铜器馆
导游词

（二）自然景观旅游资源讲解技巧

1. 自然景观的概念

自然景观是自然界六大要素相互依存、相互制约，共同构成的自然综合体，是由具有一定美学、科学价值并具有旅游吸引功能和游览观赏价值的自然旅游资源所构成的自然风光景象。它指的是完全未受到直接的人类活动影响或受这种影响的程度很小的自然综合体，如极地、高山、大荒漠、大沼泽、热带雨林及某些自然保护区等。

自然景观常被称为旅游的第一环境，是激发人类旅游最早的也是最持久的因素。因此自然景观讲解中既要体现旅游的欣赏价值、美学价值，还要深入浅出地表现其科学价值，而这就对导游的讲解提出了更高的要求。

2. 山地类景观讲解技巧

我国是一个多山的国家，山地面积占全国土地总面积的 1/3，众多的山地造就了多样的山地旅游资源。山地旅游资源大多数是不可再生的资源，生态系统较脆弱，自然灾害频繁，抗干扰能力低，系统结构易发生改变，功能易缺失。山地类景观讲解技巧主要有下面几点。

（1）善于运用讲解方法

山地类景观的讲解比较复杂，山地类型不同、讲解时间、位置不同，讲解方法也会有所区别。山地游览的讲解一般按游览路线进行分段讲解。如讲解华山时，导游可根据华山的游览线路进行分段讲解。在讲解中对于能代表山地总体地貌特征的景观景点要运用突出重点的方式讲解。如讲解黄山时，可重点讲解黄山的怪石，突出其典型的花岗岩体峰林地貌。对于瞬息万变的景观（如云雾、日出等）要提前提示讲解，提醒旅游者注意。如讲解庐山云海时，要提前提醒旅游者观看时注意安全。行进过程中以旅游者"看、听、闻"为主，逗留休息时以为旅游者讲解为主，讲解中要充分运用联想、对比等方法。如讲解三清山时，为旅游者讲解"巨蟒出山""观音赏曲"景点，主要是在逗留休息时运用联想、想象方式让旅游者看、听、思。

（2）突出景观的美感与内涵

导游在讲解时，一方面应从山地类景观的外观特征讲解其美感，突出景观的形态美、色彩美、动态美、听觉美、嗅觉美等。如讲解桂林山水时，导游可通过介绍如果说桂林的山是"鸟鸣山更幽"，那么桂林的水则是清澈透明、绿得欲滴，俯首看去，江水泛着细细的涟漪，水色晶莹剔透，加之两岸竹林婀娜多姿，山水相映成趣，怎么看都是一幅长长的山水画，凝重中透露着灵动之气，真是"舟行碧波上，人在画中游"等内容，突出桂林山水的动态美。另一方面应从人文因素讲解其内涵。历史文化丰富了山地类景观美的意蕴，宗教文化升华了审美的品位，而现代事件则能增强其吸引力。如讲解黄山时，导游可通过讲解其不仅是一座美丽的自然之山，还是一座丰富的艺术宝库。自古以来，人们游览黄山、建设黄山、歌颂黄山，留下了丰厚的文化遗产，概括起来就是遗存、书画、文学、传说、名人"五胜"，突出其文化底蕴。

（3）介绍景观的成因与特点

山地类景观根据地质构造成因的不同可分为花岗岩地貌、丹霞地貌、冰川地貌景观等。因此，导游应重点从地质构造讲解山地类景观的成因，让旅游者对奇特景观的形成有所了解，增长见识，增强游兴。如讲解三清山时，导游应介绍其地处古地质板块间不安分的碰撞对接带，褶皱和断裂发育，岩浆活动频繁，经过燕山运动、喜马拉雅造山运动，山岳进一步大幅度抬升，位于岩体顶部的地层不断被风化剥蚀，岩

知识链接 5-13
武隆喀斯特天生
三桥导游词

体逐渐暴露出地表。山体不断抬升，伴随水力侵蚀的强烈下切，使地势高低悬殊，再加上三清山的断层、节理及裂隙异常发育，风化剥蚀和流水冲刷形成了三清山所特有的花岗岩峰林景观。

3. 水体类景观讲解技巧

古人云，"山得水而活，水得山而媚""因山而峻，因水而秀"。水体类景观是自

然景观的"灵气"所在。江河、湖海、飞瀑、流泉、冰山、雪峰不仅独自成景，更能点缀周围景观，使得山依水而活，山得水而秀。水域风光动中有静、静中有动，是旅游中最重要的一环，同时水体类景观可以开展丰富多彩的体验性旅游活动，满足旅游者参与性要求，因此导游要掌握水体类景观的讲解要点，更好地服务于旅游者。

由于水体类旅游资源的特殊性，大部分讲解可能要放在到达目的地之前，因此这类讲解要灵活、要把握时机，而且要注意在讲解一些较专业的术语时应深入浅出、通俗易懂。一般来讲水体类景观，可以从以下3个角度进行讲解：直接观赏的角度，可以从形态美、倒影美、声音美、色彩美、光泽美等方面入手；文化欣赏的角度，可以从力量、温柔、纯洁、无私等角度入手；背景依托的角度，可以从海洋、江河、水乡入手。

4. 生物类景观讲解技巧

生物的存在使世界变得精彩，各种动植物使地球表面生机勃勃。生物类景观是自然旅游景观总体系中最富有特色、最具有生机的类型，同时也具有部分人文造景因素。各种动植物既能给人类带来赏心悦目的感受，又具有宝贵的科学研究价值，还有美化和净化环境的作用。导游在创作这类景观的导游词时要侧重观赏性、知识性、科普性的结合。

生物类景观的范围十分广泛，下面以森林旅游资源和以观花为主的植物旅游资源的导游讲解为例进行说明，具体内容见表5-1所列。

表5-1　生物类景观讲解要点

生物类景观类型	讲解要点	备注
森林旅游资源	讲解森林旅游对人体健康的作用	森林中的绿色，不仅给大地带来秀丽多姿的景色，而且能通过人的各种感官，作用于人的中枢神经系统，调节和改善机体的机能，给人以宁静、舒适、生气勃勃、精神振奋的感觉，从而让人保持健康
	讲解森林对人类生存的意义，引导和教育旅游者爱护环境	防风固沙；调节气候
	介绍森林当中的各类动植物	如峨眉山的猴子、三清山的奇松
	交代森林旅游的注意事项	注意安全；不要迷路

（续表）

生物类景观类型	讲解要点	备注
以观花为主的植物旅游资源	花色	如香山红叶、东洞庭山的仙桥枫林
	花型	如怪异型、奇特型
	花姿	如牵牛花像喇叭、凌霄花象一口倒挂的金钟
	花香	庐山花径中的中秋桂花十里飘香
	花韵	突出花的韵味
	花语	如荷花象征洁身自好、牡丹象征富贵

5. 气象气候类景观讲解技巧

在景观审美中，气象气候被誉为"风景的妆容""风景的化妆师"，气象气候无处不在，地球万物都受其影响。因纬度分布、距海远近、地形地势及在大气环流中所处位置都不同，我国各地的气候差异很大，我国是世界上气象气候景观最为丰富多样的国家。在旅游中，旅游者每时每刻都在体会气候的差异，这对导游讲解也提出了要求，既要让旅游者体会不同气象气候下产生的美景，还要让旅游者在一些特殊气象气候下也能够保持身心愉悦，当然还要求导游做好一些服务细节，如对即将来临的天气，提醒旅游者做好防暑、防寒等。

知识链接 5-14
"南方雨景"下的
导游词

知识链接 5-15
特殊旅游者的接待

模拟实训 5-2

生物类景观讲解

实训情景设计：

暑期到来，成都动物园迎来了一批带着孩子来此游玩的旅游者，他们来到这里就是为了一睹国宝大熊猫的风采，了解大熊猫的生活习性、外观特征，也希望能够培养孩子热爱自然、爱护动物的意识。

实训步骤：

第一步：实训前准备。要求同学们认真阅读"知识准备"部分，初步了解动物景观的讲解要求和导游技巧。

第二步：将全班同学分成若干个小组，查阅熊猫的生活习性、外貌特征等相关资料，并讨论。同时结合旅游者的情况有重点地选择资料，撰写导游词，也要准备好相关 PPT。

第三步：小组分工，轮流做导游和旅游者，确保每位同学都进行了角色变换。

第四步：小组小结，选出最优人选，代表组内参加全班的讲解。

第五步：各小组之间进行讨论，分别指出其他小组在讲解中存在的问题，或者其他地方的不足之处。

第六步：指导教师做好归纳总结，选出最佳小组、最佳个人。

实训要求：

1. 同学们课前做好阅读。

2. 实训时间以 30 分钟为宜，每组代表上台讲解控制在 3 分钟以内。

3. 讲解过程中不能抄袭别人的导游词进行讲解，必须自创导游词。

4. 实训教师根据同学们的讲解情况，评定实训成绩（分为优秀、良好、中等、及格、不及格 5 个等级）。

5. 建议安排在导游实训室模拟。

复习思考题 ▪▪▶

一、填空题

1. 一篇完整的导游词一般由开场语、整体介绍、_____、结束语四部分内容构成。

2. 将园外的精致巧妙地收进园内旅游者的视野中来，丰富内空间充实园内景色，与园内景物融为一体的构景手法是_____。

3. 人文景观讲解的基本要求：交代背景知识、_____、挖掘历史文化、编织故事情节、巧用讲解方法。

4. 导游讲解常用方法有分段讲解法、突出重点法、_____、触景生情法、问答法、制造悬念法、类比法、画龙点睛法。

二、选择题

1. （单选）问答法中的（　　）只是为了吸引旅游者的注意力。

A. 我问客答法 　　　　　　　　B. 客问我答法

C. 客问客答法 　　　　　　　　D. 自问自答法

2. （单选）（　　）就是在导游讲解中见物生情、借题发挥的一种导游方法。

A. 归纳法 　　　　　　　　　　B. 演绎法

C. 触景生情法 　　　　　　　　D. 问答法

3. （单选）（　　）俗称"吊胃口""卖关子"，是一种"先藏后露、欲扬先抑、引而不发"的手法。

A. 虚实结合法 　　　　　　　　B. 触景生情法

C. 问答法   D. 制造悬念法

4.（单选）（　　）即编织故事情节的导游方法。

A. 突出重点法   B. 分段讲解法

C. 概述法   D. 虚实结合法

5.（多选）红色导游词的创作原则有（　　）。

A. 政治正确   B. 内容真实

C. 思路清晰   D. 方法灵活

E. 内容正确

三、简答题

1. 导游讲解常用方法有哪些？

2. 人文景观的特点有哪些？

3. 导游语言运用的基本原则有哪些？

参考答案

第六章　智慧旅游时代导游旅行服务技能

导　言

在智慧旅游时代，导游掌握好旅行服务技能，不但可以更好地服务好旅游者，也可以为擦亮城市名片贡献一份力量。本章围绕"导游团体服务技能、导游引导旅游者审美技能、导游引导旅游者文明旅游技能"等主题实施教学，帮助学生系统掌握导游旅行服务技巧与方法。

团队合作是成功的关键，每个人都要有强烈的沟通交流意识，才能更好地协同工作。无论是旅游行业还是其他领域，文明素养都是必不可少的，我们应该注重培养自己文明旅游的素养。爱岗敬业和行业自信是每个从业者都应该具备的品质，只有对自己的职业有自信，才能更好地发挥自己的价值。

学习目标

知识目标：陈述导游服务集体共事的原则和方法，识记自然和人文景观的审美知识，熟悉文明旅游的相关知识。

能力目标：学会运用智慧旅游时代导游旅行服务技能；善于运用自然和人文审美技巧带领旅游者欣赏祖国大好河山之美；能够把文明旅游贯穿旅行全过程。

素质目标：热爱旅游行业，坚定行业认同，具备文明旅游和美学素养、沟通交流意识与团队合作精神，养成自主学习习惯；培养爱岗敬业及全心全意的服务意识。

思政元素

团队协作、审美素养、文明素养、沟通意识。

教学重点

导游服务集体共事的原则和方法、自然和人文景观的审美知识、文明旅游的相关知识。

教学难点

导游在执业过程中，高效地与导游服务集体、合作单位的共事技巧；引导旅游者文明旅游和鉴赏自然和人文景观的技巧。

教学方法

基于翻转课堂，结合案例法、讲授法、情境法等开展教学。

教学建议

本次任务教学建议如下：

内容	方式	参考学时
导入案例	课下完成	0.5
基础知识	课上课下结合	2
案例分析	课上课下结合	0.5
知识链接	课上课下结合	0.5
模拟实训	课下完成	1
复习思考题	课下完成	0.5
总学时		5

导入案例

令人难忘的旅行服务

近日，笔者去贵州省黄果树风景名胜区进行参观游览，通过地接导游小杨的旅行服务和审美技巧的引导，对黄果树风景名胜区的景观有了更深的认知，获得了一次很好的旅行体验。

小杨是一个开朗的苗族姑娘。她接待的第一个步骤就是清点旅游者人数，提醒各位旅游者安全乘车、文明旅游；之后便开始致欢迎辞，对大家的到来表示热忱的欢迎，同时对当天的行程安排和注意事项做了详细介绍。除了通过口头讲解，她还结合景区智慧旅游平台的各种资源引导旅游者如何欣赏瀑布之美和感受其背后所蕴含的文化，让大家未进入黄果树风景名胜区就对目的地及当地文化有了初步了解。

抵达景区后，小杨温和有礼地跟景区人员打招呼，由于事先预约好了门票和事先告知了大家入园的流程。大家通过刷身份证或"刷脸"很快就进入了景区，没有出现旺季排队入园的现象。在一天的景区游览过程中，小杨也充分的利用景区内智慧产品提供多元的旅行服务，不但安全提醒到位，同时把文明旅游贯穿其中，整个游览过程非常有序，没有不文明旅游现象发生。最让人难忘的是，小杨除了介绍黄果树瀑布名字的由来和概况外，还引导旅游者通过动静结合、移步换景，从上、下、左、右、前、后 6 个角度观看和欣赏瀑布，充分感受中华第一瀑——黄果树瀑布的磅礴大气之美。游览结束后，很多旅游者表示第一次切切实实从视觉、听觉、嗅觉、触觉多方面感受了景区之美，大家获得了一次很好的旅行体验。

请思考：

在智慧旅游时代，导游应该掌握哪些旅行服务技能？

基础知识

第一节　导游团队服务技能

团队导游服务工作繁重复杂，不是一个人所能完成的，而是需要由一个集体共同完成。导游服务集体的主要任务是为旅游者提供或落实食、宿、行、游、购、娱等方面的服务，高效地与全陪导游、地陪导游、出境领队、旅行社相关部门、司机和其他旅游接待部门密切合作，保证团队旅游活动的顺利进行。

一、导游服务集体的协作

（一）导游服务集体的构成

导游服务集体是为完成旅游接待任务而形成的导游服务团队，一般包括地陪导游、全陪导游和出境领队（以下简称领队）。导游服务集体与旅游者的关系如图 6-1 所示。散客旅游者的接待工作任务相对较轻，同时出于降低旅游成本等因素的考虑及由于智慧旅游的发展，一般只有地

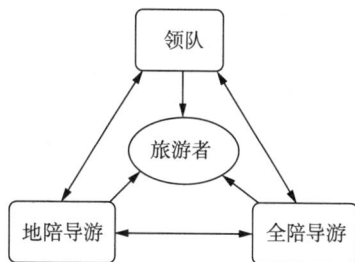

图 6-1　导游服务集体与旅游者的关系

陪导游为旅游者提供各项导游服务。因此，本节讨论的导游服务集体是针对团队旅游而言的。通常境内旅游团队导游服务集体由地陪导游与全陪导游组成，境外旅游团队导游服务集体则由地陪导游、全陪导游和出境领队组成。

（二）导游服务集体的共事基础

1. 工作目标一致

由地陪导游、全陪导游和领队构成的导游服务集体有着坚实的合作基础，即尽管三方代表了各自的旅游企业，但都必须致力于全面执行旅游接待计划，做好各项旅游接待工作，只是分工有所不同，各自需承担不同的职责。全陪导游、地陪导游和领队有共同的服务对象，即同一旅游团的旅游者；有共同的工作任务，即实施旅游接待计划；有共同的工作目标，即组织好旅游活动让旅游者获得心理上的最大满足，以及物质和精神上的最大享受，从而提高旅游企业的声誉，为旅游业的发展做出贡献。

2. 旅游协议保障

旅游接待工作会不断面临新的情况，具体完成接待任务的地陪导游、全陪导游和领队代表着各方的不同利益，因此他们之间也常常会出现矛盾甚至争议。组团社与接待社达成的旅游协议具有法律合同的约束效能，在出现矛盾和争议时，各方必须以旅游协议为基本依据，否则应承担由此引发的法律后果。旅游协议实际上为服务集体成员间的合作提供了具有强制性的法律基础。

（三）导游服务集体成员的配合与协作

1. 以诚相待，相互尊重

尊重自己、尊重他人是导游服务集体成员之间开展友好合作的前提条件。首先，地陪导游、全陪导游、领队应在态度上相互尊重对方，交往中应多用敬语和尊称，不同的年龄、不同职务要分别对待，但总体上应让对方感觉亲切自然。其次，要发自内心尊重对方，才能获得对方的尊重。每个人在人格上都是平等的，不应因分工不同而产生高低贵贱之分。最后，懂得尊重自己的人最值得也容易得到他人的尊意，自尊与尊重他人也应融为一体。

2. 分工明确，积极协作

旅游接待工作复杂而繁重，必须由各方通力合作才能顺利完成。因此，地陪导游、全陪导游、领队之间的积极协作不仅是完成各自工作任务的必要条件，而且是保证旅游者获得高质量旅游生活体验的前提条件。积极协作应建立在分工明确的基础之上，一般情况下不应过多干涉或直接介入对方工作职责范围内的事，但对对方的工作应给予积极关注和必要的支持与信任。在智慧旅游时代，良好的分工协作的安排，能够使旅游者在旅游过程中享受更高质量的旅游体验。

3. 相互学习，提升技能

导游工作的实战性、技巧性、知识性很强，因此除书本与课堂学习之外，尤其应重视在实践中向他人学习。在实际的旅行服务过程中，导游有时会一人分饰地陪导游、全陪导游、领队三种角色，因此相互学习十分必要，这是提高工作质量的有效途径。在智慧旅游时代，每个旅游工作者都应不断学习新知识，提高自我，做智慧旅游的先行者。

4. 勇担责任，大局为重

敢于承担责任的人能够得到同行及旅游者发自内心的尊敬。旅游工作头绪繁杂，而且许多因素难以掌控，经常出现各种各样的问题。这时，无论是地陪导游、全陪导游还是领队都应从大局出发，敢于承担自己应承担的责任，同时对别人的过失不要过分指责，而应积极主动地予以弥补。勇担责任是对他人、对工作高度负责的态度，是导游走向成熟的标志之一。在智慧旅游时代，导游勇于承担责任也能为旅游者带来更好的旅游安全保障和旅游品质保障。

5. 建立友谊，通力合作

良好的人际关系是合作共事的重要保障，因此任何一位导游在工作中都应以热情、友好、真诚的态度来交往。坦诚以待是建立友谊的前提条件，而以实际工作支持对方则是取得对方信任的最佳途径。地陪导游、全陪导游与领队在工作中结下的深厚友谊，不但可以促进通力合作更好地为旅游者提供旅行服务，也可以成为一生中宝贵的财富。在智慧旅游时代，导游服务集体成员建立友好关系，可以通过社交媒体等网络平台进行事先的沟通与了解，这一方面方便及时沟通获取时下的旅游信息，另一方面可以更深入地了解旅游者的游玩喜好，利于后续导游工作的开展。

二、导游与司机的协作

在智慧旅游背景下，各地旅游对车辆的依赖程度不断增大。对旅游者来说，旅游车服务是当地旅行社提供的整体服务的一部分，如果车辆行驶不顺利，旅游者会认为是旅行社的服务出了问题。所以导游和司机的配合十分重要，在与司机的协作中，导游应注意以下问题。

（一）做好沟通

充分做好接团准备，无论是不是自己旅行社的车辆，导游均应事先联系司机，了解出团车辆的车况和使用须知，让司机做好必要的辅助导游工具的配备，如麦克风、垃圾袋、旅行社标志、标签等。同时导游应通过微信等方式把行程安排和行程中的接团定位发送给司机，接到旅游者后与司机沟通当天的行程安排，并把所涉及的游览景点、用餐、酒店定位按顺序发送给司机。

（二）尊重司机

导游接团后致欢迎辞时应把司机介绍给旅游者，送团时勿忘对司机表达一路安全行驶服务的感谢。旅游者提出的关于行车的意见和建议，导游应及时反馈给司机，同时要特别注意说话方式，多用平等协商的语气。如果接待外国旅游者，在车到达旅游景点时，导游用外语宣布的集合时间、地点等要素，要记住用中文告诉司机。

（三）注意倾听

在带团过程中，如果日程安排或线路需要变化，导游应注意听取司机的意见。这一方面可使司机了解行程变化，提前做好准备，另一方面能促使司机积极参与导游服务工作，以其丰富的行车接团经验，提出合理化建议，有利于合理调整和统筹安排。同时导游应把调整后的相应行程定位及时发送给司机。

（四）主动帮助

导游应熟知安全行车要求，主动协助司机做好安全行车工作，如帮助司机更换轮胎、装卸防滑链或进行其他的小修理等。导游应保持旅游车挡风玻璃和车窗的清洁，提醒旅游者车内活动和饮食的安全及车内保洁的注意事项，提醒司机不喝酒，不开超速车、斗气车等。在遇到险情时，由司机保护旅游者和车辆，导游实施求援。

（五）耐心说服

有时候司机因为种种原因在服务上不配合导游或鼓动旅游者参加一些不适宜的活动，导游应坚持原则、耐心说服，必要时可与所在旅行社联系。在出团过程中，导游是旅游者在当地的方向和灵魂，在导游和司机的服务协作关系中，导游要大度，要做到心底无私天地宽，有了一些矛盾和问题要及时沟通交流，积极处理工作上出现的问题。

三、导游与相关接待单位的协作

旅游产品是一种组合性的整体产品，不仅包括沿线的旅游景点，还包括沿线提供的交通、食宿、购物、娱乐等各种旅游设施和服务，需要旅行社、饭店、景点、交通、购物、娱乐部门等旅游接待单位的高度协作。因此，导游要按照旅游接待计划书上的要求，与旅游接待单位高效合作，一起向旅游者提供服务。

（一）多沟通，及时了解信息

由于旅游接待设计的环节多，且情况经常发生变化，所以导游应经常与饭店、餐厅、机场（车站、码头）沟通，及时了解各种信息，以保证旅游接待环节不出现问题。为保证旅游环节通畅或出现问题有足够的时间应对，导游应预先做好信息沟通工作。如餐馆用餐，可以通过微信、QQ 等联系方式提前做好餐位确认，同时在旅游者抵达用餐前的 15 分钟应再次确认餐桌号，并告知上菜时间，以确保旅游者抵达时直接就座用餐。再如景区游览点或专项娱乐活动，在天气异常或媒体报道有重大接待活动时，可以通过景区的智慧旅游平台了解专项活动是否能正常进行，以便做好安排和解释。

（二）多配合，及时获取帮助

导游服务工作的特点之一是独立性强。导游一人在外独立带团，常常会有意外、紧急情况发生，仅靠导游一己之力，往往难以解决问题，因此导游要善于利用与各地旅游接待单位的协作关系，主动与协助单位有关人员配合，争取得到他们的帮助。以与酒店部门的接触为例，当旅游团离站时，个别旅游者到达机场后发现自己的贵重物品遗忘在酒店客房内，导游可请求酒店协助查找，找到后可以通过同城快递把物品立即送到机场。又如入住酒店，导游应注意事先根据团队旅游者的性别、家庭、旅伴、爱好等排好住宿名单，这样在总台取钥匙卡时就不会耽误时间，也便于在总台有序刷脸入住。

（三）多协调，有效衔接工作

导游在服务过程中，要与饭店、车队、机场（车站、码头）、景点、商店等许多部门和单位打交道，其中任何一个接待单位或服务工作中的某一环节出现失误和差错，都可能导致"一招不慎，满盘皆输"的不良后果。导游在服务工作中要善于发现或预见各项旅游服务中可能出现的差错和失误，通过各种手段及时予以协调，使各个接待单位的供给正常有序。譬如，旅游活动日程变更涉及用餐、用房、用车时，地陪导游要及时通知相关的旅游接待单位并进行协调，以保证旅游者的食、宿、行能有序地衔接。在与景区景点部门接触过程中，导游应首先通过景区公众号了解景区景点的主要特点，景区景点被评定的等级，景区景点的布局、主要线路、进出口位置，景区景点的车辆行驶规定与停车位置，景区景点内的派出所或管理机构、餐厅、购物场所、厕所的位置，景区景点门票管理的相关规定、开放时间等；而在带旅游者游览时，要积极遵守景区景点有关规定，服从景区景点管理人员的管理。

案例分析 6-1

"插话"的全陪导游

2023年地陪导游周某接待了一个旅游团走山西线，全陪导游是来自赣州的李女士。该团抵达景点后，当地陪导游讲解时，全陪导游常常插话，有时还讲得较长，引起地陪导游的不满。该团抵达另一个景点后，该全陪导游又故技重演，使周某很为难。地陪导游经过与全陪导游私下沟通，得知全陪导游曾多次带团来山西，对山西的情况比较了解。周某得知后，便改变了讲解策略。

一天，在去参观某石窟的途中，周某在与该全陪导游的交谈中又了解到她曾多次带团参观寺庙，对佛教有一定的研究。于是，周某便邀请她在到达该石窟前先给全团讲一下佛教的历史。对于周某的邀请，全陪导游非常感动。她在讲完佛教的产生和传播后说："谢谢周先生给了我这个机会，等会儿到石窟后，我相信周先生一定比我讲得更具体、生动。"周某马上站起来说："非常感谢全陪导游的讲解，大家从您的讲解中增加了对佛教的了解，我也从中学到了不少知识。"在随后一天多的旅游活动中，两人经常交换意见，成了要好的朋友。

案例解析

请思考：地陪导游是如何处理好与全陪导游的工作关系的？

模拟实训 6-1

导游服务技能——与不同服务集体的协作

实训目的：

以校园为旅游目的地，接待新生参观校园，同学们通过不同角色的扮演完成导游在带团过程中如何与领队、地陪导游、全陪导游、司机、相关接待单位、旅游者进行协作。

实训要求：

要求学生运用理论知识来解决实际中遇到的问题，理论联系实际进行运用。

实训地点：

校内。

实训任务：

1. 以小组为单位进行实训。

2. 通过网络、图书等途径搜集有关旅游服务集体合作突发事件的案例，并进行分析总结。

3. 通过案例分析及运用所学知识，总结各类旅游服务集体合作突发事件的处理方法与经验。

4. 上交有关旅游活动中各类旅游服务集体合作突发事件的处理方案。

5. 同学们通过不同角色的扮演完成导游在带团过程中如何与领队、地陪导游、全陪导游、司机、相关接待单位、旅游者进行协作；完成新生的校园参观接待。

实训考核：

小组间进行成果分享、互评，教师进行点评、打分。评价项目与标准见表 6-1 所列。

表6-1　实训考核评分表

评价项目	评价标准	分值	教师评价（70%）	小组互评（30%）	得分
知识运用	1. 熟悉导游服务集体共事的原则； 2. 熟悉导游服务集体共事的方法； 3. 掌握接待技巧	30			
技能掌握	通过不同角色的扮演完成导游在带团过程中如何与领队、地陪导游、全陪导游、司机、相关接待单位、旅游者进行协作；完成新生的校园参观接待。	35			
成果展示	1. 通过学习，掌握与领队、地陪导游、全陪导游、司机、相关接待单位、旅游者进行协作的技巧，编写接待案例； 2. 能利用所学知识接待旅游者并正确处理协作问题，并形成实训报告	25			
团队表现	分工明确，沟通顺畅，合作良好	10			
合计		100			

第二节　导游引导旅游者审美技能

导游是旅游者审美行为的引导者和调节者。结合旅游者的审美个性、针对不同的审美对象、把握适当的时机和角度、运用适当的方法引导和调节旅游者的审美行为是导游必须学习和掌握的专业技能。

一、旅游者审美技巧的引导

要想使旅游者得到审美满足，导游必须首先根据旅游者构成与线路安排，事先分析旅游者的主要审美趋向，然后有针对性地做好准备工作。

（一）了解旅游者的审美习惯

人的审美习惯是其审美个性与固有审美经验相融合的产物。这种审美习惯通常会有意无意地影响人们对客观事物的审美评价，甚至在一定程度上制约着人们的审美行为。在大多数情况下，对人生地不熟的旅游者来说，要想获得高层次的审美感受，就有赖于导游传递信息的艺术。帮助旅游者在欣赏自然和人文景观时理解、感悟其中的奥妙和精髓是导游的责任。作为旅游审美信息的传递者，导游应善于通过讲解向旅游者正确传递审美信息，帮助他们获得真正美的享受。因此，在旅行之前，导游应对旅游者的基本审美情况做事先了解，如通过微信群提问、朋友圈、旅游者 QQ 空间动态等方式了解旅游者的审美需求。旅游者的微信朋友圈、QQ 空间等因更新及时，可以成为导游了解旅游者审美习惯和偏好的重要"档案"，进而帮助导游掌握不同类型旅游者的旅游需求。另外，导游还应通过科学的智慧平台及大数据了解旅游者所在国或地区的审美观和对景物的审美标准，根据各自的特点和相互间的差异进行有针对性的讲解。

（二）激发旅游者的想象思维

旅游审美可以说是一种想象的过程。山水等自然景物原本是无意义的物质组合，经由网络上旅游产品的介绍、景区图片与视频的观看、亲朋好友的叙说，再通过人的想象而变得奇妙、有意义、有美感。在旅游审美过程中，导游的讲解可以激发旅游者灵感，促使旅游者对景物产生特殊的感受与意念，形成审美意象，愈看愈像，愈想愈妙。在移动终端普及的今天，旅游活动中的食、宿、行都可以结合影像化的方式，以新科技智能手法获得更深层次的游乐体验。旅游者在审美活动中，通过电子导览对旅游景区产生初步想象，提前了解旅游目的地和当地人文风情，再把周围其他景物联系一起进行观赏，从而产生妙趣横生的审美效果。

（三）满足旅游者的审美需求

美是有感而发的，旅游者面对美好的事物时会感到愉悦。当旅游者看到外在形象良好的导游时，旅游者的爱美之心会得到满足。导游得体的穿着和谈吐可以提高审美情趣，拉近导游与旅游者之间的距离。当旅游者观赏景物时，导游进行讲解使旅游者获得更深层次的美的感受，导游的专业程度关乎能否让旅游者从导游的讲解中领会、认识到他所见景物的美。例如，旅游者在游览中华第一瀑——黄果树瀑布时，直

知识链接 6-1
想象思维与旅游审美
感受举例——雁荡山
灵峰景区审美引导

接的审美感受是磅礴大气之美。但对黄果树瀑布的形态之美、色彩之美、声音之美、嗅觉之美和地域之美等五大审美特征还没有形成深刻的感受和认知，因此，导游要利用自己的专业知识，通俗易懂地引导旅游者对黄果树瀑布进行更深层次的审美体验，使旅游者充分感受黄果树瀑布动静结合的形态美，白色金色相映生辉的色彩美，流水击石声、鸟声、风声、草木声相互交织的声音美，草木清香、空气清新的嗅觉美，位于云贵高原且岩溶地貌特征明显的地域美。

二、自然景观审美技巧

自然景观是自然景物在一定的时间、空间条件下，或单体，或组合，或原始自然，

或人文点缀自然而呈现的，具有旅游吸引功能和游览观赏价值的自然风光景象。自然景观是旅游者享受自然美的主要景观。在审美活动中，每个人总是把审美对象与自己生活中接触过的景物或景物的某方面特征联系起来，发生审美联想。

（一）动态观赏和静态观赏结合

1. 动态观赏

自然景观不是单一的、孤立的、不变的画面形象，而是活泼的、生动的、多变的、连续的整体。旅游者漫步于景物之中，步移景异，从而获得空间进程的流动美，这就是动态观赏。例如，在浙江的千岛湖中泛舟，游人既可欣赏山上树木葱茏、百花竞艳，也可领略水上浮光跃金、沙鸥翔集，还有镶嵌在碧波之上的1000多个岛屿，撩拨着你的思绪，让你在移动中流连忘返。

2. 静态观赏

在某一特定空间，观赏者停留片刻，选择最佳位置驻足观赏，通过感觉、联想来欣赏美、体验美感，这就是静态观赏。这种观赏形式时间较长、感受较深，人们可获得特殊的美的享受。譬如，在庐山花径景区云雾缭绕的如琴湖畔，驻足于繁花似锦的花径公园，吟诵白居易的著名诗篇《大林寺桃花》，引人遐想，令人陶醉。

3. 动静结合观赏

何时动态观赏，何时静态观赏，应视具体情况而定。根据不同的景观和时空条件，导游要灵活运用，动静结合，努力使旅游者得到最大限度的美的享受。例如，在现代信息技术条件下的智慧主题公园的智慧旅游项目中，多项游览项目采用VR＋AI技术让旅游者静态驻足在某一现场享受该技术带来的动态美的享受，让其身临其境感受祖国的大好河山之美。

（二）掌握一定的观赏距离和观赏角度

距离和角度是两个不可或缺的观景赏美因素。自然美景千姿百态，变幻无穷，一些似人似物的奇峰巧石，只有从一定的空间距离和特定的角度去看，才能领略其风姿。譬如，旅游者在长江游轮上观赏长江三峡神女峰，远远望去，朦胧中呈现出一个个栩栩如生、亭亭玉立的中国美女雕像，然而借助望远镜观赏，大家定会大失所望，因为看到的只是一堆石头而已，毫无美感可言。又如，在黄山半山寺眺望天都峰山腰，有堆巧石状似公鸡，头朝天门，展翅欲啼，人称"金鸡叫天门"，但到了龙蟠坡，观看同一堆石头，看到的则似五位老翁在携手持杖登险峰，构成了"五老上天都"的美景。这些都是由于空间距离和观赏角度不同造就的不同景观。导游带团游览时要善于引导旅游者从最佳距离、最佳角度去观赏风景，使其获得美感。同时，导游还可以通过智慧旅游平台向旅游者展示景观的不同特色，如一些景区在优选主要景点最佳观赏距离和观赏角度的基础上，利用技术手段将有关场景"搬进"智慧旅游平台，使其全景得到呈现，场景可视。旅游者可通过相关软件开展自然景观审美，既体验了"云上游"，还达到了"眼见为实"的效果。我国部分著名美景最佳观赏距离（角度）见表6-2所列。

表6-2　我国部分著名美景最佳观赏距离（角度）

景区（点）	美景	观赏距离或角度
黄山天都峰	金鸡叫天门	半山寺前仰观
黄山天都峰	五老上天都	龙蟠坡回头看
张家界武陵源	峰林	远眺俯视
青岛崂山	太清水月	步月廊远眺
桂林象鼻山	象山水月	訾洲岛远眺

（三）关注旅游者在游览过程中的心理变化

心理距离是指人与物之间暂时建立的一种相对超然的审美关系。在审美过程中，旅游者只有真正从心理上超脱于日常生活中功利的、伦理的、社会的考虑，摆脱私心杂念，超然物外，才能真正获得审美的愉悦，否则就不可能获得美感。

导游应学会观察旅游者在旅游过程中的心理变化。由于生活环境和生活节奏的变化，旅游者的心理也会随之发生变化。刚到一个新的地方，旅游者一开始的心理是求新、求异、求安全，这时候导游应该多组织轻松愉快的游览活动，以及把最具代表性和吸引力的景观推荐给旅游者，以满足旅游者的心理。随着旅游的推进、接触的增多、相互间熟悉程度的提升，这时候旅游者的性格特点会一点点显现出来。此时旅游者的主要心理是懒散，如没有时间观念、自由散漫、丢三落四、成员间矛盾开始显现出来等；旅游者另一个心理是求全，旅游者常常会认为自己是花钱来旅游的，因而从生活上、心理上产生了过高的要求。在这一阶段，旅游者经常会提一些不友好的、挑衅性的问题，导游在这一阶段的工作最为艰巨，最容易出差错，这个阶段也是对导游的技能、心理素质的最好考验。旅游者游览过程心理变化过程见表6-3所列。

表6-3　旅游者游览过程心理变化过程

阶段	心理特征	原因
游览初期	求安全、求新奇	面对新环境有不安全感，对新环境产生戒备心理，同时面对新环境有好奇心理
游览中期	兴奋、轻松，求全、求高质量服务，懒散、个性暴露	逐渐熟悉环境，人际交往增多，戒备心理逐渐被轻松愉悦心理替代，好奇心逐渐被懒散心理替代

（续表）

阶段	心理特征	原因
游览后期	心理波动较大，忙于个人事务	游览过程意犹未尽、有很多事情没有完成及发生了不愉快的事都有可能导致旅游者心理波动较大，同时旅游者还希望与亲友联系，购买礼物和心爱的商品，个人事务较多

（四）把握观赏时机和观赏节奏

随着 VR、AR 及 5G 等科技手段的运用与迭代，传统方式打造出的旅游产品已经不能满足旅游者的出行需求。通过景区的线上导览了解基本资料、跟着资深导游的直播了解旅游线路、阅读旅游者的相关点评，许多旅游者已经养成了通过智慧旅游平台做各种行前准备，作为导游，应该充分认识旅游业的发展与走向。导游在日常引导旅游者进行参观游览时要充分利用 5G、大数据、云计算、物联网、人工智能、区块链等信息技术来开启旅游新体验。

知识链接 6-2
旅游者游览过程心理
变化举例——旅游者
游览过程心理变化

譬如，赣州方特东方欲晓主题公园综合运用 AR、VR、全息投影、高清巨幕、球幕、旋转平台、动感轨道船等技术手段，开发了大型多媒体表演剧场《圆明园》、大型室内有轨漂流《致远　致远》、大型室内舞台表演《巾帼》、千人旋转平台剧场《岁月如歌》、超大型立体巨幕影院《东方欲晓》、大型球幕飞翔影院《飞翔》、最新型"辽宁舰"弹射式过山车《鹰击长空》等主题项目，颠覆了传统的爱国主义展览形式，全景式演绎了中华民族寻求国家独立和民族复兴的近现代历史。

1. 把握观赏时机

观赏美景要掌握好时机，即掌握好季节、时间和气象的变化。清明就青、重阳登高、春看兰花、秋赏红叶、冬观蜡梅等都是自然万物的时令变化规律造就的观景赏美活动。

譬如观赏山景，北宋郭熙在《林泉高致》中告诉游人："真山之烟岚，四时不同。春山淡冶而如笑，夏山苍翠而欲滴，秋山明净而如妆，冬山惨淡而如睡。"变幻莫测的气候景观是欣赏自然美景的一个重要内容。又如在泰山之巅观日出、在峨眉山顶看佛光、在庐山小天池欣赏瀑布云、在蓬莱阁观赏海市蜃楼，这些都是因时间的流逝、光照的转换而造就的美景，因此观赏这些自然美景，就必须把握住稍纵即逝的观赏时机。我国部分知名美景最佳观赏时机见表 6-4 所列。

表 6-4 我国部分知名美景最佳观赏时机

观赏美景	最佳观赏时机
泰山之巅观云海日出	5 至 6 月早上 5 点至 6 点半； 4 月、8 月、9 月早上 5 点之后； 1 至 3 月和 10 至 12 月早上 6 点至 7 点
峨眉山顶看佛光	早上 9 点到 10 点、下午 3 点到 4 点
庐山小天池欣赏瀑布云	早上 8 点到 10 点，每年春季和初秋最好
蓬莱阁观赏海市蜃楼	5 至 6 月
钱塘江观潮	每年农历八月十八日

2. 掌握观赏节奏

观赏美景是为了让旅游者愉悦身心、获得享受，如果观赏速度太快，不仅使旅游者筋疲力尽，达不到观赏目的，还会损害他们的身心健康，甚至会影响旅游活动的进行，因此导游要注意调节观赏节奏。

第一，有张有弛，劳逸结合。导游要根据旅游者的实际情况安排有弹性的活动日程，努力使旅游审美活动既丰富多彩又松紧相宜，避免将旅游活动安排过于急促和缺乏趣味性，让旅游者在轻松自然的活动中获得最大限度的美的享受。第二，有急有缓，快慢相宜。在审美活动中，导游要视具体情况把握好游览速度和导游讲解节奏，哪儿该快、哪儿该慢、哪儿多讲、哪儿少讲甚至不讲，必须做到心中有数。对年轻人应讲得快点，让其走得快一点、活动多一点；对老年人则相反。如果旅游者的年龄相差悬殊、体质差异大，导游要注意既让年轻人的充沛精力得到释放，又不使年老体弱者过于劳累。总之，观赏节奏要因人、因时、因地随时调整。第三，有讲有停，导、游结合。导游讲解是必不可少的，通过讲解和指点，旅游者可适时、正确地观赏美景，但在特定的地点、特定的时间让旅游者去凝神遐想，去领略、体悟景观之美，往往会收到更好的审美效果。

总之，在旅游过程中，导游应力争使观赏节奏适合旅游者的生理负荷、心理动态和审美情趣，安排好行程，组织好审美活动，让旅游者感到既顺乎自然又轻松自如。只有这样，旅游者才能获得旅游的乐趣和美的享受。

三、人文景观审美技巧

人文景观包括历史遗产、文物古迹、建筑物等，它们不仅是前人劳动的结晶，还蕴藏着人类的智慧和漫长的社会演进过程中形成的文化传统。在对人文景观的审美过程中，文化审美占据着极为重要的地位。导游担负着为旅游者提供景观知识和信息，解决旅游审美主体（即旅游者）和旅游审美对象（即人文景观）矛盾的重任，为完成这一任务，必须进行审美再创造。因此，导游又是很重要的审美创造主体。充分认清影响人文景观讲解的重要因素，是确定在人文景观导游讲解中实现旅游文化审美途径的必要条件。

（一）人文景观的审美特证

人文景观所蕴含的美学意义丰富而多样，其主要审美特征一般归结为工艺美、风情美、历史意味和意境美等几个方面。对于人文景观而言，其审美特征应当集中于"文化"二字。因此，人文景观的审美特征可归结为特色文化美、历史价值美、独特意境美和隐秘幽玄美。

1. 特色文化美

人文景观是人类长期实践和创造的结果，是人类历史文化的产物或现代文明的结晶，也是艺术家创造性劳动的产物。和普通实际生活的美相比，它具有更高、更强烈、更有集中性、更典型和更理想的特点，其审美意向和深刻蕴含是十分明显的。以中国古代建筑为例，它大抵和人类创造并为自身服务的其他物质环境没有两样。可在构建之始，人们却既考虑到使用功能，又关照到审美价值。建筑自身的形制、格局、结构、间架、部件、装饰等都具备一定的形式美和技艺美，其组合构成了建筑的外观和细部艺术特色。但从更深的层面来看，建筑是一种特色文化，其中融入了本民族或本地域的物态文化、制度文化和精神文化等各个文化层次的具体内容。因此，我们要审视古代建筑文化之美，要把握住建筑文化的丰富内涵。

2. 历史价值美

相当多的旅游人文景观是历史遗存下来的，每一个人文景观都有在历史过程中通过文化积累而形成的环境特色，都有自己独特的形式和内容，无论从哪方面来说，都具有相应的历史价值。历史价值，说到底是一种时空观念的反映，标志着穿越时间隧道所遗存下来的物质文明和精神文明的轨迹，展现的是过去，启悟的是现在和将来。比如泰山，人们并不因它是一座自然形态的大山而产生向往之情，而是因其具有独特的历史文化环境和丰富的人文精神才产生仰慕之心。又如登临长城，极目远望，群山绵延，长城则如巨龙起舞，气势磅礴，我们所感受到的已不是一条用土筑成的高高城墙的空间存在，而是一统天下的秦始皇的英姿豪气，御敌于国门之外的智慧才华，乃至与此相关的一页页史册、一幅幅画面、一幕幕活剧。长城已成为历史的凝聚、历史的见证、历史的教材。这种历史价值已远远超过了人文景观自身的外在结构与布局，给人们带来"深蕴其中"的美感。所以，把握历史价值，就是对美的体认。有些景区通过高科技的手段将历史价值美展现出来，给旅游者带来沉浸式体验，让其更好地感知历史价值之美。

3. 独特意境美

意境，亦称为境界，是中国美学中一个重要的审美概念。它既是品评审美对象的价值标准，又是通过长期艺术实践总结出来的一条审美规律和创作原则。

人文景观往往因地而异，因时而变。不同的人文景观，具有不同的独特意境。例如，置身于紫禁城，感受到的是厚重的历史册页所承载的至高权威经历兴衰巨变的曲折过程，但这一建筑群落又以中轴对称的排列方式、前朝后室的布局形制和墙面柱门的深红颜色显示出庄严、肃穆的气氛，展现了严格的礼制秩序，足以引发人们沉重而理性的思考；目睹历代碑林，仿佛沐浴在翰墨溢香的殿堂，沉浮于中国书法艺术的时空走廊，而挥洒的疾徐、腾挪的韵致、错置的章法，分明见出各具形态的人格魅力。总之，把握独特意境美，要对"独特"二字加以重视，细心体认"独特"在什么地方。

4. 隐秘幽玄美

人文景观中有许多非常隐秘幽玄的东西，值得我们不断地去钩玄、抉微、探幽，以得其所以，获其美蕴。所以，我们可以得出人文景观一个突出的特征——隐秘幽玄美。

从我国众多的人文景观中，我们都可以体味出各自特异的隐秘幽玄之美。例如，陕西的秦始皇陵，规模恢宏，建造不凡，其枕山抵河的位置、陪葬墓坑的布局、暗道机关的设置都神秘莫测。山西平遥的王家大院，拥有山西"紫禁城"之美誉。一所普通农耕人家的宅院，发展到"士者经史传家，农者沃产遗后，工者彻通诸艺，商者逐利湖海"，简直是一部中国封建社会发展微缩史书。这怎能不叫人们在这个院落中探其隐秘，究其幽玄，品味这个集建筑学、历史学、社会学、伦理学和语言文学、工艺美术等学科为一体的大型立体巨著。

上述 4 种人文景观的审美特征中的某几种很有可能同时出现在同一个审美对象身上。所以，综合把握，灵活使用，是人文景观审美当中要特别注意的问题。

（二）人文景观审美引导技巧

1. 突出地域文化

人文景观具有突出的地域性特征，含有大量地域文化元素。从旅游者审美心理需求上看，鲜明的地域文化正是旅游者渴望在旅游活动中了解和体验的异质文化，这也是各地知名人文景观吸引旅游者持续参观游览的主要原因。例如，北京四合院、福建土楼、广东围村、客家围屋、湘西吊脚楼、陕北窑洞等民居都与当地人文自然环境息息相关，具有鲜明的地域特色，导游在引导旅游者审美过程中，应首先掌握这些人文景观独具特色的审美特征，并结合不同旅游者的审美观传递正确的审美信息，同时结合景区的智慧旅游平台和旅游自媒体的一些官方旅游资源，引导旅游者获得最大的审美享受。

2. 合理总结对比

对所游览的人文景观与旅游者所处文化圈的同类景观（应是旅游者普遍熟悉的景观）进行横向对比，是帮助旅游者正确理解异质文化的有效手段，可使旅游者充分感受不同文化间的差异。例如，在为陕北旅游者讲解湘西吊脚楼时，可将吊脚楼与陕北窑洞进行对比，在为外国旅游者介绍故宫时，可将其与同样世界闻名的法国卢浮宫对比。在对比的时候，可以将两者的相同之处通过视频的方式发送到微信群，让旅游者在进入景区之前就对两者的相同之处形成认知，再加上导游的实地讲解对比，能够更容易凸显文化特色，有助于提升旅游者审美水平。

3. 提炼文化内核

旅游者穿越时空与文化景观的创造者达成心灵呼应和思想互动是人文景观旅游审美的最高境界。因此，导游要尽力提高自身人文素养和文化底蕴，以及通过对旅游自媒体的一些旅游资源的学习，总结提炼出这些地域文化的内核并向旅游者推送"审美名片"，将旅游者带入相应的审美意境中，为旅游者提供画龙点睛式的审美向导服务，进而引导旅游者提升旅游审美体验效果。例如，滕王阁的文化意境美集中体现在《滕王阁序》的"落霞与孤鹜齐飞，秋水共长天一色"这一名句。岳阳楼的文化意境美集中体现在《岳阳楼记》的"先天下之忧而忧，后天下之乐而乐"这一名言。因此，能否将旅游者带入相应的审美意境，是判断导游"导美"水平的重要标准。

案例分析 6-2

不一样的景色

导游小张接待了一个来自福建的老年团去某著名山岳景区游览。出发时，各位成员兴致勃勃，气氛非常热烈。但是当大家爬上山顶时，只见四周都是大雾，白茫茫一片，什么景色都看不见。这时，团友的情绪一下跌入谷底，有团友向

案例解析

小张抱怨说："什么都看不见还算什么景点！"连那些平时寡言少语的团友也纷纷说："是啊！来了也白来，等于没来。"听到团友的抱怨，小张把平常收集的景区宣传视频发在群里，同时通过所学的关于景区的审美技巧和文化功底绘声绘色地讲解起来，通过形式美到文化美再到象征美的思路去引导团友进行审美活动，让大家在变幻莫测的气候条件下感受了不一般的景色。

请思考：导游小张是如何引导和改善旅游活动气氛的？

模拟实训 6－2

引导旅游者观赏自然景观和人文景观的技巧

实训目的：

通过本节的学习，检查学生对本节知识点的理解与掌握程度，提高学生解决问题的能力。

实训要求：

要求学生运用理论知识来解决实际中遇到的问题，提高学生对知识的理解。

实训地点：

校外。

实训任务：

1. 以小组为单位进行实训。

2. 通过网络、图书等途径搜集有关特别的自然景观和人文景观的案例，并进行分析总结。

3. 上交有关引导旅游者感受自然美的经验总结。

实训考核：

小组间进行成果分享、互评，教师进行点评、打分。评价项目与标准见表6－5所列。

表6－5　实训考核评分表

评价项目	评价标准	分值	教师评价（70%）	小组互评（30%）	得分
知识运用	1. 正确引导旅游者审美； 2. 学习正确的导游语言技巧并进行运用； 3. 了解导游语言的形式与艺术	30			
技能掌握	1. 传递正确的审美信息； 2. 分析旅游者的审美感受； 3. 激发旅游者的想象思维； 4. 灵活掌握观景赏美的方法	35			
成果展示	1. 充分调动每组成员的积极性，培养学生的发散思维和求异思维； 2. 提高导游引导旅游者审美的技巧，让导游在带团工作中得心应手； 3. 改进和提高学生对职业的适应能力	25			
团队表现	分工明确，沟通顺畅，合作良好	10			
合计		100			

第三节　导游引导旅游者文明旅游技能

在某种程度上，旅游者的文明行为也代表了其所在国家或地区的文明程度和公民的修养与素质。目前，我国旅游者的不文明旅游现象时有发生，不仅影响了我国的国际形象，也给我国旅游业的发展带来了负面影响。造成这种现象的原因是复杂的、多元的，但有一部分确实与导游（领队）在旅游过程中没能正确引导有关。导游不仅要做好对旅游者旅行生活的照料，更应该做好文明旅游的引导。

一、分类引导旅游者文明旅游

在带团前，导游应熟悉旅游者、旅游产品、旅游目的地的基本情况，为恰当引导旅游者做好准备。同时为避免旅游者发生不文明现象，导游应对整个旅游活动进行合理把控，具体情况可分为下面几种。

（一）注意人员差异

对未成年人较多的团队，应侧重对家长的引导，并需特别关注未成年人特点，避免损坏公物、喧哗吵闹等不文明现象的发生。对无出境记录的旅游者，应特别提醒其关于旅游目的地的风俗禁忌和礼仪习惯，以及出入海关、边防（移民局）的注意事项，一定要提前告知和提醒。

（二）注意环境差异

旅游者生活环境与旅游目的地环境差异较大时，导游应提醒旅游者注意相关习惯、理念的差异，避免产生言行举止不合时宜而导致的不文明现象。导游应将我国和旅游目的地国家和地区关于文明旅游的法律规范和相关要求向旅游者进行提示和说明，避免旅游者出现触犯法律的不文明行为。引导旅游者爱护公物、文物，遵守交通规则，尊重他人权益。

（三）注意礼节规范

导游应提醒旅游者注意基本的礼仪规范，做到仪容整洁、遵序守时、言行得体；提醒旅游者不在公共场合大声喧哗、违规抽烟，提醒旅游者依序排队、不拥挤争抢；应向旅游者倡导绿色出游、节能环保，宜将具体环保常识和方法向旅游者进行说明，引导旅游者爱护旅游目的地的自然环境，保持旅游场所的环境卫生；应引导旅游者在旅游过程中保持良好心态，尊重他人、遵守规则、恪守契约、包容礼让，展现良好形象，通过旅游提升自身的文明素养。

二、规范引导旅游者文明旅游

(一) 行前说明与提醒

导游应在出行前将文明旅游需要注意的事项以适当方式告知旅游者。导游参加行前说明会的，宜在行前说明会上，向旅游者讲解《中国公民国内旅游文明行为公约》或《中国公民出境旅游文明行为指南》，提示基本的文明旅游规范，并将旅游目的地的法律法规、宗教信仰、风俗禁忌、礼仪规范等内容系统、详细地告知旅游者，使旅游者在出行前具备相应知识，为文明旅游做好准备。

不便召集行前说明会或导游不参加行前说明会的，导游宜向旅游者发送电子邮件、传真，或通过电话沟通等方式，对文明旅游的相关注意事项和规范要求进行说明和告知。在旅游出发地机场、车站、码头等集合地点，导游应将文明旅游事项向旅游者进行重申。另外，旅游产品有特殊安排的，如乘坐的廉价航班上不提供餐饮、入住酒店不提供一次性洗漱用品的，导游应向旅游者事先告知和提醒。

(二) 交通说明与提醒

乘坐公共交通工具时，导游宜利用乘坐交通工具的时间，将文明旅游的规范要求向旅游者进行说明，提醒旅游者遵守和配合乘务人员指示，保障交通工具安全有序运行。第一，登机（车、船）出入口岸时，导游应提醒旅游者提前办理检票、安检、托运行李等手续，不携带违禁物品，提醒旅游者配合相关机构和人员的检查和指挥，优先安排老人、未成年人、孕妇、残障人士就座。第二，在乘坐交通工具时提醒旅游者注意安全规范和基本礼仪，遵守秩序，尊重他人，如乘机（车、船）时，不长时间占用通道或卫生间，不强行更换座位，不强行开启安全舱门，不乱扔废弃物。

(三) 游中说明与提醒

1. 住宿

导游应提醒旅游者尊重服务人员，服务人员问好时要友善回应；指引旅游者爱护和正确使用住宿场所的设施设备，注意维护客房和公用空间的整洁卫生，不在酒店禁烟区域抽烟；引导旅游者减少一次性物品的使用，减少环境污染，节水节电；告知旅游者在客房区域举止文明，如在走廊等公共区域衣着得体，出入房间应轻关房门，不吵闹喧哗，宜调小电视音量，以免打扰其他客人休息；提醒旅游者在客房内消费的，应在离店前主动声明并付费。

2. 餐饮

导游应提醒旅游者注意用餐礼仪，有序就餐，避免高声喧哗干扰他人；引导旅游者就餐时适量点用，避免浪费，集体就餐时，导游应提醒旅游者正确使用公共餐具，同时提醒旅游者自助餐区域的食物、饮料不能带离就餐区。如需在就餐时抽烟，导游应指示旅游者到指定抽烟区域就座，如就餐区禁烟，应遵守相关规则；如就餐环境对服装有特殊要求的，导游应事先告知旅游者，以便旅游者准备。另外在公共交通工具或博物馆、展览馆、音乐厅等场所，应遵守相关规则，勿违规饮食。

3. 游览

导游宜将文明旅游的内容融合在讲解词中，进行提醒和告知。导游应提醒旅游者遵守游览场所的规则，依序文明游览。在自然环境中游览时，导游应提示旅游者爱护环境，不攀折花草、不惊吓和伤害动物，不进入未开放区域；在观赏人文景观时，应引导旅游者爱护公物、保护文物，不攀登骑跨或胡写乱划。在参观博物馆等室内场所时，导游应提示旅游者保持安静，根据场馆要求规范使用摄影摄像设备，如需拍摄他人肖像或与他人合影，应征得同意；不随意触摸展品。如果游览区域对旅游者着装有要求的，导游应提前一天向旅游者说明，提醒其准备。

4. 文化娱乐

导游应组织旅游者安全、有序、文明、理性地参与文化娱乐活动。导游应提示旅游者观赏演艺、比赛类活动时遵守秩序，做到按时入场、有序出入，中途入场或离席及鼓掌喝彩应合乎时宜，同时根据要求使用摄像摄影设备。旅游者在观看体育比赛时，应尊重参赛选手和裁判，遵守赛场秩序；在参加涉水娱乐活动时，导游应事先提示旅游者听从工作人员指挥，注意安全，爱护环境。

5. 购物

导游应提醒旅游者理性、诚信消费，适度议价，善意待人，遵守契约。导游应提醒旅游者遵守购物场所规范，保持购物场所秩序，不哄抢喧哗，试吃试用商品应征得同意，不随意占用购物场所非公共区域的休息座椅，同时应提醒旅游者尊重购物场所购物数量限制。在购物活动前，导游应提醒旅游者购物活动结束时间和购物结束后的集合地点，避免因旅游者迟到、拖延而发生不文明现象。

6. 如厕

在旅游过程中，导游应提示旅游者正确使用卫生设施。一些国家和地区有特别如厕习惯，或卫生设施操作复杂的，导游应向旅游者进行相应说明，同时提醒旅游者维护卫生设施清洁、适度取用公共卫生用品，并遵照相关提示和说明不在卫生间抽烟或随意丢弃废弃物、不随意占用残障人士专用设施。在乘坐长途汽车前，导游应提示旅游者行车时间，提醒旅游者提前上卫生间；在长途行车过程中，导游应与司机协调，在中途安排停车如厕。游览过程中，导游应适时提示卫生间位置，尤其应注意引导家长带领未成年人使用卫生间，做到文明如厕。

三、合同引导旅游者文明旅游

将文明旅游纳入旅游合同，通过这种形式，让旅游者在心中树立起文明的观念，进而推动全社会形成一种文明旅游的良好氛围。《中华人民共和国旅游法》中有多个条款涉及旅游者文明旅游，对此，导游应该熟读该法，采用合同来引导旅游者文明旅游。

（一）明确约定文明旅游要求

导游应提前（出团前）做好文明行为规范的告知和解释，并请旅游者签字确认，保留书面材料。这不仅可以起到提醒旅游者的作用，还可认为是一种合同约定，在旅游者发生不文明旅游行为后，可作为导游依法维权的依据。一些景区目前已经引入景点智慧语音导览系统，同时在各景点设置了 iBeacon 基站等，旅游者扫描二维码或使用"微信摇一摇"即可使用手机听讲解，可以在智慧语音导览系统内植入文明旅游宣传内容，导游可结合宣传内容引导旅游者文明游览。

（二）提醒旅游者执行文明旅游合约

导游应提醒旅游者，文明旅游是旅行社和旅游者的一项合同约定，是法律规定的行为，如果旅游者不遵守相关规定，旅行社可以解除合同，由此造成的后果由旅游者承担。旅游企业，特别是旅行社，在文明旅游方面有许多工作要做，主要体现在引导旅游者、以身作则和劝阻旅游者等方面。对于从事违法或违反社会公德活动，以及从事严重影响其他旅游者权益活动的旅游者，不听劝阻、不能制止的，根据旅行社的指示，导游可代表旅行社与其解除旅游合同，如若不听劝阻、无法制止，后果严重的，导游应主动向相关执法、管理机关报告，寻求帮助，依法处理。目前，一些景区已经建立了智慧中心，可以实时监控、发现旅游者的不文明行为，通过景区智慧中心全方位的监控及反馈，可以及时制止旅游者的不文明行为，同时还可以截取旅游者不文明行为的视频作为履行合约的证据。

四、讲解引导旅游者文明旅游

导游讲解是导游活动过程中的一项重要内容，以往的导游讲解比较注重目的地的概况、沿途景观、旅游安全等内容。当下，导游讲解在注重上述内容的同时，更应该增加文明旅游的讲解内容。文明旅游讲解要注意以下两点。

（一）重点突出，有针对性

不文明旅游的表现形式多，涉及面广，因此导游在带团过程中，应就不文明旅游中的普遍现象，如公共场所吸烟、随意涂污、乱扔果皮垃圾等方面做重点讲解。在出境旅游中，导游讲解应关注目的地国或地区与众不同的风俗习惯、法律法规等。在旅游者游览文物古迹时，文明旅游讲解的重点则是提醒旅游者不要在文物古迹上乱刻乱画、随意攀爬、触摸文物、拍照摄像；在旅游者到海边游览时，文明旅游讲解的重点则是提醒旅游者不要乱扔果皮垃圾。

（二）紧跟形势，讲究方法

目前，我国出台了不少文明旅游行为规范，如《中国公民国内旅游文明行为公约》《中国公民出境旅游文明行为指南》及"文明旅游十大提醒语"等，这些规范是导游讲解的主要题材。以往很多导游都采用逐字逐句的方法进行解读，大多效果不好。导游可以对这些规范进行归类，编成一些讲解的段子，通过微信群或者自媒体平台，用简洁明快的语言、风趣幽默的视频形式，有效传达给每一位旅游者，让不同层次的旅游者欣然接受。如涉及出行安全的顺口溜：出游一路小心，平安文明是金；涉及有序排队的顺口溜：有序排队莫抢先，先来后到记心间；涉及不乱刻画的顺口溜：风景美如画，名字莫乱画。

五、专项引导旅游者文明旅游

可以肯定的是大部分旅游者是认同文明旅游的，他们经过导游的引导后，是能够做到文明旅游的，但也有一部分旅游者比较顽固，经常出现不文明旅游行为，而且对导游的提醒始终不够重视。对于这一部分旅游者，可以采用专项的方式进行引导。这里所说的专项引导包括两部分内容：一是单独对部分旅游者私下做文明旅游的重点引导，必要时告诉不文明旅游的法律后果及给自己可能带来的麻烦，如针对不文明旅游者出台的黑名单制度。二是在导游活动过程中，做好不文明旅游案例的搜集整理工作，尤其是最近发生且公众关注度高的典型案例，导游可以将这些不文明旅游的案例通过视频的方式发送给旅游者，对旅游者进行警醒教育，从而达到引导文明旅游的目的。

此外，导游在旅游过程中必须时刻以身作则、倡导文明，用实际行动感召旅游者，做文明旅游的践行者。

案例分析 6-3

拔笋的后果

某地旅游者到浙江北部地区旅游，该地区山清水秀，盛产竹笋。旅游者到达旅游目的地后被美景所吸引。在游览过程中，旅游者看到竹林中有诱人的竹笋，四顾无人，闯入竹园拔笋，被当地村民发现。村民要求旅游者赔偿1000元，旅游者认为被村民敲诈，双方为是否需要赔偿和赔偿额度的多少发生争执。旅游者回去后把纠纷经过发到网络上，引起许多网民的围观，给当地政府施加了很大的压力。

案例解析

请思考：导游带团时应如何提醒旅游者注意文明规范？

模拟实训 6-3

如何正确劝阻旅游者不文明行为

实训目的：

通过本节的学习，检查学生对本节知识点的理解与掌握程度，提高学生解决问题的能力。

实训要求：

要求学生运用理论知识来解决实际中遇到的问题，提高学生对知识的理解。以全班同学为单位，进行实地景区文明旅游引导。

实训地点：

校外景区。

实训任务：

1. 按班级进行分组，5人为一组进行实训。

2. 通过查阅文献资料和实地拜访文旅局等途径搜集文明旅游用语，整理出文明旅游宣传标语并制作成横幅和文明旅游手册发放给旅游者。

3. 通过实地景区文明旅游引导，总结小组的文明旅游引导活动的开展情况，把劝阻旅游者不文明旅游的实践活动编辑形成案例。

4. 把实训成果通过PPT汇报的方式在班上进行展示。

实训考核：

小组间进行经验分享、互评，教师进行点评、打分。评价项目与标准见表6-6所列。

模拟实训 6-4

文化差异引起的纠纷

实训目的：

通过本节的学习，检查学生对本节知识点的理解与掌握程度，提高学生解决问题的能力。

实训要求：

要求学生运用理论知识来解决实际中遇到的问题，理论联系实际进行运用。

实训地点：

校内。

实训任务：

1. 以小组为单位进行情景演练。

2. 通过网络、图书等途径搜集有关文化差异旅游的案例，并进行分析总结。

3. 通过案例分析及所学知识，总结因文化差异引起纠纷的处理方法与经验。

4. 归纳总结本节的相关知识，巩固所学的知识并转化为自身的知识和技能。

实训考核：

小组间进行成果分享、互评，教师进行点评、打分。评价项目与标准见表6-6所列。

表6-6 实训考核评分表

评价项目	评价标准	分值	教师评价 （70%）	小组互评 （30%）	得分
知识运用	1. 掌握引导文明旅游的基本要求与主要内容； 2. 掌握引导文明旅游的具体规范与总结反馈	30			
技能掌握	1. 掌握导游引导文明旅游的规范内容，正确引导旅游者文明旅游； 2. 正确掌握引导旅游者文明旅游的方式与方法； 3. 简述正确引导文明旅游的具体规范与总结反馈	35			
成果展示	1. 展示引导旅游者文明旅游的正确态度； 2. 培养学生的随机应变能力，锻炼学生的语言能力； 3. 了解引导文明旅游的重要性，提高学生的组织能力	25			
团队表现	分工明确，沟通顺畅，合作良好	10			
合计		100			

复习思考题 ▸▸▸

一、填空题

1. 导游应具备独立工作能力，代表旅行社履行合同义务，完成_____任务。

2. 游览初期阶段，旅游者具有的心理特征是_____。

3. 旅游产品是一种组合性的整体产品，不仅包括沿线的_____，还包括沿线提供的交通、食宿、购物、娱乐等各种旅游设施和服务。

4. 导游服务集体是为完成旅游接待任务而形成的导游服务团队，一般包括地陪导游、全陪导游和_____。

二、选择题

1.（单选）一个团队中，导游及司机之间的合作原则是（　　）。

A. 旅游协议　　　　　　　　　　B. 共同获得经济利益

C. 旅游者至上　　　　　　　　　D. 相互包容

2.（单选）导游是旅游者在当地的方向和灵魂，司机因为种种原因在服务上不配合或不恰当地鼓动旅游者参加一些不适宜的活动，导游应（　　）。

A. 不予理会　　　　　　　　　　B. 耐心说服

C. 加入其中　　　　　　　　　　D. 闭目养神

3.（单选）为了让旅游者真正实现观景赏美的目的，导游首先应该（　　）。

A. 传递正确的审美信息　　　　　B. 激发客人的想象思维

C. 让客人保持最佳的审美状态　　D. 掌握景区讲解的语言技巧

4.（单选）（　　）是旅游者享受自然美的主要景观。

A. 自然景观　　　　　　　　　　B. 人文景观

C. 水体景观　　　　　　　　　　D. 红色景观

5.（单选）人文旅游景观的审美特征主要在于它的（　　）。

A. 知识性　　　　　　　　　　　B. 凝聚性

C. 自然性　　　　　　　　　　　D. 审美性

三、简答题

1. 全陪导游与地陪导游如何搞好合作？

2. 在游览过程中，导游应如何引导旅游者文明旅游？

3. 导游引导自然景观审美的技巧有哪些？

参考答案

第七章 智慧旅游时代导游问题应变与处理

导 言

在旅游活动中，导致意外发生的因素有很多，这些意外可能会威胁各方财产和人身安全。本章围绕智慧旅游时代"旅游合同纠纷问题的应变与处理、旅游者财物问题的应变与处理、旅游者人身安全问题的应变与处理、突发事件的应变与处理、旅游者特殊要求的应变与处理"等展开，帮助学生掌握旅游过程中突发事件的应对方法和技巧。

导游应具备社会责任感，善于应变，意志坚定，立足全局，注重服务意识。这些品质不仅是个人成功的关键，也是构建和谐社会、实现共同繁荣的基石，在智慧旅游时代和导游职业发展中具有重要意义。

学习目标

知识目标：识记旅游活动中各种问题的应变与处理方法，有效预防各种相关问题的发生。

能力目标：能够正确运用相关理论知识在实践中灵活分析问题、解决问题并总结经验；具备常见旅游事故的预防和处理能力。

素质目标：形成不惧困难、意志坚定、处事果断、顾全大局、团结协作的品质，形成良好的导游服务意识和处理协调能力。

思政元素

乐于助人、勇于担当、意志坚定、处事果断、顾全大局。

教学重点

智慧旅游时代旅游活动中各类旅游突发事件的应变与处理。

教学难点

智慧旅游时代旅游活动中各类旅游突发事件的有效预防措施。

教学方法

基于翻转课堂，结合案例法、讲授法、情境法等实施教学。

教学建议

本次任务教学建议如下：

内容	方式	参考学时
导入案例	课下完成	0.5
基础知识	课上课下结合	2
案例分析	课上课下结合	0.5
知识链接	课上课下结合	0.5
模拟实训	课下完成	1
复习思考题	课下完成	0.5
总学时		5

导入案例

旅游者安然无恙

2017年8月10日凌晨2点左右，年仅27岁的导游焦志斌和44名前往九寨沟旅游的旅游者抵达重庆。

回忆起九寨沟地震发生的瞬间，焦志斌记忆犹新，"当时我正带着旅游者在一个藏家院子里游玩，突然听到旅游品商店上挂的风铃全部响了起来，经历过汶川大地震的我第一反应就是地震了。"

"第一次地震并不明显，就和汶川地震一样，只是轻轻摇了一下。但是我知道，随后来的就是大地震。"焦志斌的预料没错，仅仅两三秒时间之后，他周围的房屋开始剧烈晃动。

本能够第一时间撤离的焦志斌却没有冲向近在咫尺的大门，而是站在院子里用尽力气大声吼起来，"地震了，大家出了院门，往右边停车场撤离。"焦志斌说，他的声音被淹没在人群的惊叫声中。

如何让旅游者尽快有序撤离以保证其人身和财物安全？常年带团积淀的职业素养告诉焦志斌遇事不能慌乱，要沉着冷静应对，将地震带来的危害降到最低。这时，焦志斌想到了藏家大院里都会配备的便携式音箱，于是他冲回去抓了一个音箱，不停地对着话筒叫大家撤离。

同时，焦志斌知道旅游者应尽快疏散到空旷场所避难，恰好大院大门外不远处有个停车场。他就在门外边吼边指着不远处的停车场，"那里比较空旷，是最安全的地方。"本已经离开藏家大院的他，为了防止还有旅游者因为惊慌滞留在藏家大院里，又返身冲回了在摇晃的大院之中，站在院门口指引着还在往外撤离的旅游者们。

经过科学有序疏散，旅游者无一人走失，也没有人受伤。焦志斌又开始安抚旅游者情绪，帮助旅游者在避难场所安顿下来。9日早上六点半，焦志斌收到了旅行社的来电，根据要求跟旅游者进行旅游合同的变更，按要求他们将滞留在景区内的1024名旅游者全部撤回重庆。一路上经过专业的引导，1024名旅游者情绪平稳，安全返回了重庆。

请思考：

1. 导游在带团过程中应如何处理旅游突发事件？

2. 导游面对旅游突发事件应具备哪些能力和素质？

基础知识

第一节　旅游合同纠纷问题的应变与处理

旅游合同纠纷是指旅游者与旅游经营者、旅游辅助服务者之间因旅游发生的纠纷。纠纷的种类有因格式条款发生的合同效力纠纷，因变更或解除合同产生的赔偿纠纷，因运输、饮食、旅店等企业违约或侵权形成的纠纷，以及因合同未达目的形成的精神损害赔偿纠纷等。在智慧旅游时代，旅游者的需求多元化，导游应根据《中华人民共和国民法典》《中华人民共和国旅游法》《最高人民法院关于审理旅游纠纷案件适用法律若干问题的规定》等相关法律法规，妥善处理旅游合同的解除、费用负担等纠纷。

一、旅游合同变更的预防与处理

旅游合同的履行中不确定因素较多，所以合同履行中的变更较常见，而履行中的每一细小的变更都会影响旅游的质量。旅行社和旅游者双方应仔细阅读合同的内容，尤其是对旅程安排及违约责任方面应字斟句酌地审阅，同时明确旅游价格，清楚约定双方权利、义务和违约责任。双方对模棱两可的语句一定要进行修改，在合同中明确约定旅游行程，包括乘坐交通工具是火车还是飞机，是一般旅游汽车、空调车还是豪华大巴等；住宿标准是星级宾馆还是招待所，如果是宾馆应注明星级；旅游景点具体有哪些；餐饮标准应明确是几人几菜几汤；娱乐标准、购物次数等。导游应该严格按照旅行社的接待计划执行，从而预防旅游合同的变更。如在导游带团的过程中因旅游者自身提出要进行合同变更或因为客观原因需要进行合同变更的，导游应根据当时的情况进行规范处理，从而预防旅游纠纷的发生。

（一）旅游者要求变更旅游合同

旅游者要求变更旅游合同主要包括旅游者出团时间的推迟或者提前、延长在景点逗留时间、取消或增加某些服务项目。随着智慧旅游时代的到来，旅游者通过不同的智慧旅游平台获取旅游资讯越来越方便，旅游的需求越来越多元化，提出服务项目变更的概率也随之增加。如果旅游者提出变更旅游合同，导游应婉拒，原则上应按合同执行，若有特殊情况导游应上报旅行社核定，根据旅行社的指示做好旅游合同的变更工作。如果旅行社同意变更，导游应要求旅游者与其签订书面的补充协议。因合同变更而提高住宿标准、交通标准，产生的服务差价应由旅游者自己承担。因旅游者的行为给旅行社造成损失的，旅行社可以要求旅游者承担损失。若发现旅游者提出变更行程是要求导游带其前往涉及军事秘密、商业秘密等敏感区域，从事可能危害国家安全活动的，应说明原因予以拒绝。如事先不知情，导游发现后要将情况及时向旅游行政主管部门和国家安全部门报告，并配合做好调查处理工作。

（二）客观原因需要变更旅游合同

旅游过程中，因不可抗力或者旅游经营者已尽合理义务仍然不能避免的事件，影响旅游行程而需要变更合同的，导游应向旅游者做好解释工作，及时将旅游者的意见反馈给旅行社，并按照旅行社的安排执行。旅游经营者与旅游者均同意变更旅游合同的，除双方对旅游费用分担协商一致的以外，因合同变更增加的费用由旅游者承担，减少的费用应退还给旅游者。具体处理如下：

1.尽量抓紧时间，将计划内的参观游览安排完成；若确有困难，应变更行程安排。把本地最有代表性、最具有特色的旅游景点，先带旅游者进行参观游览。其他的景点不能参观游览的则可以通过短视频的方式发送给旅游者，要以精彩的介绍、新奇的内容，使旅游者对本地的旅游景观有更多的认知和了解。

2.向旅行社及有关部门报告，与饭店、车队联系，及时办理退餐、退房、退车等相关事宜。办理的过程中应耐心做好解释工作，以求旅游辅助者的理解，以便下次工作的开展。对于有些景点或游览项目实在没有时间安排的，旅行社应向旅游者做好解释工作并退还相应费用，以弥补给旅游者带来的经济损失。

3. 如遇旅游者提前离开，要及时通知下一站（也可提醒旅行社有关部门与下一站联系）；如果后续没有旅程安排，应及时通过网络平台查看旅游者返回出发地或者去到旅游者指定的合理地点的交通及票务情况，及时协助旅游者做好购买工作。

4. 如果只是调整旅游合同中的行程计划，应该安排当地更具代表性的景点代替原来的景点。如果替代景点与原景点差距太大，导游应及时向旅行社汇报，旅行社应给予旅游者一定的补偿。

总之，导游应结合纠纷产生的实际情况，准确把握旅游合同不能履行的因果关系，积极引导当事人在合理范围内调整合同中约定的权利义务关系，包括延期履行合同、替换为其他旅游产品，或者将旅游合同中的权利义务转让给第三人等合同变更和转让行为。

二、旅游合同解除的预防与处理

旅游活动涉及面广泛，不仅涉及直接为旅游者提供食、宿、行、游、购、娱的综合性服务行为，还跨越不同行业领域，因而旅游活动涉及错综复杂的合同关系，由此产生的旅游合同纠纷也自然呈现出多样内容。引起旅游合同变更的原因主要有旅游者自身提出解除、客观原因需要解除，不管是什么原因，只要是合理合法解除，导游都应耐心做好解释工作，并协助旅游者返回出发地或者去到旅游者指定的合理地点，同时保留相关证据。

（一）因旅游者原因解除旅游合同的预防与处理

旅行社解除合同是指由于旅游者自身的原因，导致可能损害其他旅游者利益的情形出现，旅行社单方解除包价旅游合同，致使包价旅游合同效力终止的法律行为。根据《中华人民共和国旅游法》第六十六条，旅游者有下列情形之一的，旅行社可以解除合同：

1. 患有传染病等疾病，可能危害其他旅游者健康和安全的；

2. 携带危害公共安全的物品且不同意交有关部门处理的；

3. 从事违法或者违反社会公德的活动的；

4. 从事严重影响其他旅游者权益的活动，且不听劝阻、不能制止的；

5. 法律规定的其他情形。

因上述规定情形解除合同的，组团社应当在扣除必要的费用后，将余款退还旅游者；给旅行社造成损失的，旅游者应当依法承担赔偿责任。

导游要事先对旅游者的健康情况进行建档，同时在游览

知识链接 7 - 1
关于"必要的费用"
的界定

过程中做好文明引导，对可能出现的突发情况做出预判，避免出现上述情形导致的旅游合同解除。

（二）因旅行社原因解除旅游合同的预防与处理

旅游经营者一方过错导致合同解除，主要是指旅游经营者签订合同后不组织旅游和旅游过程中瑕疵给付，两种情形均可归责于旅游经营者。解除合同后，旅游经营者应当赔偿旅游者因此受到的损失，对于旅游费用按比例收取的，剩余部分应返还旅游者。将旅游者送回始发地的费用由旅游经营者承担。此外，如果旅行社具备履行条件，经旅游者要求仍拒绝履行合同，造成旅游者人身损害、滞留等严重后果的，旅游者还可以要求旅行社支付旅游费用1倍以上3倍以下的赔偿金。

导游应根据《中华人民共和国民法典》《中华人民共和国旅游法》《最高人民法院关于审理旅游纠纷案件适用法律若干问题的规定》等相关法律法规来落实接待计划，避免出现旅行社过错导致的旅游合同解除。

（三）因客观原因解除旅游合同的预防与处理

《中华人民共和国旅游法》第六十七条规定，因不可抗力或者旅行社、履行辅助人已尽合理注意义务仍不能避免的事件，影响旅游行程的，可按照下列情形处理：

1. 合同不能继续履行的，旅行社和旅游者均可以解除合同。合同不能完全履行的，旅行社经向旅游者作出说明，可以在合理范围内变更合同；旅游者不同意变更的，可以解除合同。

2. 合同解除的，组团社应当在扣除已向地接社或者履行辅助人支付且不可退还的费用后，将余款退还旅游者；合同变更的，因此增加的费用由旅游者承担，减少的费用退还旅游者。

3. 危及旅游者人身、财产安全的，旅行社应当采取相应的安全措施，因此支出的费用，由旅行社与旅游者分担。

4. 造成旅游者滞留的，旅行社应当采取相应的安置措施。因此增加的食宿费用，由旅游者承担；增加的返程费用，由旅行社与旅游者分担。

（四）旅游合同纠纷的处理

旅游合同作为约束旅游者和旅行社双方权利义务的有效手段，在旅游活动中具有重要作用。基于《中华人民共和国民法典》中对于合同解除的相关规定，结合旅游活动的特殊性，如果发生了旅游纠纷的话，那么旅游纠纷的处理方式便是纠纷双方当事人比较关注的问题了。在日常的旅游纠纷案件处理中，旅游纠纷的处理方式主要有两大类，一类便是大家都比较熟悉的和解、调解，另一类便是向法院提起诉讼。

1. 协商

协商又称自行协商解决，是指当事人双方对所发生的旅游合同纠纷，在自愿互谅的基础上，按照有关的法律、政策的规定，通过摆事实，讲道理，自行解决纠纷的一种处理方法。在实践中，当事人协商解决合同纠纷时，一般采用以下几种方法：当事人本人（或法定代表人）自行协商解决的方法；由当事人委托的代理人相互协商解决的方法；在一定的组织机构参与下双方友好协商解决。

2. 调解

所谓调解，是指发生纠纷的当事人在双方自愿的基础上，请第三人居中进行调解从而解决纠纷的一种方式。调解解决纠纷，具有当事人自愿、程序简便、迅速等特点，是我国法律所提倡和鼓励的，有利于及时化解当事人之间的矛盾和纠纷。《中华人民共和国旅游法》第九十三条专门就旅游纠纷处理作了规定，即消费者协会、旅游投诉受理机构和有关调解组织在双方自愿的基础上，依法对旅游者与旅游经营者之间的纠纷进行调解。

3. 仲裁

仲裁包括国内仲裁和涉外仲裁两种。国内旅游合同纠纷的仲裁，都由我国的仲裁机构进行仲裁；涉外旅游合同纠纷的仲裁，由于要依据当事人的协商来选择仲裁机构，仲裁机构的所在国就可能出现在我国、对方国家或者第三国。

4. 诉讼

诉讼就是由人民法院主持的在当事人和其他诉讼参与人的参加下，审理和解决旅游合同纠纷的活动。由人民法院审理、判决旅游合同纠纷案件，是解决旅游合同纠纷的最终方法。人民法院可以开辟旅游合同纠纷诉讼绿色通道，充分发挥"旅游巡回法庭"在基层一线的作用，及时调处旅游合同纠纷；充分运用在线诉讼平台，开展线上调解、线上审判活动，将"智慧法院"用于解决旅游合同纠纷。充分发挥小额速裁程序的优势，通过快捷高效的法律服务，实现旅游合同案件的快立、快审、快结。

诉讼只是手段，预防才是目的。司法资源毕竟是有限的，就是立案、审案再快，也会影响出游的心情。旅游者只有更好地做到文明出行，旅游从业者只有更好地遵守合同，大家才会有更好的旅游环境。

三、旅游合同签订时的注意事项

（一）旅游合同应明确服务标准

旅游合同涉及的收费标准和服务标准应明确和完备。《中华人民共和国旅游法》实施后，旧版旅游合同一般要作出修订，新版旅游合同应增加需要明确的事项，包括导游服务费、成团最低人数、相关"说明""告知""警示""提示"等义务告知（如旅游者购买旅游保险的提示、旅游者文明旅游注意事项的告知、有关安全事项的说明等），也就是说，旅游行程的收费标准和所涉及的服务标准（包括乘坐的交通工具、游览景点、住宿标准、导游服务费用）都应写进旅游合同。比如出境游中，如果导游要收小费，必须事先在合同中约定收取标准；法规规定出境游一定要派领队的，合同中要有相关的约定；大部分组团社通常会将省外游、出境游委托给地接社，组团社有义务在合同中向旅游者告知地接社的名称、联系方式等。

（二）旅游合同应明确责任义务

应注意旅游合同中是否存在工商部门认定的"霸王条款"问题。比如，"若人数不够，我社无法独立成团，将提前五天通知，全额退还团费，不作赔偿；或我社有权联合其他旅行社共同组团出游，恕不另行通知"。如果有，可与旅行社交涉或协商，再不行可另选旅行社参团。同时行程表作为合同的附件也是合同的重要组成部分，要注意行程表中的有关条款与合同条款有没有相互抵触的问题。在网上团购旅游产品时，要注意旅游合同的签订问题。如购买的是合法的旅行社通过电子商务平台销售的旅游产品，要与参团旅行社签订旅游合同；如果是不具备旅行社资格的网站以团购等方式收取费用后交由旅行社处理的，在参团前一定要与组团社签订旅游合同，避免在发生旅游纷纷时，组团社推卸责任。

（三）旅游合同应双方共同协商

对双方协商一致的其他内容，旅行社在其提供的合同中应当留有"特别约定条款"位置，以便于将协商内容录入。旅游者对合同中已印好的一些内容，认为不合理的，一定要提出异议，通过充分协商去修改。对显失公平的合同，旅行社不肯让步的，旅游者有权选择不参加这个旅行团。另外，没有时间来现场签订合同的旅游者可以签订电子旅游合同。

（四）旅游合同应符合法律规定

应注意查看旅行社的经营资格和经营范围。如出境游必须由具有出境旅游组团资格的旅行社组团，台湾游必须由具有台湾游组团资格的旅行社组团，否则就存在风险。旅游合同中必须明确规定旅行社要选择合格的供应商，不能以不合理的低价招徕旅游者等。合同还须明确规定在旅游行程开始前，旅行社如无正当理由不得拒绝旅游者将合同的权利义务转让给第三人。

案例分析 7-1

烤鸭风波

一个旅游团在北京旅游，按照合同约定团队餐中不包含地方风味美食。一天在餐厅用午餐时，有团友发现旁边就餐的另外一个旅游团的餐桌上都有全聚德烤鸭，并上了酒水。这个旅游团的团友开始不满了，于是把导游叫来，质问道："为什么别的旅游团有烤鸭和酒水，而我们没有？是不是你们克扣了餐费？"导游解释道："请大家不要误会，团队餐中通常是不包含地方风味美食和酒水的。那个旅游团的烤鸭和酒水是客人另外加的，需要另外付费。来北京不吃烤鸭是一大遗憾，但我们团队的行程相对较紧，如果大家想品尝烤鸭，可以考虑晚上用餐时安排。"

案例解析

请思考：为什么用餐时会出现这样的情况？

模拟实训 7－1

旅行社组团应与旅游者签订书面合同

实训目的：

通过本节的学习，检查学生对本节知识点的理解与掌握程度，提高学生解决问题的能力。

实训要求：

要求学生运用理论知识来解决实际中遇到的问题，主要是进行案例分析。

实训地点：

校内。

实训任务：

2023 年 7 月，张女士报名参加了某旅行社组织的"天柱山五日游"，交付旅游费用 2500 元，旅行社未与张女士签订书面合同，但开具了发票，并且给了张女士一张行程表，上面列明住宿条件为 2～3 人间，带独立卫生间，食宿、景点、门票全包并有随团导游，后来又告知张女士旅游由天柱山当地旅行社安排。当张女士到达当地后，一位不是旅行社工作人员的男子把这一行团友带到某宾馆，在进入宾馆前要求每位团友交 20 元的景点门票费，否则不得入住。团友们莫名其妙，但只能客随主便。到了宾馆，因房源不多，男子私自将住宿标准降为四人一间，团友们不同意，随后就被安排到隔壁某疗养院，住进了三人间，但设施很差，卫生间漏水也无人维修。张女士找到服务员，但直到旅行结束也没人来修理，几天的旅游就在这样的住宿条件下度过了。旅游结束后，张女士要求旅行社退还部分费用（含所谓的景点门票费）。

1. 以小组为单位进行案例分析。

2. 通过网络、图书等途径搜集有关旅游合同纠纷的案例，并进行分析总结。

3. 一人扮演导游，一个扮演旅行社工作人员，其他人扮演旅游者，进行情境演练。

4. 实训时，各组就旅游合同纠纷的情景进行具体的处理。

5. 上交有关旅游合同纠纷的处理经验总结。

实训考核：

小组间进行经验分享、互评，教师进行点评、打分。评价项目与标准见表 7-1 所列。

表 7-1　实训考核评分表

评价项目	评价标准	分值	教师评价 （70%）	小组互评 （30%）	得分
知识运用	1. 了解旅游合同的概念、特点、作用及类型； 2. 通过训练与学习，掌握旅游合同的非格式条款的写法	30			
技能掌握	1. 掌握旅游合同的常识及相关条款； 2. 会一般旅游合同的正文撰写	35			
成果展示	1. 培养学生诚实守信的品质； 2. 通过案例分析加深学生对知识点掌握，改进和提高学生的职业适应能力	25			
团队表现	分工明确，沟通顺畅，合作良好	10			
合计		100			

第二节　旅游者财物问题的应变与处理

在旅游活动过程中，导游应时刻提醒旅游者保管好自己的证件和财物，特别是贵重物品。当旅游者丢失证件或物品时，导游应稳定其情绪，详细了解丢失情况，协助寻找，同时报告旅行社，并按下面的规范处理。

一、旅游者证件丢失的预防与处理

（一）旅游者证件丢失的处理

一旦发生旅游者丢失证件，导游应该做到以下几点：第一，稳定旅游者情绪，详细了解丢失情况，协助寻找；第二，如无法找到，上报相关部门、地接社和组团社，并留下旅游者信息及联系方式；第三，根据地接社安排协助失主补办相关手续。旅游者丢失证件是一件常见且十分重要的事件,证件类型不一,处理步骤略有不同,旅游者证件丢失的具体处理步骤见表7-2所列。

表7-2 旅游者证件丢失的处理

所遇问题	具体处理步骤
外国旅游者丢失外国护照和签证	1. 由旅行社出具遗失证明; 2. 失主提供补办所需材料; 3. 失主本人持旅行社介绍信和相关证明去当地公安机关外国人出入境管理处报失,由公安机关出具《护照报失证明》; 4. 失主持上述证明前往所在国驻华使领馆申请补办新证; 5. 失主持新证去公安机关办理签证手续
入境旅游者丢失团体签证	1. 必须凭团体签证复印件和接待单位公函到当地公安机关办理一次性出境有效的零次签证; 2. 凭上述零次签证从我国对外开放的各口岸出境,边防检查部门予以放行
华侨在华旅游丢失护照和签证	1. 由旅行社出具遗失证明; 2. 失主提供补办所需材料; 3. 失主本人持旅行社出具的遗失证明去当地公安机关申请补办新证; 4. 失主持新证去其侨居国驻华使领馆办理签证手续
丢失港澳居民来往内地通行证	1. 失主持旅行社出具的遗失证明向当地市、县公安机关报失; 2. 经公安机关核实后,签发一次性有效的《中华人民共和国出入境通行证》
丢失台湾居民来往大陆通行证	1. 失主持旅行社出具的遗失证明向当地市、县公安机关报失; 2. 经公安机关核实后,签发一次性有效的《中华人民共和国出入境通行证》
丢失中华人民共和国居民身份证	失主可直接到公安机关或相应临时公安站点获得身份证明

(二) 旅游者证件丢失的预防

旅游期间,旅游者丢失证件现象时有发生,不仅给旅游者造成诸多不便,也给导游的工作带来不少麻烦和困难。导游应经常关注旅游者这些方面的情况,采取以下措施预防此类问题的发生:

1. 多做提醒工作。参观游览时,导游应提醒旅游者带好随身物品和提包;在热闹、拥挤的场所和购物时,导游应提醒旅游者保管好自己的手机、钱包、提包和贵重物品;离开酒店、饭店和返程时,导游应提醒旅游者带好随身行李物品,检查是否带齐了旅行证件。

2. 导游在工作中需要使用旅游者的证件时，应由领队收取，用毕立即归还，并提醒旅游者保管好自己的证件，不要代为保管。同时，建议旅游者保留电子证件，以备不时之需。

3. 每次旅游者下车前，导游应提醒带好随身贵重物品，下车后导游应提醒司机清车、关窗，并锁好车门。

二、旅游者行李丢失或损坏的预防与处理

（一）旅游者行李丢失或损坏的处理

旅游者财物丢失或损坏时，导游应稳定旅游者情绪，详细了解丢失或损坏情况，同时报告旅行社，并按规范处理：第一，详细了解失物的形状、特征、价值，分析物品丢失的可能时间和地点，积极帮助寻找；第二，若丢失的是进关时登记并须复带出境的物品或购买了保险的贵重物品，接待旅行社要出具证明，失者持证明到当地公安局挂失并开具遗失证明，以备出海关时查验或向保险公司索赔。财物丢失地点不同处理方法略有不同，旅游者行李丢失或损坏的处理方法见表 7-3 所列。

表 7-3　旅游者行李丢失或损坏的处理方法

行李丢失或损坏的地点	处理方法
境内	1. 稳定旅游者情绪，详细了解丢失或损坏情况，同时报告旅行社； 2. 查明行李丢失或损坏的运输区间，协助旅游者到机场（车站、码头）失物登记处办理行李丢失和认领手续； 3. 失主须出示机票（车票、船票）及行李牌，详细说明始发站、转运站，以及行李件数及丢失行李的大小、形状、颜色、标记、特征等，并一一填入失物登记表； 4. 将失主下榻饭店的名称、房间号和电话号码（如果已经知道的话）告诉失物登记处并记下电话和联系人，记下有关航空公司、客运公司等的地址、电话，以便联系； 5. 旅游者在当地游览期间，导游要不时打电话询问寻找行李的情况，一时找不回行李，要协助失主购置必要的生活用品，并提醒他保存好购物发票； 6. 若离开本地前行李还没有找到，导游应帮助失主将接待旅行社的名称、全程旅游线路及各地下榻的饭店名称转告有关航空公司、客运公司等，以便找到行李后及时运往合适地点交还失主； 7. 如行李确系丢失，以及可以确认责任者的，导游应协助旅游者向责任方进行索赔，并办理相关事宜，难以确认责任的，为旅游者开具相应证明，以便向保险公司申请办理理赔事宜，并视情况向有关部门报告

（续表）

行李丢失或损坏的地点	处理方法
境外	1. 导游应及时协助旅游者通过行李查询台或承运人的行李服务柜台查询和申报，认真分析可能发生在哪个环节，设法寻找； 2. 如果行李确已来到本地并进入饭店，可能是行李员投错了地方，应及时报告接待社并由饭店行李部和保卫部负责处理； 3. 行李未找到期间应安慰失主，帮助失主解决生活方面的困难；如果最终未找到或是行李损坏严重，应把详细情况上报旅行社，并按规定协助办理相关索赔或理赔事宜

如果发生财物被盗，特别是贵重物品被盗，导游应做到以下几点：第一，立即向公安机关和保险公司报案并协助有关人员查找线索，力争破案，找回被盗物品，挽回影响；第二，找不回被盗物品，协助失主持旅行社的证明到当地公安机关开具失窃证明书，以便出海关时查验或向保险公司索赔；第三，向失主提供热情周到的服务，安慰失主，缓解他的不快情绪。

（二）旅游者行李丢失或损坏的预防

旅游期间，旅游者行李的丢失或损坏现象时有发生，不仅给旅游者造成诸多不便和一定的经济损失，也给导游的工作带来不少麻烦和困难。导游应经常关注旅游者这些方面的情况，采取以下措施预防此类问题的发生：

1. 多做提醒工作。参观游览时，导游应提醒旅游者带好随身物品和提包；在热闹、拥挤的场所和购物时，导游应提醒旅游者保管好自己的钱包、提包和贵重物品；离开饭店时，导游应提醒旅游者带好随身行李物品。

2. 建立行李的电子清单，切实做好每次行李的清点、交接工作。在每次旅游者下车后，导游应确保所有行李都被清点和妥善存放，避免遗留在车上。

案例分析 7-2

少说一句话，惹出大麻烦

地陪导游小李带团在一家饭店用餐。小李用完餐后便与饭店结账，由于账目的问题耽搁了一会儿，等他从饭店出来，团友们已经在车上等他了。小李一看时间不早了，便急忙让司机开车赶往下一个景点。旅游车走到半路时，一名团友突

案例解析

然喊道："坏了，我的皮包忘在饭店的椅子上了！"小李见状，赶忙让司机调头回饭店寻找，结果这位团友的皮包早已不翼而飞，包里有手机和大量现金。这位团友在懊恼之余，埋怨起小李来，说作为导游应该提醒团友餐后带好随身物品，而小李没有提醒，应当赔偿一部分损失。最后，在旅行社的参与下，此事才得以妥善解决。

请思考：作为一名导游应该如何做好旅游者财物丢失和预防工作？

模拟实训 7 - 2

旅游者财物丢失处理

实训目的：

通过本节的学习，检查学生对本节知识点的理解与掌握程度，提高学生解决问题的能力。

实训要求：

要求学生运用理论知识来解决实际中遇到的问题，主要是进行案例分析。

实训地点：

校外。

实训任务：

1. 以小组为单位进行实训。

2. 展示住宿酒店场景。

3. 展示住宿酒店旅游者丢失财物的场景。

4. 通过案例分析及运用所学知识，进行模拟演练。

5. 通过模拟演练，总结各类突发事件的处理方法与经验。

实训考核：

小组间进行成果分享、互评，教师进行点评、打分。评价项目与标准见表 7 - 4 所列。

表 7 - 4　实训考核评分表

评价项目	评价标准	分值	教师评价 （70%）	小组互评 （30%）	得分
知识运用	1. 了解如何预防旅游者丢失证件、财物； 2. 通过案例分析、情景模拟了解突发事件处理的基本原则	30			
技能掌握	1. 学会并掌握丢失证件的处理方法； 2. 学会并掌握丢失财物的处理方法； 3. 学会并掌握丢失行李的处理方法	35			

（续表）

评价项目	评价标准	分值	教师评价 （70%）	小组互评 （30%）	得分
成果展示	1. 培养学生的应变能力； 2. 突发事件的预防措施和处理方法在导游工作中的运用	25			
团队表现	分工明确，沟通顺畅，合作良好	10			
合计		100			

第三节　旅游者人身安全问题的应变与处理

一般来说，旅游者走失的原因有两种：一是在参观游览过程中旅游者对某种现象和事物产生兴趣或在某处摄影滞留时间较长而脱离团队，甚至是因景点旅游者太多而跟错团队导致自己走失；二是在自由活动、外出购物时旅游者没有记清饭店地址和路线而走失。无论哪种原因，都会影响旅游者情绪、有损带团质量。导游只要有责任心、肯下功夫，就会降低这种事故的发生率。一旦发生这种事故，导游要立即采取有效措施以挽回不良影响。

一、旅游者走失的预防与处理

（一）旅游者走失的预防

1. 做好提醒工作

导游在带领旅游者进行参观游览活动时，应做到时时提醒旅游者不要走散；自由活动时，提醒旅游者不要走得太远；不要去热闹、拥挤、秩序混乱的地方活动；及时把集合的时间和定位发送到微信群。晚上进行自由活动时，导游应建议旅游者不要回饭店太晚。导游还应将下榻饭店的名称、电话号码等相应的信息编辑整理好发送到微信群里，对于不会使用智能手机的年长或年幼的旅游者可以提醒其记住以上信息或通过便笺的方式记录以上信息，并提醒旅游者返回酒店后及时向导游发信息报平安。

2. 做好各项活动的安排和预报

在旅游者出发前或旅游车离开饭店后，导游要向旅游者通报一天的旅游行程安排，上、下午游览景点，以及中、晚餐餐厅的名称和地址。到达游览景点后，在景点示意图前，导游要向旅游者介绍游览线路、大概的参观游览时间、是否会走回头路。对于大型景区，如果有旅游者因身体原因不随团进行全程活动的，导游应告知旅游车的停车地点和定位，强调集合时间和地点，把旅游车的特征和车号及集合的定位发送到微信群，同时也可以建议旅游者下车后把车牌号拍照保存，并做好安全游览的提醒工作。

3. 做好导游服务集体的配合和讲解工作

导游应该时刻和旅游者在一起，经常清点人数。地陪导游、全陪导游和领队应密切配合，全陪导游和领队要主动负责做好断后工作。导游要以高超的导游技巧和丰富的讲解内容吸引旅游者，把控好讲解和游览的节奏，及时关注旅游者的游览进度，确保旅游者在视线范围内，同时在整个游览过程中要做好旅游者之间的沟通工作和对特殊人员的照顾。

（二）旅游者走失的处理

1. 旅游者在境内的走失

（1）了解情况，迅速寻找。地陪导游应立即拨打旅游者的联系电话，确认旅游者的所在位置和身处环境，若旅游者无身体健康状况，且相距不远，则可以暂时停下等待，给旅游者发送团队所在的定位，让旅游者根据导航找过来；若有身体健康状况出现，地陪导游、全陪导游和领队应该第一时间前往旅游者走失所在位置进行处理。

（2）寻求帮助。若旅游者在面积大、范围广、进出口多的游览点走失，导游可以通过景区的智慧旅游平台查看景区的监控，同时使用景区广播进行寻找，也可以在导游同行群发送走失旅游者的照片，寻求帮助。

（3）与饭店联系。在寻找过程中，导游可与旅游者下榻饭店的前台、楼层服务台联系，请他们注意该旅游者是否已经回到饭店，若旅游者返回饭店，请其立即告知导游。

（4）向旅行社报告。若采取了以上措施仍找不到走失的旅游者，导游应及时报告旅行社，反映旅游者走失详细情况，寻求指导和帮助，并通知走失旅游者家属。若走失24小时仍未找到，立即向走失地公安机关报案，寻求帮助。若旅游者是老年人、未成年人、残疾人等特殊人群应立即报警。

（5）做好善后工作。找到走失的旅游者后，导游要做好善后工作，分析走失的原因。如属导游的责任，导游应向旅游者赔礼道歉；如果责任在走失者，导游也不应指责或训斥对方，而应对离团受到惊吓者进行安慰，讲清利害关系，提醒其以后注意。

（6）写出事故报告。若发生严重的走失事故，导游要写出书面报告，详细记述旅游者走失经过、寻找经过、走失原因、善后处理情况及旅游者的反映等。

2. 旅游者在境外走失

（1）立即报告接待社和当地警方。导游在得知旅游者自己在外出时走失，应立即报告旅行社，请求指导和帮助；及时向当地警方报案并提供走失者可辨认的特征、相应的护照身份信息，请求相关部门协助查找。

（2）做好善后工作。找到走失者，导游应表示高兴，问

知识链接 7-2
野外迷路五招辨南北

清情况，安抚因走失而受惊吓的旅游者，必要时提出善意的批评，提醒其引以为戒，避免走失事故再次发生。如果未找到应向中国驻当地使领馆或政府派出机构报告，在其指导下全力做好旅游者走失的应对处置工作。如果旅游者走失后出现其他情况，应视具体情况作为治安事件或其他事故处理。旅游者走失的处理方法见表7-5所列。

表7-5 旅游者走失的处理方法

走失场景	处理方法
境内	1. 向其他旅游者了解情况，马上通过电话、微信进行联系，如果电话和微信都未取得联系，全陪导游应安排旅游者随行亲朋或旅游者代表与其共同寻找旅游者，地陪导游带团继续游览； 2. 与景区取得联系，寻求帮助。可以通过智慧旅游平台的监控系统来查看旅游者活动情况，并通过广播播报寻人启事； 3. 同时与入住的酒店取得联系，核实旅游者是否返程； 4. 及时报告旅行社，反映旅游者走失的详细情况，取得指导和帮助，并通知走失旅游者家属； 5. 走失24小时仍未找到的，立即向走失地公安机关报案，寻求帮助； 6. 旅游者是老年人、未成年人、残疾人等特殊人群的，立即报警
境外	1. 导游及时向当地警方报案，并报告旅行社； 2. 向中国驻当地使领馆或政府派出机构报告； 3. 在相关机构的指导下全力做好旅游者走失的应对处置工作

二、旅游者伤病的预防与处理

旅游者意外受伤或患病时，导游应及时了解情况，如有需要，应陪同旅游者前往医院就诊，并按规定履行报告义务，告知旅行社及患者家属，但须特别注意不能擅自给旅游者用药。

（一）旅游者伤病的预防

旅途劳顿、气候变化、水土不服或者起居习惯改变等常常使旅游者尤其是年老、体弱者感到不适，甚至患病。在旅游期间，导游要时刻关注旅游者的身体健康情况，及时做好预防工作。主要预防措施如下：

1. 游览项目选择要有针对性。在做准备工作时，导游应了解旅游者的年龄及身体状况，做到心中有数。导游应选择适合这一年龄段旅游者的游览路线，让旅游者在力所能及的情况下完成旅游活动，也可以通过景区的导览智慧旅游平台了解景区的当日的人流量，尽可能做好对可能发生事故的预判，进而做好相应防范处理。

2. 活动日程安排要留有余地，做到劳逸结合，使旅游者感到轻松愉快。导游切忌将一天的游览活动安排的太多、太满；更不能将体力消耗大、游览项目多的景点集中安排，要有张有弛；晚间活动的时间不宜排得过长，尽量按照正常的作息时间去安排游览活动；关注天气情况，天气过于炎热或严寒，需注意室外游览时间不宜过长。

3. 导游应随时提醒旅游者注意饮食卫生，不要买不卫生的食品，不要喝生水；及时报告天气变化，提醒旅游者随着天气的变化及时增减衣服、带雨具等，尤其是炎热的夏季要注意防中暑。导游可以把当天特别需要注意的事项发在与旅游者建立的微信群中。

（二）旅游者伤病的处理

1. 旅游者患一般疾病的处理

旅途的劳顿和饮食等生活习惯的突然改变，可能会引起旅游者在旅游期间的身体不适或患一般疾病，如感冒、发烧、水土不服、晕车、失眠、便秘、腹泻等，这时导游应该：

（1）劝其及早就医，注意休息，不要强行游览。在游览过程中，导游要观察旅游者的神态、气色，发现旅游者的病态时，应多加关心，照顾其坐在较舒服的座位上或者留在饭店休息，但一定要通知饭店给予关照，切记不可劝其强行游览。旅游者患一般疾病时，导游应劝其及早去医院就医。

（2）关心患病的旅游者。对因病没有参加游览活动，留在饭店休息的旅游者，导游要主动前去问候并询问身体状况，以示关心，同时要解决好旅游者的用餐问题，必要时通知餐厅为其提供送餐服务，也可以将美食小程序发送给旅游者让旅游者自助点单。如果旅游者需要，导游可陪同旅游者前往医院就医，但应向旅游者讲清楚，所需费用自理，提醒其保存诊断证明和收据，同时协助旅游者向保险公司办理理赔事宜。严禁导游擅自给旅游者用药。

2. 旅游者病危的处理

旅游者病危的处理方法见表7-6所列。

表7-6 旅游者病危的处理方法

场景	处理方法	注意事项
在飞机、火车、轮船上	1. 请乘务人员在乘客中寻找医生，进行抢救； 2. 与下站旅行社和急救中心联系，做好抢救准备	1. 不要搬动患病者，让其就地坐下或躺下； 2. 要陪同前往医院，而且须有患者亲属陪同，亲属不在则让领队或领队指派的团员随行； 3. 导游（主要是地陪导游）应帮助患者办理分离（或延期）签证及出院、回国手续等；
在旅游车上	1. 及时拨打120，或找出租车送患者前往就近的医院； 2. 必要时可暂时中止旅游，让旅游车先开往医院； 3. 安排好其他旅游者继续按计划活动，不得中断全团活动； 4. 通知旅行社请求指导并派人协助	

（续表）

场景	处理方法	注意事项
在饭店	1. 经饭店医务人员抢救后送医院； 2. 通知旅行社请求指导并派人协助	4. 患者住院和医疗费用自理； 5. 患者在离团住院期间未享受的综合服务费按协议规定处理； 6. 如外籍人士病危，应协助患者通知其所在国驻华使领馆； 7. 如旅游者病危发生在境外，领队应及时向中国驻当地使领馆或政府派出机构报告
参观游览时	1. 立即拨打电话叫救护车并向景点工作人员或管理部门请求帮助； 2. 通知旅行社请求指导并派人协助	

3. 旅游者受伤的处理

旅游者受伤的处理方法见表 7-7 所列。

表 7-7　旅游者受伤的处理方法

受伤情况	处理方法及具体操作
骨折	1. 止血：（1）手压法，即用指、手掌、拳在伤口靠近心脏一侧压迫血管止血；（2）加压包扎法，即在创伤处放厚敷料，用绷带加压包扎；（3）止血带法，即用弹性止血带绑在伤口近心脏的大血管上止血； 2. 包扎：清洗伤口，包扎时动作要轻柔，松紧要适度，绷带的结口不要在创伤处； 3. 上夹板：就地取材上夹板，以求固定两端关节，避免转动骨折肢体
蝎、蜂蜇伤	1. 设法将毒刺拔出，用口或吸管吸出毒汁； 2. 用肥皂水，条件许可时用 5％苏打水或 3％淡氨水洗敷伤口； 3. 严重者要送医院抢救
蜈蚣、蝎子咬伤	可用肥皂水、洗衣粉等碱性液体冲洗
蛇咬伤	1. 注意查看伤口上的牙印，如确定是毒蛇咬伤，应扎紧伤口； 2. 吸出毒液，边吸边吐，并不断漱口； 3. 每隔 20 分钟，放松扎伤口的带子 1～2 分钟，防止伤口坏死； 4. 用肥皂水洗净再送医院

4. 旅游者伤病处理注意事项

（1）如果患者是国际急救组织的投保者，导游应提醒其亲属或领队及时与该组织的代理机构联系。

（2）在抢救过程中，需要领队或患者亲友在场，并详细记录患者患病前后的症状及治疗情况，并请接待社工作人员到现场或与接待社保持联系，随时汇报患者情况。

（3）如果需要做手术，须征得患者亲属的同意，如果亲属不在，需由领队同意并签字。若患者病危，但亲属又不在身边，导游应提醒领队及时通知患者亲属。如果患者亲属系外国人士，导游要提醒领队通知患者所在国使领馆。患者亲属到后，导游要协助其解决生活方面的问题；若找不到亲属，一切按患者所在国使领馆的书面意见处理。

（4）有关诊治、抢救或手术的书面材料，应由主治医生出具证明并签字，要妥善保存。

（5）地陪导游应请求接待社派人帮助照顾患者、办理医院的相关事宜，同时安排好其他旅游者继续按计划活动，不得中断全团活动。

（6）患者转危为安但仍需要继续住院治疗，不能随团继续旅游或出境时，接待社工作人员和导游（主要是地陪导游）要不时去医院探望，帮助患者办理分离签证、延期签证及出院、回国手续和交通票证等事宜。

（7）患者住院和医疗费用自理。如患者没钱看病，请领队或组团社与境外旅行社、其家人或保险公司联系解决费用问题。

（8）患者在离团住院期间未享受的综合服务费由旅行社之间结算后，按协议规定处理。患者亲属在此期间的一切费用自理。

（9）妥善安排好其他旅游者的活动，地陪导游带团继续游览。

知识链接 7-3
旅途中骨折的急救

三、旅游者死亡的预防与处理

（一）旅游者死亡的预防

出门旅游存在着各种各样未知的风险，在旅游期间，导游要时刻关注旅游者的身体健康情况，及时做好预防工作。主要预防措施如下：

1. 注意天气变化

导游在出门旅游之前要先看天气预报，看看旅游目的地的天气是怎样的，做好万全的准备再出门，如遇到雷雨、台风、热带风暴、泥石流、洪水、海啸等恶劣天气和自然灾害时，应远离危险地段或危险地区，切勿带旅游者进入景区规定的禁区。同时，在台风等天气，不应进行过山车等刺激游戏，不然很容易出现意外事故。

2. 海边游泳要看清限定区域

到海边时，导游最好不要组织旅游者游泳，如果行程安排了，要时刻提醒旅游者不要超出限定区域范围；提醒旅游者要有较强的自我保护意识，携带必要的保护救生用品，不私自下水，以防溺水事故发生。

3. 山区旅游注意防滑跌倒

如果是到山区或地形比较复杂的地方旅游，导游要告知旅游者注意看清脚下及前方的路是否好走，要穿舒服耐磨的鞋子，避免磨脚。导游还应提醒旅游者防滑、防跌、防迷失，牢记景区规定的行走路线。导游可以把路线图发到与旅游者联络的微信群，必要的时候可以通过共享位置的方式带领旅游者行进，提醒旅游者不要去无防护设施的危险地段，最好结伴游览，防止走错路、迷路而带来意外。

4. 加强安全教育

及时了解旅游者的身体情况，加强对旅游者的安全教育，同时把可能会发生的意外事件整理后发送到微信群，以起到警示和提醒作用。导游自己也需加强对旅游产品要素的安全评估，防止出现意外事件，对于特殊游玩项目的注意事项一定要提前做好提醒工作并要求旅游者遵守规定。

（二）旅游者死亡的处理

1. 迅速报告

出现旅游者死亡的情况时，地陪导游应立即向当地接待社报告，由当地接待社按照国家有关规定做好善后工作。同时，导游应稳定其他旅游者的情绪，并继续做好其他旅游者的接待工作。如果死者的亲属不在身边，导游必须立即通知其亲属。若旅游者是非正常死亡，导游应注意保护现场并及时向当地公安机关报案。旅游者死亡发生在境外的，导游应及时向当地警方报案，同时向中国驻当地使领馆或政府派出机构报告，并按旅行社的安排处理相关事宜。

2. 由医生出具抢救报告

由参加抢救的医生向死者的亲属、领队详细报告抢救过程，并拿出抢救经过报告、死亡诊断书等，由主治医师签字后盖章复印，分别交给死者的亲属、领队和旅行社。若有必要，可请领队向全团宣布死者的抢救过程。

3. 遗体处理

死者一般不进行尸体解剖。若死者亲属要求解剖尸体，应由死者的亲属或领队提出书面申请，经医院同意后方可进行。遗体的处理一般以在当地火化为宜。遗体火化前，应由死者的亲属、领队填写《遗体火化申请书》。若死者的亲属要求将遗体运送回国，除需办理上述手续外，还应由医院对尸体进行防腐处理，由殡仪馆成殓，并发给检验说明书。

4. 遗物处置

死者的遗物由其亲属或领队、全陪导游、接待社代表共同清点，列出清单，共同签字后分别保存。遗物由死者的亲属、领队带回或交由使领馆转交。导游应协助旅游者家属向保险公司办理理赔事宜。

案例分析 7-3

一个都不能少

某年暑假，由 60 人组成的天津某中学的旅游团去北京游览。旅游者分乘两辆车前往颐和园，到达颐和园时，入口处已是人山人海。两位地陪导游商量后，决定 A 车学生从东宫门进，B 车学生由北如意门入园，3 个小时后在新建宫门口集合。

两个小时后，A 车一行 30 人游览了石舫，地陪导游清点人数，30 名学生都在现场，便带团登船前往东岸文昌阁。船抵码头，学生陆续下船，地陪导游一点人数，少了喜欢照相的 2 人。这 2 名学生都没有手机，带队的老师、全陪导游和地陪导游都着急了。这时，地陪导游让全陪导游照顾其他学生就地拍照、休息，自己跑去颐和园管理处，请求广播找人，通知 2 人直接到东宫门，地陪导游去东宫门等候。30 分钟后，全团学生全部到齐，乘车返回市区。

案例解析

请思考：怎样避免旅游者走失的事件发生？

模拟实训 7-3

寻找走失的旅游者

实训目的：

通过本节的学习，检查学生对本节知识点的理解与掌握程度，提高学生解决问题的能力。

实训要求：

要求学生运用理论知识来解决实际中遇到的问题，主要是进行案例分析。

实训地点：

校内。

实训任务：

1. 以小组为单位，6 人一组进行实训。

2. 通过网络、图书等途径搜集在不同场所旅游者走失的案例，并进行分析总结。

3．一人扮演导游，其他人扮演旅游者，分不同场景和不同小组进行模拟演练。

4．每个小组总结针对不同场合旅游者走失处理方法。

5．上交实训报告。

实训考核：

小组间进行经验分享、互评，教师进行点评、打分。评价项目与标准见表7-8所列。

表7-8　实训考核评分表

评价项目	评价标准	分值	教师评价（70%）	小组互评（30%）	得分
知识运用	1．了解旅游者在不同场合走失的原因； 2．掌握旅游者走失的预防； 3．掌握旅游者走失的处理方法	30			
技能掌握	1．增强学生随机应变的能力和旅游者走失后的处理能力； 2．了解旅游者走失的原因，对此做出预防处理，提高预防旅游者走失的服务技巧	35			
成果展示	1．旅游者走失案例汇编； 2．PPT汇报走失预防和处理方法	25			
团队表现	分工明确，沟通顺畅，合作良好	10			
合计		100			

第四节　突发事件的应变与处理

旅游活动中不可避免会发生一些突发事件，导游在处理问题时，应根据事件的严重程度及时做出调整。一个合格的导游，应具备良好的身心素质和处理各种事件的技能。

一、旅游者食物中毒的处理

食物中毒指患者所进食物被细菌等污染，或食物含有毒素而引起的急性中毒性疾病，通常表现为恶心、呕吐、腹泻、胃痛等。其特点是潜伏期短，发病快且常常集体发病，若抢救不及时会有生命危险。导游一旦发现旅游者有疑似食物中毒症状后，主要处理措施如下：

（一）及时拨打 120

1. 当导游发现旅游者食物中毒时，应尽快评估中毒的轻重程度，迅速拨打 120，将旅游者送医疗急救机构或医院进行救治，并保留相关证据。

2. 立即与当地医疗机构联系救助事宜，启动旅行社的应急预案。同时对食品进行留样，并设法对食物中毒者进行催吐，取得旅游者呕吐物的样本，有助于医生识别致毒物和处理治疗。

（二）及时反映情况

向旅行社及其所在地旅游主管部门、发生地旅游主管部门和疾病预防控制机构报告，反映旅游者食物中毒的详细情况。旅游者食物中毒发生在境外的，领队应及时向中国驻当地使领馆或政府派出机构报告，并在其指导下，全力做好食物中毒应对处置工作。

（三）有效施救

旅游者中毒一般由医生等专业人员处理，但在其赶来之前，可使用以下方法施救：

1. 人工洗胃。让中毒者身体前倾，用干净的勺子刺激中毒者舌根部，诱发其呕吐，以排出毒物。让中毒者一次饮入 300～500 ml 温水或生理盐水，反复进行上述催吐操作，直到中毒者的呕吐物为清水为止。

2. 补充体液。中毒者无呕吐或呕吐停止后，有条件的可给予口服补液盐（具体服用方法，以说明书为准），以补充损失的体液。

3. 侧卧。如果中毒者意识不清，但呼吸、心跳正常，可将中毒者翻转至侧卧位，以防止其因呕吐而引起误吸。以右侧卧位为例：抬起中毒者右胳膊，放在头的一侧，将其左手放在右肩上，左腿屈曲，足部位于近侧腿膝关节下方，施救者双手分别放在中毒者左肩及左膝，翻转其至右侧卧位，而后再调整中毒者腿部位置使其稳定，调整脸颊下方的手掌位置，使其嘴巴处于低位（低于中毒者的喉头位置）并维持这种姿势，翻转后，注意给中毒者保暖。

4. 心肺复苏。如果中毒者意识不清，且呼吸、心跳停止，应立即对其进行心肺复苏术（行口对口人工呼吸时，应使用呼吸膜或透气衣物做好隔离措施，防止因接触患者体液，造成交叉感染）。

知识链接 7-4
旅游者食物中毒
处理的特别提示

（四）善后工作

导游应积极做好旅游者和家属的安抚、现场秩序维护工作，并调查事故的原因，帮助旅游者进行检查和治疗，配合

相关部门协调处理，控制事态扩大。同时导游一定要加强食物中毒预防知识的学习，严格执行在旅游定点餐厅就餐的规定；用餐时，若发现食物、饮料不卫生，或有异味、变质的情况，应立即要求更换，并要求餐厅负责人出面道歉，必要时向旅行社汇报。

二、传染病疫情的处理

当旅游者遭遇传染病疫情时，导游应按以下要求处理：

第一，立即暂停旅游活动，第一时间向旅行社及其所在地、疫情发生地旅游主管部门报告，并及时向附近的疾病预防控制机构报告详细情况，配合开展旅游者防疫、安抚和宣传解释工作。

第二，有关部门认为应对旅游者进行防疫检查的，应立即将旅游者送至当地疾病预防控制机构或有关部门指定的场所。

第三，经查旅游者确患传染病的，遵照当地有关疫情防控指引和要求，配合相关部门和单位做好旅游者隔离、密切接触者追踪等工作，并通知其亲属。

第四，关注目的地的疫情防控动态，宜根据疫情发展情况，按旅行社的安排，调整或变更旅游行程。如患者系外籍人士，由我国公安机关令其提前出境，导游协助患者办理相关离境手续。

第五，传染病疫情发生在境外的，领队应及时向中国驻当地使领馆或政府派出机构报告，并在其指导下，全力做好传染病疫情应对处置工作。

三、社会骚乱等群体性事件的处理

（一）社会骚乱等群体性事件的界定

社会骚乱等群体性事件是指公众为了实现自身利益或其他目的，通过非法聚集采取打砸抢烧等暴力行为，公然违反法律、法规，扰乱社会秩序、严重危害公共安全、破坏社会稳定，对公民的人身财产造成重大损害的事件。

（二）社会骚乱等群体性事件的处理

当旅游者遭遇社会骚乱等群体性事件时，导游应按以下规范要求处理：

1. 立即向旅行社报告，反映旅游者遭遇群体性事件的详细情况，并向旅游者预警，引导旅游者采取相应的安全防范措施。

2. 旅游者人身和财物安全受到威胁的，根据现场条件，引导旅游者开展自救和互救，并及时带领旅游者脱离险境，全力保护旅游者的人身和财物安全。

3. 稳定旅游者情绪，视情况变更或取消行程，取消行程的，协助旅游者返回出发地或旅游者指定的合理地点。

4. 当旅游者遭遇社会骚乱等群体性事件发生在境外的，领队应及时向中国驻当地使领馆或政府派出机构报告，并在其指导下，妥善将旅游者转移至安全区域，全力做好群体性事件的应对。

5. 若在行程中出现旅游者投诉（住宿、餐饮、交通、行程、导游等），可能引发旅游者集体上访等群体性事件，应尽力控制事态发展，及时向旅行社和当地旅游行政主管部门报告，必要时向当地公安机关报案，积极配合相关部门做好旅游者疏导、安抚和调查处理工作，事后撰写书面报告交旅游行政主管部门备案。

四、自然灾害的处理

当旅游者遭遇自然灾害时，导游应沉着应对，并按以下要求处理：

第一，及时报警并向旅行社报告，同时向旅游者预警，引导旅游者采取相应的安全防范措施，立刻带领旅游者撤离灾区。

第二，旅游者遭受人身损害的，根据现场的条件，引导旅游者开展自救和互救，防范二次伤害，等待救援。

第三，稳定旅游者情绪，及时将事件发生的时间、地点、原因、经过等情况报告旅行社和相关部门，取得指导和帮助。

第四，在境外因自然灾害导致旅游者伤亡的，领队应及时向中国驻当地使领馆或政府派出机构报告，并在其指导下全力做好事故应对处置工作。

五、接待纠纷的处理

导游是旅行社派出的代表，在旅游者与旅行社之间起着连接和纽带作用。导游是同旅游者接触时间最长、最直接的人，也是最先发现与处理矛盾纠纷的人。导游为旅游者提供服务的过程，就是一个不断排除误解，化解纷争，求得旅游者认同与肯定的过程，导游要主动承担起排查、化解矛盾纠纷的职责。导游既是向导、讲解员、宣传员、服务员、促销员、"民间大使"，同时也是安全保卫员、调解员和信息员，要按照"平安、和谐、稳定"的目标和"发现得早、化解得了、控制得住、处理得好"的要求，及时把问题解决在萌芽状态。当导游与旅游者发生接待纠纷时，导游应按下面的规范要求处理。

（一）及时安抚引导

如果是入境团，应及时与领队等进行沟通，了解旅游者不满的原因，及时对症处理，讲求有理、有利、有节，稳定旅游者情绪，安抚好旅游者。引导旅游者理性维权，必要时报旅游行政管理部门并配合处理，切忌不管不问，激化矛盾。如果是境内团，可先与组团社的全陪导游进行沟通，了解旅游者不满的原因，安抚旅游者的情绪，及时对症处理，若不能处理的，及时向旅行社进行汇报，反馈旅游者的意见和建议，听取旅行社的答复后再做出相应处理。

（二）留存证据备用

在处理过程中，导游要做好书面记录，保存书证、物证、电子数据等证据，以便善后。导游在处理的过程中要讲究方式方法，可以采取个别接触的方式，最好把旅游者请到远离旅游团队的地方，然后头脑冷静、不带任何情绪地倾听旅游者的投诉内容，认真做好笔记，分析旅游者投诉的性质，必要时可以通过视频取证，找出核心问题，最后向旅游者做出耐心解释。如果有些问题确实难以解决，导游也应把当时的情况实事求是地记录下来，并请旅游者及相关人员签字，做好留证工作，以便返回后向旅行社汇报，为解决旅游者诉求提供资料依据。

（三）及时上报处理

及时上报接待纠纷的详细情况，根据旅行社的指示做好下一步的工作安排。导游应了解是不是酒店、景点、餐饮等工作上出了问题，积极进行协调处理，必要时可向旅游质监部门反映，并配合处理。若发生斗殴情况应及时制止，立即报警并向旅行社汇报，配合旅行社做好旅游者安抚工作，在民警到场后配合调查处理。

（四）维护合法权益

旅游合同签订后，旅行社和旅游者就有义务严格履行，违约方必须承担违约责任。导游作为旅行社法定义务的具体履行者，应当按照合同约定为旅游者提供服务，而不能擅自更改旅游合同。若导游没有按照约定提供服务，那么直接承担后果的是旅行社，所以旅行社必须按照约定或者法律规定补偿旅游者。但是旅行社可以通过合同约定或者法律规定，对导游进行追偿，最终由导游自己承担不利后果。

（五）妥善处理纠纷

近年来，随着智慧技术的运用，全国多地通过"云上法庭"快速、便捷地解决了旅游纠纷，探索出了一条远程处理纠纷的新路径。利用"云上法庭""即收即调、快立快审、就地就便"为旅游者和景区提供在线便捷司法服务，让纠纷双方"一次不用跑"；对旅游部门调处达成的协议，当即予以司法审查确认，通过诉调对接，快速解决了当事人的"游愁"。

案例分析 7 - 4

尽职尽责的导游

某导游带领 25 名团友驱车行驶在一条公路上，突然前方辆面包车在没有任何提示的情况下进行了紧急刹车。旅游车司机也赶紧刹车，但由于下雨路滑，该车仍向前冲去，眼看就要撞上前方的面包车。司机只好紧打方向盘，结果导致了翻车。该导游从昏迷中醒来后被路人拉出车外，手上流血不止。但是，当他看到车内外的团友仍在痛苦地呻吟时，他不顾疼痛和路人一起将仍在车下呻吟的团友一一救出，并拨打了急救电话，将受伤团友送至附近医院救治。

请思考：导游为什么不顾自身危险也要先救治旅游者？

案例解析

模拟实训 7－4

旅游中突发事件的处理

实训目的：

通过本节的学习，检查学生对本节知识点的理解与掌握程度，提高学生解决问题的能力。

实训要求：

要求学生运用理论知识来解决实际中遇到的问题，主要是进行案例分析。

实训地点：

校内。

实训任务：

1. 以小组为单位进行实训。

2. 通过网络、图书等途径搜集有关旅游突发事件的案例，并进行分析总结。

3. 通过案例分析及所学知识，总结各类突发事件的处理方法与经验。

4. 上交有关旅游中各类突发事件的处理方案。

实训考核：

小组间进行成果分享、互评，教师进行点评、打分。评价项目与标准见表7－9所列。

表 7－9　实训考核评分表

评价项目	评价标准	分值	教师评价 （70%）	小组互评 （30%）	得分
知识运用	1. 识记突发旅游事件的类型； 2. 学会突发旅游事件的预防与处理	30			
技能掌握	1. 学会旅游事件处理的程序； 2. 运用常见旅游事件的处理原则； 3. 掌握并运用突发旅游事件的基本技巧	35			

（续表）

评价项目	评价标准	分值	教师评价 （70%）	小组互评 （30%）	得分
成果展示	1. 通过常见旅游事件及其处理原则，进一步了解此类事件处理的更多知识； 2. 培养学生随机应变的能力，锻炼学生的语言能力； 3. 理解突发旅游事件处理的重要性，提高学生的组织能力	25			
团队表现	分工明确，沟通顺畅，合作良好	10			
合计		100			

第五节　旅游者特殊要求的应变与处理

旅游者特殊要求是指参加团体旅游的旅游者提出的各种计划外的要求。旅游者在食、宿、行、游、购、娱方面的满足，是旅游活动能否顺利进行的基本保证。导游应高度重视旅游者在就餐、住宿、娱乐、购物等方面提出的个别特殊要求，认真、热情、耐心地设法满足，使旅游者高兴而来、满意而归。

一、旅游者餐饮方面特殊要求的处理

中国有句俗话："民以食为天。"我们面对的旅游者来自不同地区，他们对餐饮的要求各不相同，所以在旅游活动中旅游者对餐饮的特殊要求也是层出不穷、各种各样，同时由于生活习惯、身体状况等，有些旅游者也会提出饮食方面的特殊要求，如不吃荤，不吃油腻、辛辣食品，甚至不吃盐、糖、味精等。针对旅游者提出的餐饮方面的特殊要求，下面介绍几种常见的处理方法，详见表7-10所列。

表7-10　旅游者餐饮方面特殊要求的处理

具体要求	处理方法	注意事项
因生活习惯、宗教信仰、身体状况等，要求提供特殊餐饮	1. 在可能的情况下尽量满足； 2. 如确有困难，要说明情况，也可协助其自行解决，可以推送一些当地美食的小程序让对方自选	一般应严格按照协议执行

（续表）

具体要求	处理方法	注意事项
旅游者提出换餐	1. 在可能的情况下尽量满足； 2. 原有餐费不退	由此造成的损失或价差及有关费用，由旅游者自己承担
因旅游者的内部矛盾或其他问题，个别旅游者不愿与大家一起用餐，要求自己单独用餐	1. 要予以劝止，并告诉领队，让其出面调解； 2. 如客人坚持，可予以满足； 3. 未享受的综合服务费不退	餐费自付
旅游者因病不能去餐厅用餐	可以通过饭店的线上平台通知饭店提供送餐服务	因此而增加的费用需自理，如送餐费
旅游者要求自费品尝风味餐	可以协助订餐，将网络上评出的最佳风味特色餐厅推送到微信群，供旅游者自由选择	1. 注意饮食卫生； 2. 导游受邀前往时，不可反客为主
旅游者因生活习惯或其他活动安排等要求提早或推迟用餐	1. 事先向餐厅打招呼； 2. 旅游者同意付费，可满足其要求	说明餐厅有固定的用餐时间，过时用餐需另付服务费

二、旅游者住宿方面特殊要求的处理

旅游者外出旅游，休息好是旅游顺利进行的保证，而住好是休息好的前提，所以住宿的重要性不可忽视。对于旅游者在住宿方面的特殊要求，导游要视情况尽力协助解决。下面提供几种关于旅游者住宿方面特殊要求的处理方法，详见表7-11所列。

表7-11 旅游者住宿方面特殊要求的处理

具体要求	处理方法	注意事项
要求住高于合同规定标准的房间	如有可能，尽量满足	房费差价及原房间的退房损失费自理
要求住单间	1. 因习惯不同或同室旅游者之间闹矛盾，请领队调解或在内部调整； 2. 饭店有空房，可予以满足	房费差价和损失由提出住单间者自理
要求延长住店时间	若有可能，尽量满足其要求	房费由旅游者自理
要求购买房中物品	应积极协助，与饭店有关部门联系，满足旅游者的要求	若购买不到，应向旅游者解释清楚

三、旅游者文化娱乐方面特殊要求的处理

同一个旅游团的旅游者由于个人爱好、文化程度、欣赏水平不同，难免会对文化娱乐活动提出各种特殊要求。导游应针对不同情况，本着"合理而可能"的原则，视具体情况妥善处理。

（一）要求更换计划内的文化娱乐节目

1. 全部旅游者提出更换

如果全部旅游者提出更换，导游应与接待社计调部门联系，尽可能更换，但不要在未联系妥当之前许诺；如接待社无法更换，地陪导游要向旅游者耐心解释，并说明原来的票已订好，不能退换，请其谅解。

2. 部分旅游者提出更换

如果部分旅游者要求观看别的演出，处理方法同上。若部分旅游者要求分路观看文化娱乐演出，在交通方面导游可作如下处理：若两个演出点在同一线路，导游要与司机商量，尽量为少数旅游者提供方便，送他们到目的地；若不同路，则应为他们安排车辆，但车费需自理。同时，导游应提醒旅游者注意安全，并把观看文化娱乐活动的注意事项发送到旅游者微信群。

（二）要求自费观看文化娱乐节目

在时间允许的情况下，导游应积极协助旅游者自费观看文化娱乐节目。导游可根据具体情况按以下方法处理：第一，与接待社有关部门联系，请其报价。将接待社的对外报价（其中包括节目票费、车费、服务费）报给旅游者，并逐一解释清楚。若旅游者认可、接受，可请接待社预定，导游应陪同前往，同时将旅游者交付的费用上交接待社，并将收据交给旅游者。第二，协助解决，提醒旅游者注意安全。导游可帮助旅游者联系购买文化娱乐节目门票，请旅游者自乘出租车前往，一切费用由旅游者自理，但应提醒旅游者注意安全，把旅游者入住酒店的定位及时发送给旅游者或者微信群。同时，导游将自己的联系电话和工作微信告诉旅游者。如果旅游者执意要去大型娱乐场所或情况复杂的场所，导游务必提醒旅游者注意安全，必要时陪同前往。

（三）要求前往不健康的娱乐场所

若旅游者提出前往不健康的娱乐场所或过不正常的夜生活，导游应断然拒绝，讲清相关的法律法规，并严肃指出前往不健康的娱乐场所和过不正常的夜生活是被禁止的。

四、旅游者购物方面特殊要求的处理

旅游购物作为一个国家或地区旅游收入的重要组成部分，是旅游活动的六大要求之一，也是参观游览的重要补充。在购物方面，旅游者往往会提出各种各样的特殊要

求，导游要设法满足。

（一）单独外出购物的要求

旅游者要求单独外出购物，若时间允许，导游可以同意其要求，并予以协助。若旅游者提出单独外出购物是在该团离开目的地的当天，导游要劝阻其不要单独行动，以免误了飞机、火车或轮船。如果旅游者不听劝阻，执意要求单独外出，导游应在其他旅游者在场的情况下，向其讲清利害关系，若出意外后果自负。

（二）退换商品的要求

在旅游购物过程中，退换商品的现象时常出现，这是一种正常的商业行为，但旅游者不能随意退换商品，应在商品可退换的范围进行。若旅游者在购物之后发现购买的商品是残次品、假冒伪劣产品，或计价有误等，导游可积极协助旅游者退换商品，必要时一同前往。

（三）再次前往某商店购物的要求

旅游者想购买某一商品，但当时没有购买，后来经过考虑又决定购买，要求导游帮助。对于这种情况，导游应热情帮助，如有时间可陪同前往，车费由旅游者自理。若因故不能陪同前往可为旅游者写张便条，写清商店地址及欲购商品的名称，请其乘出租车前往。

（四）购买古玩或仿古艺术品的要求

有些旅游者对古玩或仿古艺术品很感兴趣，要求购买，导游应建议其去文物商店购买，并提醒其买好后要妥善保存发票，不要将古玩上的火漆印去掉，以备海关查验。如果旅游者要到地摊或其他非法地点购买古玩，导游应劝阻，并告知国家的相关规定。如果发现个别旅游者有走私文物的嫌疑，导游应立即报告有关部门。

（五）代为购买和托运的要求

旅游者在购买了较多、较重或大件的商品后需要托运时，导游一定要积极热情地帮助解决，告知其商店一般可代办托运业务，购物后就可当场办理搬运手续；若商场无搬运业务，导游要协助旅游者办理搬运手续。

若旅游者想购买某种商品，但当时无货，想委托导游代为购买并托运。对于此类要求，导游一般应婉言拒绝；实在无法推托时，导游要请示旅行社有关领导，不得擅自做主，

知识链接 7-5
旅游者越轨言行的
应变与处理

贸然接受委托。若领导同意接受此项委托，应在领导的指示下认真办理委托事宜：由旅游者写好委托书并收取足够的钱款，购物、托运后，将购物发票、托运单及相关费用收据和多余的钱款一并寄给委托人，旅行社保存复印件以备查验。

复习思考题 ▐▐▐▶

一、填空题

1. 旅游者意外受伤或患病时，导游应及时了解情况，不应擅自给患者_____。如有需要，应陪同患者前往医院就诊，并按规定履行报告义务，同时协助旅游者向保险公司办理理赔事宜。

2. 旅游者病危时，导游应立即拨打_____求救，或协同患者亲友送病人去医疗急救机构与医院抢救，或请医生前来抢救，并及时报告旅行社。

3. 旅游者病危发生在境外的，领队应及时向_____或政府派出机构报告，并在其指导下，全力做好旅游者抢救工作。

4. 旅游者丢失证件或物品时，导游应稳定旅游者情绪，详细了解丢失情况，协助寻找，同时报告_____，并开展处理。

二、选择题

1. （单选）导游发现旅游者食物中毒后，首先应（　　）。

A. 将患者送往就近医院抢救

B. 设法进行催吐

C. 报告旅行社及相关部门

D. 取消旅游活动

2. （单选）当旅游者在境外病危时，领队应（　　）。

A. 立即给旅游者服用自带的药物

B. 尽快联系旅行社并告知情况

C. 自行将旅游者送往最近的医院

D. 及时向中国驻当地使领馆或政府派出机构报告，并在其指导下做好抢救工作

3. （单选）旅游者在境外机场丢失行李或行李损坏后，领队应（　　）。

A. 立即向当地警方报案

B. 自行购买新的行李给旅游者使用

C. 告知旅游者自行处理

D. 及时协助旅游者通过机场的行李查询台或承运人的行李服务柜台查询和申报

4. （单选）（　　）的情况下，导游可以同意旅游者自由活动的要求。

A. 旅游者离开本地前 2 小时要求自由活动

B. 旅游者要求在游泳区游泳

C. 旅游者要求在江河湖泊划小船

D. 旅游者想单独骑自行车去陌生地方

5.（单选）旅游者抵达饭店时，导游应（　　），协助办理住店手续并妥善处理入住过程中出现的问题。

A. 仅向旅游者介绍饭店的主要服务项目

B. 无须协助旅游者，让其自行办理入住

C. 提醒旅游者注意人身安全，并妥善处理入住过程中的问题

D. 带领旅游者参观饭店的每一处设施

三、简答题

1. 用餐过程中，旅游者要求加菜，导游该如何处理？

2. 旅游者参加旅游合同约定的文化娱乐活动时，导游应如何做？

3. 导游在发现旅游者走失后应如何处理？

参考答案

参 考 文 献

［1］李志强．导游服务能力［M］．长沙：湖南师范大学出版社，2023.

［2］李云鹏，晁夕，沈华玉，等．智慧旅游从旅游信息化到旅游智慧化［M］．北京：中国旅游出版社，2013.

［3］李雪．基于服务接触理论的快递服务质量评价研究［D］．杭州：浙江理工大学，2017.

［4］胡华．导游实务（第2版）．［M］．北京：旅游教育出版社，2015.

［5］刘晓杰．贾艳琼．导游实务（第二版）［M］．北京：化学工业出版社，2015.

［6］姚志国．鹿晓龙．智慧旅游：旅游信息化大趋势［M］．北京：旅游教育出版社，2013.

［7］陈洪宏．导游业务（第2版）［M］．北京：清华大学出版社，2019.

［8］毛峰．智慧旅游时代导游服务的转型与发展［J］．湖北经济学院学报（人文社会科学版），2016，13（8）：57－58.

［9］全国导游资格考试统编教材专家编写组．导游业务（第八版）［M］．北京：中国旅游出版社，2023.

［10］范志萍，张丽利．导游词创作与讲解［M］．北京：中国旅游出版社，2019.

［11］肖群．红色旅游外宣资料英译研究［M］．南昌：江西人民出版社，2013.

［12］朱娉娉，叶开艳．互文性视野下的皖西南红色旅游导游词创作研究［J］．北京印刷学院学报，2021，29（7）：127－130.

［13］杜炜，张建梅．导游业务（第三版）［M］．北京：高等教育出版社，2018.

［14］单霁翔．提升博物馆讲解服务质量的思考［J］．敦煌研究，2013（6）：101－108.

［15］黄细嘉．导游业务通论［M］．北京：高等教育出版社，2010.

［16］熊剑平，石洁．导游学［M］．北京：北京大学出版社，2014.

［17］全国导游人员资格考试教材编写组．导游业务（第3版）［M］．北京：旅游

教育出版社，2018.

[18] 全国导游人员资格考试教材编写组. 政策与法律法规（第 8 版）[M]. 北京：旅游教育出版社，2023.

[19] 黄恢月. 旅游法律纠纷答疑 100 例 [M]. 北京：中国旅游出版社，2015.

[20] 卢宏业. 旅游法实务 [M]. 青岛：中国海洋大学出版社，2011.

[21] 袁俊，夏绍兵. 导游业务（第二版）[M]. 武汉：武汉大学出版社，2012.

[22] 殷开明. 导游实务 [M]. 镇江：江苏大学出版社，2018.

[23] 陶汉军. 导游服务典型案例与解析 [M]. 北京：旅游教育出版社，2013.

[24] 陶汉军，黄松山. 导游业务（第 3 版）[M]. 北京：旅游教育出版社，2014.

[25] 陈巍. 导游实务 [M]. 北京：北京理工大学出版社，2010.